大專用書

行政法之一般法律原則（一）

城仲模　主編

三民書局

國家圖書館出版品預行編目資料

行政法之一般法律原則(一)／城仲模主編
--再版.--臺北市：三民，民88
面；　　公分
ISBN 957-14-2118-9（平裝）

1.行政法-論文,講詞等

588.07　　　　　　　　　　83006593

網際網路位址　http://www.sanmin.com.tw

© 行政法之一般法律原則(一)

主編者　城仲模
發行人　劉振強
著作財
產權人　三民書局股份有限公司
發行所　三民書局股份有限公司
　　　　地址／臺北市復興北路三八六號
　　　　電話／二五○○六六○○
　　　　郵撥／○○○九九九八─五號
印刷所　三民書局股份有限公司
門市部　復北店／臺北市復興北路三八六號
　　　　重南店／臺北市重慶南路一段六十一號
初版　中華民國八十三年八月
再版　中華民國八十八年三月
編號　S 58434
基本定價　柒元捌角
行政院新聞局登記證局版臺業字第○二○○號

ISBN 957-14-2118-9（平裝）

主編者序

　　當今在國內，行政法適用的不穩定性是方家皆知的事。它確實還在急速演化進展的路程上；它的確受到時間、空間、人物與事物等的互動影響，頗為深鉅。復以行政法的體系、類別、進化程度、規範對象及法的位階適用形式等，繁雜異常，擬期待一個尚可跨越時空而仍猶如民法、刑法的完整統一性法典，短期之內，迨無可能。雖然，百餘年來，民主法治進步諸國，於行政法制而外，已在學理的闡揚發微與實務的累績經驗上，獲得了豐碩的成果；質言之，已將貫穿行政法全部領域的普遍法理，逐漸成熟地發展為隨時可以補充法律或命令等成文法所不逮的派生條理之法源地位。

　　這些行政法學上之一般法理，又稱行政法上之一般原則，因為行政法尚難彙總統一性法典，且各類別法律間的法理與性質，亦各異其立法目的及行政目的，行政機關於裁量過程作成行政處分之際，如何準確援引妥當適用，甄非懷有紮實的行政法學素養，殊難竟其全功。同時，此等一般法律原則，率皆從國外引進，迨無比較一致的通用翻譯名稱，其制度性的目的、含義，具體內容、範圍、法源地位、適用時的優先順序、位階效力、二以上之原則競合衝突時的排列取捨或併用，乃至於其被濫用時的法律效果、救濟方式等，學說觀點，正反之辯，仍極分歧；各家註釋，或不同時期之行政法院判決，出入頗大。縱然如此，近年來，各國行政法上之一般法律原則的論說，名山著述及必傳之作盈帙；在國內行政機關、法界或人民於公法領域的具體案例之適用上，卻也甚為恆常廣泛，在諸多重要行政法的制定法上亦欣見明文植入，垂為範例；此等

原則，堪稱已漸次有了端倪並形成若干通說，其已儼然成爲學習行政法學、解決行政法問題時所不可或缺的基本學識。

　　行政法學在歐陸法、奧、德諸國發軔，而後在英、美、日本等國賡續發展，其遞嬗過程，深受各該國歷史、政治及法律等傳統文化的穿梭影響；換言之，行政法諸制度必有其孕育、生長、茁壯的時代、國別等特殊背景與條件，本質上其與民法、刑法 深含人類普遍共通的倫理性、道德性及一般生活認知性，相去甚遠，故非可東施效顰，期待一勞永逸的單純繼受。時下有人戲謔而謂：法學界呈現二分之說，一曰「言必稱留學國」的渡洋派，另曰「言必稱堯舜」的國粹派，前者盡情推介所師法的留學國學術法制與實務，難免有囫圇吞棗、未及順次消化之嫌，後者堅信本國固有一切傳承經驗才是根本之圖，非可妄自菲薄，是亦難免陷入硜硜自守抱殘守缺的泥淖。平心而論，法治觀念與其實踐，非華夏固有文化之一環，數千年間近乎奇蹟地竟未曾有過制度化的法秩序生活方式的孵化誕生，真令人嘆爲觀止。因此，當茲研究他國行政法學，貴在斟酌比較、擷取其法理精華，適切安排於本國既有的社會現象與法律秩序之中，並使其有自然融入孿生發端之機會；庶幾臻於眞正法律建制，維持國家社會的長治久安，而非未經縝密洗滌，風險性極高的全盤移植。

　　一九六七年初我於維也納大學專攻行政法學，連續四個學期選讀當代著名行政法大師 Prof. Dr. Walter Antoniolli 教授之講座，聆聽他談及著述其大作「行政法總論」（*Allgemeines Verwaltungsrecht*），稿成後又花了不止二年的時間，按章節與研究生反覆研討思辯，逐步訂正潤飾，終獲定稿付梓；娓娓道來，使人至深感動。輒私忖，若有機會亦擬效法；本於斯旨，返國後，審慎籌劃，戮力以赴，乃有其後國立中興大學法律研究所「法學研究報告選集1、2」（一九八〇～八一年）之出版；在發刊

辭中，我略謂：「……惟多偏重教授們之論著，而真正提供學生發表研究心得之刊物則付闕如。大學研究所基於培育學術人才之立場，對於鼓勵學生——尤其是研究生——創作發表，及提高研究風氣，實屬責無旁貸。以研究生創作為主之刊物，應具深邃之意義與價值。此種刊物外國早已有之，且成效頗著，惟國內尚尟見之，致使莘莘學子沈潛治學之碩果，難以整合問世，誠屬憾事。本所有鑑於此，乃力謀此類刊物之誕生。主要目的在於為學子提供發表研究成果，交換心得之園地，並鼓勵其潛心創作，厚植其學術根底，使人才脫穎而出，並收切磋之效。」；因作法新創，文體堅實，並獲法學界極高之評價與讚譽鼓勵。近二、三年來，我在同上法研所開有行政法專題及行政法學方法論等課，按學年於學期開始時由研究生任選一題我預擬的二十餘種各國行政法學上重要之一般法律原則，平均二至三週討論一則，研究生相互間認真誠摯探討，交換心得意見，時有鞭辟近裏的辯論，最後再由我作解析及增刪修改或其他訂正之建議；每則至少三次易稿改訂，亦有多至六次者，故每位撰著的論文，實可謂為經研究生相互腦力激盪，提供參考見解，彙整而成的新猷；師生間為法學昌明公法鑽研，念茲在茲，朝乾夕惕，甘苦盡在其中。

　　本書選用了十五篇研究生的論著報告，全書包括有廣泛的、濃厚的比較行政法學的觀點，亦即各依德、奧、法、英、美及日本等國行政法學理、制定法及實務判解層面，不厭其煩地深入解說，歸納法理，期能開闊研究行政法的世界宏觀，而非侷促於某一國家的行政法學之相關資料和論說，更不受限於某一學派甚或某位學者的獨家之言，庶免阻塞國內研究他國行政法學的客觀曠達的心扉。每位撰稿的研究生於研擬、蒐集資料、撰著、口頭報告、討論、修改乃至最後補實論文之際，均以兢兢業業的態度，無適無莫的審慎，冀望增添我國法治建設的新頁；其真誠用心令人印象深刻，為行政法之建制所付出的辛勞，必定功不唐捐。

又，本書全部稿齊最後覆閱之前，特邀甫從德國攻讀行政法學返國，擔任興大法商學院法律學系教職的陳愛娥博士先行讀過一遍，並作必要的加筆註疏，頗多費神，併誌謝悃。

城仲模　謹識於　　國立中興大學法商學院
　　　　　　　　　　法 律 研 究 所 研 究 室
　　　　　　　　　　一九九四年七月四日

行政法之一般法律原則(一)

目　次

淺論行政法上的人性尊嚴理念

黃桂興

淺論行政法上的人性尊嚴理念

〔壹〕前言

「人性尊嚴」(Die Würde des Menschen; Die Menschenwürde) 此一名詞本是一個基於人本思想，而在文化上、宗教上被廣泛使用的概念。然而隨著德國基本法將人性尊嚴的保障明文訂定在基本法第一條，而日本憲法中亦有「個人尊重」、「個人尊嚴」之原理，且依其國學者之見解，以爲這些原理和德國憲法的人性尊嚴條款是相通的，已經使人性尊嚴此一概念，逐漸從傳統的倫理道德、文化哲學或宗教信仰上的用語，轉成法律上的用語。關於此一概念之歷史演變如何，法律上之意涵如何，其究具有何本質與內涵，在公法學上具有什麼樣的地位，又其與行政法具有如何的關係，此爲本文所嘗試加以探討者。

〔貳〕形成人性尊嚴理念之歷史背景

一、德國法

德國基本法第一條第一項規定：「人性尊嚴不可侵犯，對其之尊重與保護是所有國家權力的義務」。此一條款明確揭示了人性尊嚴作爲憲

法價值秩序中之根本原則（注一），甚至已成爲憲法價值體系之基礎（注二），帶有濃厚的價值色彩。德國基本法所以將人性尊嚴此一概念明文規定在憲法中，除了彰顯對於人的尊重與保護之外，另有其歷史文化上的背景，茲從三方面分析說明之：

㈠基督教神學思想的影響

在「舊約全書・創世紀」中，耶穌曾經說過這樣的話：「我們要照著我們的形象、按著我們的樣式造人，使他們管理海裡的魚、空中的鳥、地上的牲畜和地上所爬的一切昆蟲。」所以在基督教的信仰裡，人是以神的形象而被創造出來的，神旣是無比崇高與聖潔，具有神的形象的人類乃分享了神的尊榮，人性尊嚴即由此而來。這種觀念在制憲當時也發揮了極大的影響力量。建議在基本人權之上加入「由神所賦予」的提案雖因「世俗性的憲法不應與神學有所關連」、「非教徒的基本人權主張」等理由而遭否決，但贊成與反對者之間亦只有一票之差而已（注三）。由此可知，人性尊嚴理念最早係發軔於基督教的神學思想。

㈡康德的道德哲學

德儒康德的哲學思想對於德國文化思想的影響極爲深遠。康德哲學的核心，在於「善的意志」。他認爲人類應該依從其理性自身而行爲，不受特殊的目的及要求所支配。實踐理性之第一要求，便是在自己心中應有自由的存在（注四）。由於康德十分強調個人的自律、自主與自治，因此他認爲所有道德的原則乃在於依據自我的決定正確的行動，由此道德

注一：Klaus Stern, *Das Staatsrecht der Bundesrepublik Deutschland*, Band Ⅲ/1 (*Allgemeine Lehre der Grundrechte 1. Halbband*)，1988, S.28 引自李震山，人性尊嚴之憲法意義，律師通訊一五〇期，頁三五。

注二：Dürig, in:Maunz/Dürig, *GG Kommentar*, 1990, Art.1, Abs. I, Rdnr.1. 引自李震山，前揭文，頁三五。

注三：蔡維音，德國基本法第一條人性尊嚴規定之探討，憲政時代，一八卷一期，頁三七。

注四：曹競輝，法理學，七二年八月，頁三五九。

上的自治來彰顯人性的尊嚴。當一個人基於自我良心所作的決定不受到尊重時，其個人的尊嚴即受到傷害（注五）。由於康德哲學思想的推波助瀾，個人的存在價值更受重視，連帶的也使個人尊嚴的尊重在德國社會形成風潮，引起廣泛的注意，更進而促使基本法的制定者將人性尊嚴的保障條款明文納入基本法中。

㈢對納粹恐怖統治的排拒

希特勒的納粹第三帝國在德國藉法律實證主義思潮之影響，推行獨裁恐怖統治。此時期，納粹黨人執「惡法亦法」爲護符，大肆侵害人權。其手段諸如除權化、人格減等、剝奪法律保護、放逐等（注六）。這些行爲皆對於人的價值與尊嚴構成極爲嚴重的破壞，使德國人民感受至爲深刻。因此在第二次世界大戰後，德國人民有感於獨裁政權對於人性的戕害至深且鉅，而亟思加以防範，因此乃有將人性尊嚴條款入憲之議，此或可說是德國人性尊嚴理念演進過程中一個特殊的因素。

二、日本法

日本憲法第十三條規定：「任何國民，身爲個人應受尊重。國民生命、自由，及追求幸福之權利，於不違反公共福祉範圍內，在立法及其他國政上，應受最大之尊重。」第二十四條第二項規定：「關於配偶之選擇、財產權、繼承住居之選定、離婚、婚姻及其他有關家族之事項，法律應立足於個人尊嚴及兩性之本質性平等上制定之。」（注七）又日本憲法第二十五條所規定的生存權，第二十六條的受教育權，第二十七條的工作權及第二十八條的勞工基本權，依其國學者之見解，認爲以上諸

注五：蔡維音，前揭文，頁三八。
注六：同前註。
注七：引自許志雄，憲法上之個人尊嚴原理，中國比較法學會學報，一三輯，頁五〇。

權可以統合起來以「社會權」的概念稱之（注八）。而所謂的社會權係指「基於福祉國家和社會國家之理念，爲使任何人皆可獲得合乎人性尊嚴之生存，而予以保障之所有權利的總稱」（注九）。雖然關於日本憲法上個人尊重和個人尊嚴之原理是否即相當於德國基本法上之人性尊嚴在日本學者間非無爭論（注一〇）。而且德日制定基本法及憲法之時代背景並不相同，德國基本法如上所述，其所以將人性尊嚴條款規定於基本法第一條，除了深受基督神學思想和康德道德哲學思想之影響外，防止納粹獨裁暴虐政權之殘酷殺戮景象重現實基於關鍵地位；而日本憲法上之個人尊重及個人尊嚴原理則係爲克服封建之家制度。但是從日本制定昭和新憲法的歷程來看，參照當時盟軍總司令部的提案（注一一），日本憲法第二十三條和第二十四條之作用除了終止傳統的封建制度外，更包括了剷除天皇制法西斯主義（注一二）。可知注重基本人權的保障和強調個人尊嚴的維護亦係日本憲法之基本精神。所以日本憲法上的個人尊嚴原理和德國基本法上的人性尊嚴條款在意涵上其實是相通的。

三、國際法

注八：持此見解之日本學者如宮澤俊義、我妻榮，詳參見許慶雄，社會權論，衆文圖書公司，八十年六月，頁六以下。

注九：清宮四郎，憲法（Ⅰ），有裴閣，昭和六十一年，頁二二，引自許慶雄，前揭書，頁一三。

注一〇：有認爲日本憲法第十三條之「個人尊重」和第二十四條之「個人尊嚴」兩者意義相同，且和德國基本法第一條第一項之人性尊嚴條款在旨趣上亦無分軒輊；然亦有學者認爲日本憲法之「個人尊重」和「個人尊嚴」係立足於個人主義之上，和德國基本法係基於人格主義之立場並不相同，其詳請參見許志雄，前揭文，頁五一以下。

注一一：此提案內容爲：「日本封建制度應該予以廢止。因爲所有的日本人都同樣是人，所以應以個人予以尊重。國民生命、自由及追求幸福之權利，在一般福祉的範圍內，在所有的法律及一切政府的行爲之上，應受最大的尊重。」引自黃文卿，人性尊嚴與死刑制度，文化法研所碩士論文，八十二年六月，頁一二。

注一二：許志雄，前揭文，頁五二；黃文卿，前揭碩士論文，頁一三以下。

　　自一九四一年「大西洋憲章」（Atlantic Charter）簽訂以來（注一三），國際社會上掀起一股人權保障風潮。一九四五年「聯合國憲章」開端即曰：「我聯合國人民，同茲決心，欲免後世再遭今代人類兩度身歷不堪言之戰禍，重申基本人權、人格尊嚴與價值、男女平等及大小各國平等權利之信念。」（注一四）一九四八年「世界人權宣言」（The Universal Declaration of Human Rights）前言亦曰：「茲鑑於人類一家，對於人人固有尊嚴及其平等不移權利之承認確係世界自由、正義與和平之基礎。」又曰：「復鑑於聯合國人民已在憲章中重申對於基本人權、人格尊嚴與價值以及男女平等權利之信念，並決心促成大自由中之社會進步及較善之民生。」（注一五）此外，一九五〇年「歐洲保護人權及基本自由公約」，一九六六年「經濟、社會及文化國際公約」及「公民及政治權利國際公約」也都寓含有保障個人尊嚴之精神。可謂自第二次世界大戰以後，人類因飽受戰禍危害，有感於個人尊嚴維護之不易，因而引發國際社會上基本人權保障運動之風起雲湧。究其實質，實即為確保個人尊嚴得受尊重，此可謂是人類於身受人格遭踐踏之椎心之痛後的一股反省風潮。

四、我國法

　　我國在清末實施君主立憲以前，政治上的體制一直都是君主專制政體，君主高高在上，一般人民則只能臣服於君主之統治，官尊民卑的觀念甚為高昂，所以不僅沒有憲法的觀念，也沒有實施憲政的認識。迨清末開始與西方接觸後，西方文物源源輸入中土，國人於驚嘆西方器物精

注一三：大西洋憲章由美國總統羅斯福和英國首相邱吉爾發起，可謂是國際人權保障運動的起源。
注一四：涂懷瑩，中華民國憲法與人權保障，作者自刊，七十六年四月，頁一三。
注一五：黃文卿，前揭碩士論文，頁一六。

巧之餘，亦發現憲法爲泰西各國所共有，憲政爲文明之邦所通行。隨著帝國主義的步步進逼，古老中國的虛弱、腐敗、無能、落後已暴露無遺。爲振衰起敝，「師夷長技以制夷」遂成爲朝野上下的共識，而憲法觀念、憲政思想遂因之萌芽（注一六）。然而憲政觀念雖啓，但由於五千年專制政治之遺毒太深，歷次憲草雖然皆列有人民基本權利的保障，但皆只聊備一格，並未落實，更遑論有「人性尊嚴」之理念了。其後隨著民智日開，又加以世界潮流的推動，保障人民權利成爲各國實施憲政的目標之一，幾乎沒有一個國家的憲法不是以保障人權爲主要內容（注一七）。現行憲法雖未有類如德國和日本的規定，但是從憲法整體精神觀之，對於「個人尊嚴」或「人之尊嚴」的維護應無二致（注一八）。此亦可由我國現階段所推行的憲政改革所增修的憲法條文第十八條第二項已明文列出「國家應維護婦女之人格尊嚴」得到印證。

〔參〕人性尊嚴之意義

一、人之概念之理解

德國聯邦憲法法院對於基本法第一條人性尊嚴概念之掌握，曾經宣示：「基本法中的人的形象，並非是一個孤立、自主的個人形象；毋寧說基本法將個人與國家間之緊張關係，以不侵犯個人之固有價值的方式，在個人之「共同體關連性」（Gemeinschaftsbezogenheit）與「共同體連結性」（Gemeinschaftsgebundenheit）的意義下加以決定。」

注一六：張治安，中國憲法及政府，五南圖書出版公司，八十一年三月，頁四九以下。
注一七：張希哲，戰後各國憲法之趨勢，臺灣商務印書館，五十六年，頁三。
注一八：許志雄，前揭文，頁五〇。

（注一九）可知西德基本法對於人的概念的掌握既放棄了古典之極端個人主義，同時也排斥團體主義，而係基於人格主義，從共同社會關連性和共同社會拘束性之角度型塑個人（注二〇）。聯邦憲法法院如此理解基本法上之個人，一方面是爲了避免極端的個人主義造成形式上尊重個人價值，實際上卻毀損個人尊嚴之結果；另一方面則是爲了避免太過於強調全體，而造成忽略個人存在價值之結果，可謂用心良苦。至於日本憲法上之「個人尊重」和「個人尊嚴」原理，論者雖有以爲係基於個人主義出發（注二一），和德國基本法之係基於人格主義者有所不同。然而，日本憲法上之個人主義，乃認爲人類社會中之價值根源在於個人，非抽象之一般人，而是具體、活生生之一個一個人（注二二）。此種意義之個人主義，和十七、十八世紀時的極端個人主義已有不同，所以，日本憲法上的個人尊嚴原理雖係基於個人主義出發，但和德國基本法之人性尊嚴理念其實是相通的。

二、人性尊嚴之法律意義

人性尊嚴一詞，吾人常會在日常生活中不經意提及，如近日喧騰一時的有關死刑存廢之爭議，即常有人作如下立論：「基於人性尊嚴之觀點，對於犯罪人以國家公權力剝奪其生命，實乃以暴易暴之行爲，雖可滿足社會上部分人對於正義之需求，但於刑法之目的以觀，則毫無可取之處。」（注二三）又吾人於日常文字，也常會使用人性尊嚴一詞，如謂「此建築物之設計有損人性尊嚴」、「此種作爲不符合人性」、「此事應以維護個人尊嚴爲最高指導原則」等。然而此語之意涵如何則有待究明。

注一九：BVerfGE 4,7，引自蔡維音，前揭文，頁三八。
注二〇：許志雄，前揭文，頁五三。
注二一：採此見解之日本學者爲ホセ・ヨンパルト，詳參注一〇之說明。
注二二：同注一九。
注二三：八十二年三月二十八日，中國時報，讀者投書欄，薛永榮先生之見解。

通常吾人於日常生活中使用人性尊嚴一詞，乃是泛指，本於人性希望獲得社會大眾認同與尊重的尊榮欲求，此種受社會尊重之尊榮感之獲得，乃人之本能欲求，故以人性尊嚴名之。一個人在社會上營共同生活是否自覺有價值，其生命對社會而言是否具有意義，端看其人性尊嚴之需求是否獲得滿足而自覺其爲對社會具有貢獻的人。上述日常生活中所理解的人性尊嚴理念顯然偏重個人價值之外部評價，然而站在保障人民權利的觀點，吾人認爲理解人性尊嚴此一概念在法律上之意義，毋寧應從人格尊嚴之內在價值著手才是正途，以下試從內部價值的觀點闡述人性尊嚴之法律意義。

德國基本法第一條第一款首開在憲法中明文保障人性尊嚴之先例，但是此條款在法律上究具有何等意義，其國學者間卻沒有一致的定論。此蓋因對於語言的理解，由於個人不同的主客觀背景，原就會有不同的解釋。且此一用語在憲法上係首次出現，其概念之發展猶在變遷之中，沒有一致的認識，乃屬意料中事。德國學者對於人性尊嚴所作的法律定義可分爲兩種方式：一種是正面積極的去描述人性尊嚴的意義，亦即嘗試去解說「人性尊嚴是什麼？」另一種則是以反面的方法去描述「人性尊嚴何時受到傷害？」以下分就此二者說明之：

㈠正面積極的定義方式

從正面爲人性尊嚴下定義的方式，其定義大多相當抽象而難於掌握，其對人性尊嚴之描繪，如「之所以形成人格者」、「人的固有價值、獨立性、本性、本質」、「在特殊且本質的意義之下形成個人的東西」、「人的人格之核心等」。其中又以學者 Günter Dürig 的定義較爲詳密，他認爲：「人性尊嚴與時間及空間均無關係，而是應在法律上被實現的東西。他的存立基礎在於：人之所以爲人乃在於其心智，這種心智使其有能力自非人的本質脫離，並基於自我的決定去意識自我，決定自我，形成自

我。」（注二四）

㈡反面消極的定義方式

這種定義方式認爲人性尊嚴乃一極不確定的法律概念，因而爲了使其在法律上便於實現，乃從其受侵害過程的角度來觀察。德國聯邦憲法法院在其判決中所採用的著名的物體公式（Objektformel），即爲此種定義方式之著例。所謂物體公式是指「當一具體的個人，被貶抑爲物體、僅是手段或可代替之數值時，人性尊嚴已受傷害」。因爲一個人既被矮化爲物體、手段或數值，自然不必在意其精神意識，遑論其自治、自決，因而極易成爲他治他決之客體，自構成對人性尊嚴之嚴重侵害（注二五）。

㈢小結

以上兩種定義方式，可謂各有所長，然亦各有其不足之處。採正面定義方式雖較能直接說明人性尊嚴此一概念之本質，但卻因人性尊嚴概念原爲一道德文化哲學性質濃厚之概念，在實際運用上即苦於無法掌握其內涵，使得此一概念的範圍與界限顯得模糊而不清楚。反之，反面定義方式則因採取逐案認定的方式，在一具體個案中較能清楚描繪人性尊嚴之界限何在，何以認定在此案中人性尊嚴受有傷害。兩種定義方式，比較言之，吾人認爲可得而言者有以下幾點：

　　1.不管是採取正面的定義方式或反面的定義方式，其作用皆在於使人性尊嚴的面貌得以清楚呈現，使其成爲一個在法學上可以被明確適用的法律概念。因此兩種定義方式其實是可以相輔相成，互相補足的，兩者只是從不同的角度出發，試圖闡明人性尊嚴之核心意涵，並不互相衝突或牴觸。

　　2.吾人以爲在法學的研究上宜採正面積極的定義，而且其定義應力

注二四：Dürig, in :Maunz/Dürig/Herzig/Scholz, *Grundgesetz Kommentar*, Art.1, Rdnr.46, München:Beck，一九八七，引自蔡維音，前揭文，頁三九。

注二五：李震山，前揭文，頁三六；蔡維音，前揭文，頁四○。

求嚴密,如此方可以人性尊嚴理念爲基礎,建構一個以之爲核心的法理論體系。因爲定義是理論建構的基礎,要闢建一門理論嚴謹、條理清晰的法理論體系,非賴嚴格周詳的定義無以爲功。所以自法學研究的觀點看,應以正面積極的爲人性尊嚴理念做一概念上的釐清爲出發,至於其內容,吾人以爲可以「人之最後目的性」爲其核心而發展出「人本身即是目的,不是工具,不是他治他決的客體」這樣的內涵。

3.至於在具體的司法案件的審理上,則可以反面定義方式來審查在具體個案中,人性尊嚴是否已經受到傷害。如此不僅有其便利性,而且亦有其必要性。蓋隨著行政法學的發展,現代國家之任務已與往昔大不相同,他不僅以司法與警察消極保持社會安寧爲已足;應進而積極開發社會文化新領域,增進人民福利與保障,提昇人民生活素質。亦即現代國家行政權作用的內涵,非僅侷限於行政組織、警察、軍務、法務、外務及賦課稅收等部門,凡保育、保障行政——諸如文教、交通、經濟、勞工、衛生、投資融資等金融政策及其他社會福利行政等,已有喧賓奪主、轉副爲正的趨勢;質言之,前此被認爲私法關係或純屬私人間相互關係的範疇者,而今卻逐步被囊括在行政作用之中,並且已日益膨脹,構成行政作用的主要內容(注二六)。由於國家積極介入人民的生活之中,扮演「生存照顧」(Daseinsvorsorge)(注二七)之提供者的角色,因此某種程度的干預人民規劃抉擇的自由殆屬無可避免,其面貌亦呈現多樣化。爲了因應國家之此種職能膨脹之發展趨勢,於具體個案逐案衡量人

注二六:城仲模,四十年來之行政法,法令月刊,四一卷一〇期,頁六五以下。
注二七:「生存照顧」之理念爲德國學者 Ernst Forsthoff 於一九三八年發表之著名論文, 行政應爲給付主體, (Die Verwaltung als Leistungsträger)中首先提出,其詳請參閱城仲模,論法國及德國行政法之特徵,載於中興法學,一二期,六十六年十二月,頁二四以下;陳新民,服務行政及生存照顧概念的原始面貌——談福斯多夫的「當作服務主體的行政」,載於氏著,公法學箚記,作者自版,八十二年十月,頁五五以下。

性尊嚴是否受到傷害，當較能具體符合社會的脈動，並能與時俱進，不致與社會之發展現況脫節。

〔肆〕人性尊嚴概念之本質與內涵

人之所以爲人，乃在於人有其人格尊嚴、地位與價值之故（注二八）。人性尊嚴之概念中心可以描述爲人類爲其本身，而不是他人之財貨及目的之自身的價值（注二九）。換言之，個人存在的價值係因他生而爲人，只要他是一個具有生命的個體，他就具備了人性尊嚴的權利主體適格，不因其身分、年齡、職業、性別、地位、階級、黨派、信仰、種族、能力而有所不同，亦不因其對於社會之貢獻程度不同而異其評價。吾人在前述及人性尊嚴之法律意義時，特別強調在法學上探討人性尊嚴時應側重人格之內在價值，而不注重人格之社會評價，其故即在於此。國內學者李震山教授曾撰文指出人性尊嚴之本質有四：①人本身即是目的，②自治與自決係憲法人性尊嚴之核心內涵，③人性尊嚴之權利主體是每個人，④人性尊嚴作爲上位憲法原則，似亦以此爲出發點（注三〇）。本文擬就此再予補充說明：

一、人的最後目的性

潘恩（Thomas Paint）曾說：「人即人之高貴與唯一的名義，可能加於人之名義，無比此再高者」（注三一）。人之存在，本身就是目的，而且是最高與最後的目的，不得以其他理由加以更替。國家是爲人民而設

注二八：張文珍，戰後人權保障立法之研究，臺大碩士論文，五十九年六月，頁一一。
注二九：國民大會憲政研討會編，德國憲法學，頁一二四。
注三〇：李震山，前揭文，頁三七。
注三一：引自張佛泉，自由與人權，頁二五一。

立的，而非人民爲國家而存在。所以國家不得以任何藉口或理由把人民
貶爲其統治作用的客體或手段，相反的，國家應積極努力爲人民謀福祉，
增進人民的利益，這是國家存立的任務，而非國家對人民的恩賜。

二、生命權的確保是維護人性尊嚴的第一要務

美國憲法修正第五條及修正第十四條均規定：「非經正當法律手
續，不得剝奪任何人之生命」（注三二）。蓋生命權乃所有其他一切基本人
權之前提，如果生命已不存在，其他基本人權亦將失所附麗，無法發揮
其效用。同樣的，人性尊嚴亦係以生命權之維護爲其基礎。因此生命權
之確保乃成爲維護人性尊嚴之第一要務，保護人民之生命安全可說是國
家最基本的任務。此外，國家更負有維持人民最低生活，延續其生存之
積極義務。日本憲法第二十五條規定：「任何國民均有享受健康及文化
的最低生活之權利，國家就一切生活部門，應努力提高及增進社會福祉、
社會安全及公共衛生」（注三三），即係著眼於對生活品質的提昇做無盡的
昇華，而和我國憲法第十五條的生存權保障規定同其精神。

三、人性尊嚴之平等性

生命是等價的，既無質的差別，亦無量的區分。基於生命等價的原
理，人性尊嚴之具有平等性乃顯而易見。換言之，個人的尊嚴與價值乃
隨生命的誕生而俱來，人性尊嚴乃個體生命存在的本質與內涵，無待賦
與，亦不容剝奪。只要個體生命存在一天人性尊嚴就顯現其價值，不得
假借任何手段或名義加以差別待遇，否則，即有損人性尊嚴之最高價值
性。

注三二：引自劉慶瑞，中華民國憲法要義，七十六年三月，頁八二。
注三三：引自管歐，中華民國憲法論，三民書局，七十二年，頁六一。

〔伍〕人性尊嚴與行政法的關係

現代意義之行政法，肇始於民主立憲國家，即市民法治國家，可知憲法與行政法之間關係十分密切。德國學者 Fritz Werner 教授曾說：「行政法是具體的憲法」(Verwaltungsrecht ist konkretisiertes Verfassungsrecht)（注三四），正是兩者關係之最佳寫照。憲法為最高位階法源，行政法自應接受憲法之指導與規範；人性尊嚴理念既是制定憲法的根本精神，則人性尊嚴理念自亦成為行政法之最高指導原則（注三五）。不僅行政法的產生和人性尊嚴理念有密切的關係，而且國家各種行政領域，舉凡行政組織、行政作用、行政救濟等，亦皆需從維護人性尊嚴之觀點去加以體認與運作，唯有如此，人性尊嚴理念才得以具體落實施行。

一、人性尊嚴與行政法的產生

人性尊嚴理念不只在行政之施為運作上為最高之指導規範，而且是促進改良行政的最高目的。此外，從行政法產生的歷史背景來觀察可知，人性尊嚴理念不只在現實的行政作用和將來的行政改良上有其功能，即在促使行政法產生的歷史背景中，亦扮演一舉足輕重之角色。

㈠行政法產生之歷史背景

行政法之產生，有其時代背景，其間因素雖不只一端，然而行政法既是規範人類社會之文化制度，則其產生自有一定的思想背景，以下從促使行政法產生的兩個最主要的思想背景——權力分立思想和法治國思想說明之：

注三四：城仲模，前揭文，頁六四。
注三五：蔡志方，從人性尊嚴的具體化論行政程序法及行政救濟法應有之取向，收錄於氏著，行政救濟與行政法學㈠，三民書局，八十二年三月，頁三七二。

1.權力分立思想：所謂權力分立思想，依法儒孟德斯鳩之意，國家權力應分爲立法權、行政權及司法權三大類，分設機關而掌理之，立法機關無逕爲行政與審判之權，行政機關及審判機關，亦僅能依據立法機關所制定之法律而爲執行，不能自行立法，俾免集大權於一機關之手，可左可右、馳騁自如，以致流於專制，而殘害人民之自由（注三六）。可知權力分立思想力倡國家權力應予區分，並分設機關以掌理之，祈可防止專制、保護自由。因爲有此思想，乃有專爲行政機關行動與組織準據之行政法產生，所以權力分立思想是行政法產生之思想基礎。

2.法治國思想：所謂法治國思想，係相對於專制國思想而言，而謂國家凡百施政，不應由君主或官吏個人之意思決定，而應以法爲治。換言之，即主張國家行動之道程及界限，以及人民自由之範圍，皆以法律精密測定並限制之（注三七）。由此思想，產生各種行政法上之重要原則，其中最重要且討論最廣者厥爲依法行政原則。依法行政之原理，與上述權力分立思想，息息相關。蓋權力分立之思想係以分權制衡及國民主權爲主旨，主張立法權應係人民總意之表徵，至法律之執行與法律之適用，均應嚴格立於制定法之下，庶免重蹈專制獨裁之覆轍（注三八），此種思想恰與依法行政之原理若合符節。依法行政原理，初以防止專制，保障人民自由爲出發點。就行政之侵害人民自由權利及財產權者，要求其必以立法機關制定之法律爲依據，無法律即無行政，乃使此原理有趨於僵化之現象。其後因時代遷異之結果，給付行政漸次發達，此項原則遂不得不與時俱轉，而呈現出一番新面貌（注三九）。

注三六：林紀東，行政法，三民書局，七十七年三月，頁四。
注三七：林紀東，前揭書，頁一以下。
注三八：城仲模，論依法行政之原理，收錄於氏著，行政法之基礎理論，三民書局，
　　　　七十七年八月，頁四。
注三九：關於依法行政原理之新發展及其現代意義，參閱城仲模，前揭書，頁一一
　　　　以下。

㈡人性尊嚴是行政法產生之思想基礎

　　前述促使行政法產生之兩大思想背景——權力分立思想和法治國思想，如果站在一個更宏觀的角度來觀察，可以認為兩者皆是立足於人性尊嚴之維護上。曩昔在專制王朝時期，國家施政皆以君主一人之意思為斷，人民只是被統治的客體，毫無個人尊嚴可言。為了改進這種現象，使人民立足於和國家同等的地位，不再單純是國家統治的客體，以確保人性尊嚴，遂激發了權力分立和以法為治兩大時代思想，更因而促使行政法產生，所以人性尊嚴可說是產生行政法最根本的思想基礎。

二、人性尊嚴與行政組織法

　　所謂行政組織乃「以憲法及法規為依據而設立，為管理國家事務之核心，實現國家目標最主要之手段，對其他社會單位或組織體而言，具有監督及協調之功能」之國家組織（注四〇）。而行政組織法者，乃「規定行政機關之地位、權限、編制、組織及其構成份子之法規」（注四一）。可知國家為了行使行政權，必須設立行政組織，而規律行政組織之法，即為行政組織法（注四二）。行政組織以公務員為其人事上之構成基礎，但除此之外，尚須具備一定之物或人與物之結合體，才能達到行使行政權之目的。因此本文擬探討公務員法和公物法與人性尊嚴之關係：

㈠人性尊嚴與公務員法

　　在公務員法之領域中，和人性尊嚴最有密切關係者，厥為特別權力

注四〇：吳庚，行政法之理論與實用，八十二年七月，頁一三三。
注四一：林紀東，前揭書，頁一四五。
注四二：關於行政組織法應否包含公務員法和公物法，國內學者之著作中所持之見
　　　　解並不相同。吳庚教授將公物法納入行政組織法內，但公務員法則另闢一
　　　　章討論；林紀東教授將公務員法納入行政組織法之中，但未探討公物法；
　　　　陳新民教授則將公務員法納入行政組織法，公物法則另立一章，黃異教授
　　　　則將公務員法和公物法皆另列一章討論。

關係之理論。因此理論直接關係到公務員基本權利之保障和司法救濟權之有無。原本人性尊嚴這個理念要能落實，是要所有國家機關，也就是所有的公務人員於執行職務時能夠體認：行使職權，替國家執行公權力，應該以維護人的尊嚴，保護人民的權益為最高理念（注四三）。但是這些因加入國家權力體系，為國家遂行行政職務之公務員，卻因傳統特別權力關係理論之影響，被視為國家機器的螺絲釘，為使該機器順利運轉，其基本人權之侵害不以有法律依據為必要，其權利受侵害時也不可請求司法救濟（注四四）。此實是對公務員個人尊嚴的莫大戕害，同時也造成了一種非常荒謬的現象：被要求於執行國家行政任務時應尊重人民的個人尊嚴的公務員，自己的尊嚴卻得不到任何法律上的保障。他們或許觀念上就已經不知道人性尊嚴之真義為何，要求他們去確保他人的尊嚴，實無異緣木而求魚，難上加難。即或他們知道，要求他們在自己尊嚴未得確保的情形下去維護他人的尊嚴，也是苛求。由這個觀點去看待特別權力關係理論，實應將之埋入歷史的灰燼，使其成為歷史的陳跡，才可以充分保障人性尊嚴。

　　特別權力關係理論起源於德國，日本加以引進，我國自德日引進後，採取較德日更為嚴厲的措施，一概不承認公務員對其財產上、身分上爭議之處分，有提起訴願及訴訟之權。德國特別權力關係之理論，在第二次大戰後已有了重大之變更（注四五），其中尤以一九五七年 Ule 教授所提倡的基礎關係和管理關係區分之論最為顯著，一九七二年聯邦憲法法院在有關監獄受刑人秘密通訊自由的判決中，更明白肯認限制基本人權

注四三：此係翁岳生教授在中國比較法學會八十一年年會中之致詞。

注四四：參閱許宗力教授在中國比較法學會八十一年研討會第三專題「人性尊嚴與行政法」之評論，刊於中國比較法學會學報，一三輯，頁二四一。

注四五：有關特別權力關係之最新發展趨勢，參閱翁岳生，論特別權力關係之新趨勢，收錄於氏著，行政法與現代法治國家，頁一三一以下；吳庚，前揭書，頁一七九以下。

須有法律依據之要求亦適用於特別權力關係（注四六）。

　　我國實務上對於特別權力關係之突破，始於大法官會議釋字一八七號解釋，其後又有二〇一、二四三、二六六、二九八、三一二、三二三和三三八等號解釋，將特別權力關係之範圍逐步予以縮小，對於公務員基本權利和人性尊嚴之維護，發揮了莫大的效用。

㈡人性尊嚴與公物法

　　從公物法的觀點來觀察人性尊嚴，所強調者毋寧乃是行政機關有義務備置各種各樣的公物提供人民利用，並且應善盡管理維護之職責。蓋自十九世紀以來，行政法的中心課題已不再集聚在傳統的秩序行政領域裏，人民所急需者亦已非泛泛之基本權利，而是要現實且具體的參與分配生存照顧，此時由政府扮演給與者或給付主體，以提供或給付生活財貨及勞務等諸種活動，乃責無旁貸的義務；過去所稱秩序行政乃另立門戶漸將觸鬚伸進非權利的領域並予以擴張，而稱之爲分配行政或給付行政（注四七）。可知現代國家的行政任務極具活潑性與積極性，其責任亦極爲繁重，所謂「工欲善其事，必先利其器」，行政要達成這些日漸繁雜的行政任務，本身必須有足夠的設施和器材，所以公物之配置爲行政組織上不可或缺之要素。除了公物之設置與成立必須配合給付行政的發達，針對人民之需要妥予考量之外，公物設立之後的維護與管理亦極重要，否則當初一項頗爲符合人性尊嚴理念的設置，可能因爲事後的維修工作做得不好，而使當初的良法美意破壞殆盡，徒貽爲德不足之譏罷了。

三、人性尊嚴與行政作用法

　　行政作用法可說是行政法的核心領域，因爲它是規範行政主體及行政權力之法，所以是行政法中最重要的部份，稱之爲行政法之靈魂也不

注四六：BVerfGE 33,1
注四七：城仲模，前揭文，頁七〇。

爲過（注四八）。因此行政作用法和人民之關係最密切，其和人性尊嚴之關係如何也頗值探討。以下試就秩序行政和給付行政及行政程序三方面說明其和人性尊嚴之關係：

㈠人性尊嚴與秩序行政

　　所謂秩序行政係指涉入人民自由權利範圍之行政。其目的在於排除個人危害或保障社會秩序及維護社會安全（注四九）。從人性尊嚴的角度觀察秩序行政，吾人以爲最值得強調者乃是法律保留原則的適用。蓋十九世紀中後葉，德國在政治上採君主立憲制度，在經濟上則採自由放任主義，其行政之中心自然仍偏向社會秩序之維持，國家對人民的諸種干涉，乃成行政的手段；其時君主得爲發動之行政權仍極強勁，隨時得以其高高在上之命令，藉由公行政行爲侵犯或干涉人民之自由或財產權。相對的，人民權利及自由之保障甚爲薄弱，學者 Otto Mayer 因乃承諸公法學界先輩之理論，主張「法律保留」之說（Vorbehalt des Gesetzes），意即一方面，任何對人民權利的剝奪，利益的侵害或使負擔義務，非有法律之依據不可，他方面，亦所以限制君主行政權之泛濫（注五〇）。法律保留原則之適用範圍，雖有一部保留、全部保留與重要性理論等諸說之差異，但是無論依據何種理論，秩序行政由於涉及人民自由權利之干涉，必然都有法律保留原則之適用。藉由法律保留原則在秩序行政領域之規範作用，使所有涉及對人民基本權利限制或侵害之事項皆必須以人民總意之匯集的法律爲依歸，以期適當維護人民權益，而能落實人性尊嚴之保障。

㈡人性尊嚴與給付行政

　　凡是以積極的態度具體達成憲法所宣示人民各種社會權的授益性行

注四八：陳新民，行政法學總論，頁一九三。
注四九：黃異，行政法總論，輔仁大學法學叢書教科書類㈡，七十六年，頁一四。
注五〇：城仲模，論法國及德國行政法之特徵，收錄於氏著，前揭書，頁五八。

政活動，即稱之爲給付行政（Leistungsverwaltung）；質言之，其目標係爲改善社會構成員精神或物質生活素質之普遍向上，其內容則以提供金錢、物質或服務等非權力性授益行爲爲主；就人民對於利益與福祉之追求予以直接之資助或協力，或促其實現的行政類型（注五一）。原本在第一次世界大戰以前，國家的行政任務率皆以秩序行政爲其中心。一次大戰以後，由於國家任務的範圍趨向積極及擴張，間接的也影響到行政態樣的改變。一種新的以提供人民福祉爲目的的服務行政（注五二），通稱爲給付行政，乃亦成爲國家行政之重要內容。給付行政之最高目的正如一九一九年德國威瑪憲法第一五一條第一項所揭櫫使個人「生活的像一個人」的崇高理想，所以給付行政之快速發展與日益擴張其領域恰與人性尊嚴理念的追求若合符節。更進一步而言，由落實人性尊嚴的角度來看給付行政是否亦應有法律保留原則的適用這個問題時，原則上亦應持肯定之見解，因爲唯有如此，人民請求給付的權利才得以具體化，而不再只是國家施恩的對象（注五三）。

㈢人性尊嚴與行政程序

　　行政程序法之立法爲現時大陸法系國家之風潮，雖然我國現階段是否有必要制定該法非無爭論，但無疑的，其乃是行政法學發展之一理想，也寓有體現人性尊嚴之作用。蓋透過行政程序法之立法定制，使行政行爲之作成皆能遵守一定之手續，當可使人民更能預測行政之施爲方向，而預爲因應或加以配合以確保自己之權益，使自己可享有做爲一個人應得的尊嚴。尤其晚近行政法上人本主義色彩濃厚的非工具價値（non-instrumental values）逐漸受到重視，因而，程序上的自我實現、 自

注五一：城仲模，臺北市公務人員訓練中心，行政法講義，頁二七以下。
注五二：關於德文 Leistungsverwaltung 一詞的譯文，我國法學界與日本同譯爲給付行政，陳新民教授則認爲應譯成服務行政較妥，其理由請參照氏著，公法學劄記，頁五六以下之說明。
注五三：參照許宗力教授在注四四研討會之評論，前揭學報，頁二四〇以下。

嚴以及心理滿足等本體價值，也於正當程序的功能譜系上占有一席之地（注五四）。所以行政程序法的制定，在民主國家具體所發揮之實際功能，尊重人性尊嚴實可謂居於首要地位（注五五）。其中如行政程序之要式化要求，行政決定須附理由，比例原則的遵守，行政決定程序的參與，行政教示，要求遵期做成行政決定，行政效率的提昇（行政自動化）……等，皆和人性尊嚴是否可以體現具有密切關係（注五六）。其中尤以行政決定程序之參與更見其重要性，又可分為聽證和陳述意見機會之提供。因為行政機關做成行政行為最常見的方式厥為行政命令與行政處分，此二者皆與人民之權利義務密切相關，性質上又均屬官署之單方行政行為，在現代國家，國家機關做成與人民本身權益有關之決策，應給予人民參與之機會，也才能落實保障人民之尊嚴。故行政程序法之適用行政命令者，例多有聽證之規定，而做成行政處分前則應給予相對人或利害關係人陳述意見之機會，其旨即在於此（注五七）。

四、人性尊嚴與行政救濟法

所謂行政救濟係指因行政機關適用行政法規有違法或不當之處，致人民之權利或利益受損害時，人民可以向其上級機關或行政法院請求加以撤銷或變更之制度。此種制度可說是人民權益的事後保障制度。蓋行政機關本於法治國家之原則，本應依法行政，如果有違法不當之處並損及人民權益時，就應給予受害人民請求救濟之管道，如此不僅可確保行政行為之合法性，也可保障人民權益，和行政法上保障人性尊嚴之理念

注五四：葉俊榮，環境行政的正當法律程序，臺大法學叢書七六，八十二年四月，頁九。
注五五：羅傳賢，行政程序法基礎理論，五南圖書出版公司，八十二年七月，頁一九以下。
注五六：詳細說明參見蔡志方，前揭文，頁三七三以下。
注五七：吳庚，前揭書，頁四二四。

深相契合。尤其自二十世紀以來，因社會聯帶、團體主義、福利國家等思想之發軔，行政權限之膨脹日尤一日，行政裁量權普遍及深入行政上之鉅細事項，行政機關之作用越權違法或不當之情事，輒所難免；若人民遭致權利、利益之損害，按理應予以適當之救濟，始克與民主法治之原理相符，否則，有權利而無救濟，等於無權利；有救濟而無實效，等於無救濟。故有關行政救濟之問題，乃成為一重要課題，而為各先進國家所重視（注五八）。

司法是正義的最後一道防線，現代法治國家司法的現代化，只有採取形式的法制化，尚嫌不足，還必須追求人性化。所謂人性化的司法，乃指尊重人的尊嚴，以人為最高價值。因此，在人性化下的司法，司法的根本任務，就在於維護人的尊嚴，使個人的價值，均能獲致保障。在此前提下，司法組織、設備及程序等，均需將向法院求助及受法院審判的國民，以人看待，亦即他是具有法主體性的個體，而非為受支配的客體（注五九）。

基於上述，可知健全行政救濟制度，提供人民更周全的權利保護，對於維護個人尊嚴具有十分重大的意義。舉其重點而言之，如確立行政救濟制度係為人民而存在之觀念，讓人民參與行政救濟制度，行政救濟之正確完整與具實效性，行政救濟之便捷性與經濟性等，都是行政救濟制度應有之取向（注六〇）

〔陸〕人性尊嚴在法制上之實踐

注五八：城仲模，行政救濟制度與實務，載於氏著，前揭書，頁五〇三。
注五九：蔡志方，從司法的現代化論我國憲法關於司法制度的改革方向，律師通訊，一三九期，頁三一。
注六〇：蔡志方，前揭注三四文，頁三九三以下。

德國聯邦憲法法院曾經在關於聯邦政府公關文宣品在選舉中之界限的判決中指出：「基本法給多數統治之國家機關予以行動空間，也並未解除其憲法上基本義務，即一切國家權限被委以保護所有人之尊嚴與自由及相對所有人之社會正義，因此總是在達到全體人民之利益」（注六一），此項宣示正與基本法第一條第一項人性尊嚴的規定相呼應，尤其能指明該項第二句「尊重與保護人性尊嚴是所有國家權力的義務」之基本精神。此外聯邦憲法法院也曾在關於「刑罰執行留置受刑人書信是否侵害人民基本權利」之判決中指出：「刑罰執行之目的應是獨立的，且因此獨立於刑罰之意義與本質之外而加以確定，因此刑罰執行之目標應是使受有罪判決之人再加入法律共同生活體中。刑罰之執行應使得受有罪判決之人有能力在法律生活共同體中過著合法的生活，他應幫助他們找到對社會的責任。就執行之目的例外地將法律生活共同體之保障優先於受有罪判決之人時，應將執行做合乎人性尊嚴及基於執行目標做有意義的設計。」（注六二）聯邦憲法法院在關於「謀殺罪無期徒刑之合憲性」之判決中曾揭示：「被判處無期徒刑之受刑人，原則上仍應保有重新享有自由的機會，此乃合乎人性尊嚴的刑罰執行之前提要件。」（注六三）

日本最高裁判所在昭和二十三年政令二〇一號不違反憲法第十八條之規定一案中，曾經宣示：「公務員依本政令第二〇一號之規定，雖禁止其相當於同法第二條第一項之所謂脫離職務的行為，但並非完全無視

注六一：聯邦憲法法院判決第四四輯，頁一二五以下，譯文引自黃俊杰，「關於聯邦政府公關文宣品在選舉中之界限」之判決，司法院編，德國聯邦憲法法院裁判選輯㈡，八十年十二月，頁一六四。

注六二：聯邦憲法法院判決第三三輯，頁一以下，譯文引自蕭文生，「關於刑罰執行留置受刑人書信是否侵害人民基本權利」之判決，司法院編，德國聯邦憲法法院裁判選輯㈠，七十九年十月，頁二五四。

注六三：聯邦憲法法院判決集第四五卷，頁一八七以下，引自吳從周，關於謀殺罪無期徒刑合憲性之判決，司法院編，德國聯邦憲法法院裁判選輯㈢，八十一年六月，頁二一。

於其人格之尊嚴，將其意思置於束縛之狀態，只要經過一定之程序，隨時均得依其自由意思，解除雇傭關係。」（注六四）又最高裁判所亦曾就憲法第十三條做如下釋示：「憲法第十三條規定『所有國民，應以個人受到尊重。國民生命、自由及追求幸福之權利，在不違反公共福祉之限度內，應在立法及其他之國家政策上，予以最大之尊重。』本條規定固然在於宣示對個人之尊嚴與人格之尊重，但如不能維持社會生活的秩序及共同的幸福，個人的生命、自由、權利，畢竟變成砂上之樓閣。是故同條有『在不違反公共福祉之限度內』之大框子，一方面在憲法第三十一條亦承認爲維持社會秩序所必要之國家正當刑罰權之行使。」（注六五）

　　我國司法院大法官會議雖尙未見有明文援引人性尊嚴原理的解釋，但如前所述，大法官會議有關特別權力關係的諸號解釋，實寓含有保障公務人員個人尊嚴之精神。此外，最高法院六十九年臺上字第六六九號判例曾經明文提及人性尊嚴：「夫妻結合，應立於兩相平等之地位，維持其人性尊嚴。本件兩造爲夫妻，被上訴人強命上訴人下跪，頭頂盆鍋，難謂無損於人性之尊嚴。」本案最高法院所持之見解，個人以爲和日本憲法第二十四條第二項有關「家屬生活中個人之尊嚴與兩性平等之觀念」之規定理念上是一致的，值得贊同。

〔柒〕結　論

　　人性尊嚴理念是德國基本法上首先發展出來的信念，形成此一概念的歷史文化背景有三：首先是基督教神學思想的影響，其次是康德的尊

注六四：最高裁判昭和二十四年（れ）六八五號，刑集七卷四號，頁七七五，引自司法院編，日本國憲法判例譯本第一輯，七十九年八月，頁八七。
注六五：最高裁判昭和二十二年（れ）二〇一號，裁判所時報九號，頁八，引自司法院編，日本國憲法判例譯本第一輯，七十三年六月，頁三一。

嚴概念，最後則是對於納粹帝國恐怖統治的排拒（注六六）。他本是一個文化哲學性質濃厚的概念，在轉成爲實定法上的法律概念時，應賦予更具體的意義，並解說其於法律上的作用與影響。吾人以爲本於人本身即爲最高價值之理念，一切人類社會法制皆應以實踐人性尊嚴爲目標，公法學上又何獨不然，因此在公法學上看待此一概念時，宜在憲法上明文加以規定，使其成爲憲法價值體系之一部份。如果憲法沒有明文，亦應以之爲制法立憲之根本精神，並將之當作解釋憲法的基本原則之一。至於其與行政法的關係，則毫無可疑的將成爲所有行政法制之最高指導原則。

注六六：李震山，前揭文，頁三五；蔡維音，前揭文，頁三七以下；陳宏達，個人資料保護之研究，輔大碩士論文，八十一年七月，頁六三以下。

行政法上自然正義原則初探

陳志全

〔壹〕問題之緣起

〔貳〕自然法與正義

一、自然法之概念

二、正義之概念

三、正義與法之關係

四、自然法下之自然正義

五、結語

〔叁〕行政法上之自然正義原則

一、概說

二、英國的自然正義原則

三、自然正義與正當程序

四、自然正義原則之判斷基準

五、結語

〔肆〕自然正義原則在我國之檢討

一、自然正義原則之地位

行政法上自然正義原則初探

〔壹〕 問題之緣起

約在西元前五百年以前的哲學家 Herakleitos（B.C.575—641）提出：於萬物生長過程中觀察，發現萬物由相對立而產生，且均由一世界律、世界理性、道所支配，而首次區分人為規章的正義與自然正義，藉以展開理性的正義與自然法學說（注一）。而亞里斯多德（Aristoteles）將正義區分廣狹二義，廣義的正義指人類共同生活中，精神或活動所應適用之一般原則。狹義的正義乃法之具體原理，使每個人物質上或精神上之利害均等。更將狹義的正義區分為「分配正義」與「平均正義」（注二）。自然正義原屬法律哲學上之概念，為法律所要實現之最高理念或理想。由立法者制定法律，用以維持生活秩序之安定，定紛止爭者，乃「法律正義」。依「分所當取，取之不傷廉」之原則，改革不合理秩序，謀求生活秩序之正當者，即「自然正義」（注三）。而平均正義，乃人天生有不

注一：亞圖考夫曼（Arthur Kaufmann），正義理論——由難題史觀察（Theorieder Gerechtigkeit-Problemgeschtliche Betrachtungen），劉幸義譯，載中興法學，二七期，頁六。

注二：尾高潮雄，改訂法哲學概論，學生社，昭和五十三年七月五日重新發行，頁四五。

注三：洪遜欣，自然正義，國立編譯館編，法律辭典，七十六年六月增訂版，頁一九○。

同,但法律爲相等對待,亦即由法律以同等地位爲給付與對待給付之正義。「分配正義」,爲對待多數人以合乎比例關係,依評價、能力、需要來分配權利義務,亦即 Cicero 所稱「使各得其分」原則(注四)。自然正義之淵源久遠,然其內涵爲何、是否可爲行政法上直接適用之原理原則、其與其他行政法上原理原則之關係爲何、在我國如何適用等,均有待深究。

〔貳〕 自然法與正義

一、自然法之概念

自然法論區分合乎自然的人類行爲,所謂「自然」(nature),可從「人性」(nature of man)、社會性質(nature of society)甚至是事物本質(nature of things)而演繹出人類行爲完美無缺的規範。H. Kelsen 認爲自然法論者所主張的「自然」,因時代與地域的差異而有不同。有時是指神,有時是人性、歷史、社會的法則,且均主張絕對的價值或正義內在於自然(注五)。

自然法思想淵源久遠,自希臘哲學,經羅馬時代、中世紀、宗教革命,而至近世,每一時代之自然法論者,均有其獨到見解,致自然法之概念紛歧。然歸納其共通點,可認爲人類社會生活所適用之行爲規則,並不限於國家或政府制定之法律。於國家所制定之行爲規則外,尚有性質更爲普遍之行爲規範,且適用於任何人、任何時間與空間及不同之社會中。此一人類行爲規範並非由任何人所創設,而係根據理性人的基本

注四:亞圖考夫曼,同注一,頁一二。
注五:林文雄,法實證主義,臺大法學叢書(七),一九八二年十月增訂三版,頁二○六~二○七。

需要而存在，故可憑人之理性察覺或認識。此爲一切個別行爲規則之泉源；並構成批判一切人爲規則內容之善惡與公平之準則。換言之，自然法學者均承認有一種較高或理想之「法」存在，以之爲實證法之終極根據，且承認其絕對價值，而追求絕對的正義（注六）。近代由於自然科學之勃興，經驗科學取代了理性之運用，致科學所證明者無「眞實」（reality）之存在，亦無知識性（knowledge）可言，自然法思想亦因而趨於沒落，法實證主義代之而起。然法實證主義之觀點狹窄而偏廢，致法律成爲主權者之意志表現，終使元首之意志成爲法律與正義之無上根據，致有武斷與罪惡之法律產生。及至二次大戰後，自然法思想捲土重來，自然法由追求絕對之正義，轉而尋求可適用於當前環境之理想標準，以之爲實定法之指導原則，甚至爲批判實定法之依據，與法律妥當性之形式標準。紐倫堡國際軍事法庭，對於納粹黨人之戰時行爲，依法實證主義之標準言，並無違法犯罪可言；然就自然法思想而言，故意棄絕追求正義之法律，該法律即屬無效，人民無須加以服從，終以之爲有罪判決之依據（注七）

二、正義之概念

　　亞里斯多德之後，人們即習於將正義區分爲平均正義與分配正義。前者乃在支配私人間之關係，尤其是契約當事人間之自然正義原則，後者被理解爲全體對個人，尤其是國家與人民關係之原則（注八）。亦即，平均正義要求在對等的二人間尋求雙方共同適用之均衡點，分配正義則重在衆人之財富或利益之分配。Cicero 所謂「使各得其分」，乃在使所有人得到公平的待遇，亦即對於相同之事物爲同等對待，不同之事物爲不

注六：馬漢寶，西洋法律思想論集，漢林，六十六年一月版，頁一一二～一一三。
注七：馬漢寶，同注六，頁一一八～一一九，一五一、一五七～一五九。
注八：盛子龍，西德基本法上平等原則之研究，載憲政時代，十三卷三期，頁六一。

同對待。而 Thomas Aquinas 則在亞里斯多德的兩種正義之外，再加上共通善的正義，屬目的論的說法，賦與正義追求善（good）的功能（注九）。至 John Rawls 以理性人爲基礎，從社會契約的觀點批判功利主義，認爲適用於社會基本結構的正義原則正是原初契約的目標，提出「正義即是公平」（justice as fairness）的概念。其包括：平等的基本自由權、自然事物的調整、機會平等、程序正義、尊重自己與他人、良心自由、忠誠履約等（注一○）。John Rawls 強調「正義即公平」，堅信正義首先就是公民享有自由權利的平等性和不可侵犯性。而公正和連續性爲正義之起碼要求，亦即形式之正義（formal justice）（注一一）。而實質之正義似應包括：分配上之差異補償、利益公平開放給所有社會構成員、每個社會構成員均可憑自己之能力及努力發展潛能、追求成就，形成社會階層重分配之效果、尊重人性尊嚴或人道精神（注一二）。我國學者洪遜欣氏認爲，正義以具有力量爲其形式特性，復具有精神的、倫理的內容爲其實質的特質。於是，道德的一般善及共通善之精神的、倫理的要求，均得藉正義之力量而實現。「分所當取」、「正當生活」及「勿害他人」等均係基於正義要求而生之自然法命題，故除人性有變，否則永不失其妥當性。惟正義係人類共通善秩序，在具體的社會生活條件下之具體現實化，而在社會進化中不斷演變（注一三）。正義固以平等爲其核心，

注九：洪惠平，正義理念的歷史面向──由西洋法哲學史的角度觀察，中興法研碩士論文，七十九年六月，頁一四二。

注一○：John Rawls, *A Theory of justice*，黃丘隆譯，正義論，結構群出版，七十九年十月初版，頁九、二三～二四、二八、三四、五九、八○、八四、一○七。

注一一：趙敦華，勞斯的「正義論」解說，遠流，一九九○年四月初版二刷，頁三二、三六。

注一二：張鐸嚴，從羅斯的正義論談成人終生教育的社會意義，載空中大學社會科學學報，一期，八十二年一月十日出版，頁一五一。

注一三：洪遜欣，法理學，自版，七十四年八月初版四刷，頁二七二～二七三。

然就其排除任意性而言，應比單純之平等更根本，應包括合理性、客觀性、一致性、公正性、平等性與中立性等相關概念（注一四）。

三、正義與法之關係

在自然法概念下，正義為法之指導規範。其與法的關係，依日本學者井上達夫之見解認為，包括以下數點：（注一五）

㈠要求法律本身的正確適用

正義為法律之內在要求，若有欠缺則屬惡法。法律適用若允許任意設置恣意性的例外規定，不可謂為法律存在。任何法律以其存在為限，以所賦與之一般準則之公平適用為正義價值成立之意義。法律與道德未為絕對區分，傳統上的法秩序是將一切道德性價值表現出來，而為社會所接受，以此作為正義價值的全部內容。

㈡任何法秩序均標榜正義之具體表現

法律本身不正，即無強制人民遵守之效力。可以說事實之陳述須符合「真理要求」（Wahrheitsanspruch），同樣地法律須符合「正義要求」（Gerechtigkeitsanspruch）。當然，每個法律內涵之正義要求是否有正當化可能為另一問題。虛偽的表示須具有真理要求，同樣地民眾認為不正之法，也須符合正義之要求。

㈢法律須符合正義之要求

自由、平等及公共福祉等，對現存法秩序之批判根據固為種種價值與目的，但從正義之觀點及目的，亦得公然否認其為法秩序。故法律須追求自由、平等及公共福祉，始符正義之要求。

注一四：Martin P. Golding, *Philosophy of law*，廖天美譯，法律哲學，結構群出版，八十年十一月初版，頁一九四。

注一五：井上達夫，長尾龍一、田中成明編，現代法哲學一卷、法理論，東京大學出版會，一九八三年十月初版，頁六三～六四。

四、自然法下之自然正義

自然正義源於亞里斯多德之正義分類。氏認為自然正義係以人類固有自立之自然本性之生命發展原理而成立之實質正義，要求人類追求善，而成立各種社會制度，以實現共通善（或為社會福祉）。自然正義於人性未變時，對人類有普遍之支配力，而在具體社會生活條件要求下，將衍生適合該社會之具體共通善，而各有客觀內容，且不因時地之不同而失其客觀性。申言之，自然正義之具體要求，可因時地而變動，惟自然正義本身有普遍支配力，而其支配作用可產生具體內容。故自然正義之可變性，僅指其要求因應具體生活條件之變更而異其具體內容；非謂自然正義在相同或類似之社會生活條件下，亦可隨時改變。因此，在此範圍內，可謂自然正義之要求，具有一般普遍之妥當性。自然正義不論何時何地，均具有支配人類社會生活之力量（注一六）。

自然正義於立法上，得為指導原則與批判之依據。在司法上，追求法之安定性與妥當性，亦有相同之功能。自然正義於下列事項均可發生作用：

㈠法官造法 (Judicial law-making)

從權力分立之觀點，司法所扮演之角色，不是在創制法令，僅在闡明真正內容，於發生疑義時，予以權威性解釋。此一見解，與英國習慣法之傳統若合符節。然而，在事實上，「習慣法之大部分為法官於社會所流行之情緒與民眾所接受之習俗，或慣例中發展出來」（注一七）。

㈡解釋法律

解釋之目的在探求或闡釋法律意旨，而法律最終目的則在於規律生

注一六：洪遜欣，同注一三，頁二八一～二八二。

注一七：Dennis Lloyd, *The idea of law*，張茂柏譯，法律的理念，聯經，七十三年五月初版，頁二三四、二五〇。

活事實。然而規範本身並非終局之目的，執行法律規範常在於追求某些基本價值，是以法律解釋應取向於價值，而追求正義之實現（注一八）。

㈢形成法理

法理有補充法律解釋之功能，亦有監督法律或習慣妥當性的作用（注一九）。而法理之基本功能既在補充法律及習慣之不備，使執法者自立於立法者之地位，尋求該案件應適用之法則，以實現公平與正義，調和社會生活中各種對立之利益，則法理應係指自法律精神演繹出之一般法律原則，為社會生活所不可不然之理，與條理、自然法、法律通常之原理並無不同（注二〇）。

就實定法之全體觀察，其應為自然法上正義原理之表現。但就每個個案之適用，理論上未必能符合自然正義。然而實定法恆須遵循自然正義原則，以求符合正義之理念。故自然正義實為法律之基本精神（注二一），而為法官造法、法律解釋及形成法理之依據。且賦與司法實現自然正義之功能，方能提供制度上之保護，避免政治上多數人利用民主原則所可能發生之專斷（注二二）。

五、結語

自然法肇始於希臘哲學，以理性主義為出發點。自然正義則是批判

注一八：黃茂榮，法學方法與現代民法，臺大法學叢書（三二），一九八七年九月增訂再版，頁二七〇～二七一。但法實證主義者則認為法規範的效力並不以其內容與正義規範的要求為基礎。亦即認為實證法的效力，不以正義規範的效力為依據。

注一九：黃茂榮，同注一八，頁九四。

注二〇：王澤鑑，民法實例演習叢書第二冊民法總則，自版，七十二年十一月初版，頁二九～三〇。

注二一：高柳賢三，英美法講義Ⅰ，英米法源理論，有斐閣，昭和二十三年八月五版，頁一四～一五。

注二二：陳適庸，現實法學之形成及其思想方法之研究，七十年自版，頁一八七。

是否合乎公平正義之準據。自然法相信絕對價值之存在，追求普遍妥當的法律原則或正義標準。故自然法已成爲實定法之指導原則、批判標準與衡量內在正義之準則。同時，在法律秩序之合理性與公正性兩方面所需之最低條件，並爲檢證實定法本身妥當性之基礎。而在實定法欠缺或不明時，得以自然正義爲法官造法、法規解釋及補充漏洞之法理基準。於實定法牴觸自然正義時，若任意宣示實定法無效，有違法之安定性。此似可參考賴特布魯（Gustav Radbruch）之見解，認爲原則上法之安定性優先於自然正義；若違反自然正義達無法忍受之程度時，則應認爲實定法無效（注二三）。至於至何種程度始爲無法忍受？似可認爲於侵害人民基本權、違反平等原則、比例原則，或其他憲法之精神時，即應認爲無法忍受，而以自然正義原則爲優先。

〔叁〕行政法上之自然正義原則

一、概說

自然正義原爲英國法之支配（rule of law）（或譯爲法治）之核心概念，乃英國法官據以控制公行爲（public behavior）及行政行爲（administrative action）之方法。此一概念植根於英國普通法，乃由大憲章（the Great charter；Magna Charta）所衍生之原則（注二四）。自然正義之原則爲英國法院用於監督行政措施與決策及外國裁判與習慣之承認。故包含：(1)習慣之合理標準爲「是否公正、適當及合理的、誠實的、正常的人會採納他」，或者更直接密接於自然法，「是否與是非

注二三：林文雄，同注五，頁一六二～一六三。
注二四：Paul R. Verkuil，英美行政法的分流，法治斌譯，載憲政時代，十三卷四期，頁三〇。

的基本原則相調和」。⑵藉禁止命令或移送命令控制行政單位所爲違反自然正義之行政行爲或準司法決定。自然正義有兩個主要原則：a.任何人就自己之訴訟不得自任裁判官（nemo judex in sua causa），b.任何人之弁護必須被公平之聽取（audi alteram partem）。⑶基於國際私法引用外國法或承認外國交易，如其違反自然正義原則，如公平審判、人身自由、行動自由等，將不被執行（注二五）。

　　自然正義原則之重要特質，乃在於其意見可公開表達、公平的被聽取。在 Byrene v. Kinematograph Renters Society 案中，Harman 法官認爲，⑴控訴人了解控訴之本質；⑵給與陳明之機會；⑶法院誠實之作爲，始符自然正義原則（注二六）。關於「自然正義原則與法律之關係，法院認議會係爲使行政權須依一定之公正手續原則而創設法律，因此認定實定法隱含自然正義原則。法院在解釋及適用法律之際，必須適用明示性之實定法程序，分別適用普通法與實定法（注二七），而以自然正義原則爲解釋之指導原則，並爲法漏洞之補充。

二、英國的自然正義原則

㈠概念

　　英國所謂自然正義，相當於美國之正當程序原則。其包括「不得就自己之事件爲裁判官原則」（偏見排除原則），與「必須聽取雙方當事人

注二五：W. Friedmann, Legal Theory，楊日然、耿雲卿、蘇永欽、焦興鎧、陳適庸合譯，法理學，司法周刊雜誌社，七十三年九月再版，頁一四二～一四四。

注二六：Z. M. Nedjati & J.E.Trice, *English and Continental Systems of Administrative Law*, North-Holland, 1978, p.108.

注二七：B.シュウオ──ツ H.W.R.ウエイド，英美行政法──政府過程の法的コントロ──關する比較研究，堤口康博譯，成文堂，昭和五十一年十二月第一刷，頁二六一～二六二。

意見」（兩造聽證原則）等兩個普通法上原則（注二八）。二者原本僅適用
於司法判決，適用範圍極為狹隘。然至二十世紀初，逐步發展而成為一
般法院監督行政權逾越法理之一環，而以之為拘束司法性或準司法性之
行政機關行為，對於行政程序上正義保障非常重要（注二九）。而英國之衡
平法（Equity）本質上乃源於自然正義。從十六世紀時，將其稱為「衡
平與良心的規則」，乃依自然正義、衡平觀念及良心的命令，適用於每個
具體個案，妥為裁量而為判決（注三〇）。

(二)內容

自然正義之第一個原則為偏見排除原則，質言之，對法院之審判公
正性有合理的懷疑時，法官不得為任何有效之判決。此一原則，拘束行
政法院或許可機關這一類之行政組織。若有不具資格者參與決定之作
成，該決定無效。對此原則有兩個固有之限制。第一、若因偏見而迴避，
而代理者不能為法律性之行為時，此一原則不能適用。第二、行政機關
主管從公益之立場支持某政策，不得以行政首長有偏見起訴。此在美國
稱為「制度性決定」（the institutional decision）（注三一）。

自然正義的第二個原則為雙方聽證原則，乃要求公正聽取雙方意見

注二八：Perter Cane, *An Introduction to Administrative Law*, Clarendon
Press. Oxford, 1989, reprinted, p.91. D.C.M.Yardley, *Principles of
Administrative Law*, 1986, 2ed.,p.92. Z.M.Nedjati & J.E.Trice,
supra note26,p.108. 佐藤立夫，行政法總論，前野書店，一九八九年九月
全訂二版，頁五二；山本正太郎，英國行政法の研究，弘文堂，昭和四十
四年五月初版，頁四〇；杉村敏正・兼子仁，行政手續・行政爭訟法，筑
摩書房，昭和四十八年十一月版，頁二五；羅傳賢，行政程序法基礎理論，
五南，八十二年七月初版，頁四六～四八；羅傳賢，美國行政程序法，五
南，七十四年六月初版，頁一六一。

注二九：堤口康博，行政裁判(2)——自然正義，載別冊ジュリスト英美判例百選Ⅰ
公法，有斐閣，一九七八年五月，頁二八～二九。

注三〇：長谷川元吉，イギリス法學入門，有斐閣，昭和三十三年三月版，頁八四
～八五。

注三一：堤口康博譯，同注二七，頁二六二～二六三。

之權利。此與美國「正當程序」條款完全相同。美國憲法正當程序條款規定爲憲法基本權利。正當程序之文字意義爲公平程序，其保證國家將給予個人基本公平待遇。亦即，如未予聽證以爲其權利辯護之機會，不得剝奪任何人之生命、自由、財產。聽證原僅司法權能之行使程序，後用於立法。而行政機關所行使之權力，常具立法或司法機能，如行政立法與行政司法，故當行政機關行使職權而剝奪或限制人民自由權利時，即應進行聽證（注三二）。聽證之適用須具備：(1)行政法院之設立及規定行政程序的必要性，(2)符合行政程序公開、公正、公平之要求，(3)確立關於行政程序運用之統一性基本原則等爲內容。基於前述第(2)點公開、公正、公平之要求，於行政訴訟前之程序、行政訴訟程序及行政訴訟後之各種程序，對於告知、聽證、決定等每個手續均要求附記理由(注三三)。

簡言之，英國之自然正義原則乃於爲不利益處分時，保障適正的告知與聽證程序。其應值注意者，乃自然正義原則爲普通法上之原則，亦即關於解釋實定法的判例法上原則。在法律授權予行政機關爲不利益處分之權限時，即使法律就有關正當程序未爲規定，法院仍得認爲議會對該處分有行正當程序之意圖，而以權限濫用之類型——逾越權限之法理而判決無效（注三四）。

㈢案例分析

在公務員免職處分方面，於 Ridge v.Baldwin (1964.A.C.40)案中，一九五七年十月 Baldwin 市警察署長 Ridge，因有受賄嫌疑被捕，並受免職處分，其後以證據不充分受無罪判決。Ridge 以該處分欠缺事前告知及聽證程序，而請求廢棄該處分。第三審以上訴人之免職處分，完全

注三二：羅傳賢，行政聽證程序法制與民權保障，載經社法制論叢六期，七十九年七月出版，頁二四六～二四七。
注三三：熊本信夫，行政手續法，載ジュリスト六百號紀念特集——日本法與英美法三十年，有斐閣，一九七五年十一月十五日出版，頁一九九～二〇〇。
注三四：杉村敏正，續・法の支配と行政法，有斐閣，一九九一年五月初版，頁一七〇。

欠缺告知與聽證程序，違背自然正義原則而認爲前述處分無效。從前法院未曾就公務員免職程序有無自然正義原則之適用表示意見，本判決以該管行政機關之行爲具準司法性，而適用自然正義原則，實具判例法上意義（注三五）。

在 University of ceylon v. Fernando （1960 1All.E.R. 631） 案中，關於大學生之懲戒處分，對於重要證人未予反對詢問之機會，是否違反自然正義原則，法院認爲違反自然正義原則，但本案並未完全剝奪反對詢問之機會，以本案原告未申請反對詢問，而判決原告敗訴（注三六）。

關於計劃程序有無自然正義原則之適用，從自然正義原則確保審查程序之正當性，不過基於越權之法理所爲審查。因爲程序性條件之遵守，爲權限正當行使所不能欠缺。於是此一原則與美國行政程序法做同樣的要求，基於自然正義統制英國行政程序，而成爲英國行政法之一部（注三七）。然而，在 Franklin and Other v. Minister of Town and Country Planning （1948 A.C.87） 案中，關於新市地指定處分，若依法律上之要件，從最初行政程序至命令確定爲行政性的，即使法律上要求公聽會具有司法性性格之程序，仍認爲時至今日自然正義原則已不得介入。這是自然正義原則不得介入行政計劃程序的判例（注三八）。所以然者，因福

注三五：David Foulk, *Administrative Law*, London Butterworths, 1986, 6ed., p.233。山田信男，行政裁判(1)——免職處分と自然正義原則，載別冊ジュリスト，英美判例百選Ⅰ公法，有斐閣，一九七八年五月號，頁二六～二七。

注三六：D.C.M.Yardley, supra note28,pp.110-111. 下山瑛二，自然的正義，載ジュリスト，英美判例百選臨時增刊，有斐閣，一九六四年四月號，頁二八～二九。

注三七：水野豐志，委任立法の研究，有斐閣，昭和六十二年四月二十日，復刻版一刷，頁二二〇。

注三八：David Foulk, supra note35, pp.232-233.

祉國家多政策性與行政程序的複雜考量，法院於其介入乃表示謹慎的態度。另一方面，議會制定法的改變也是原因之一。前述之都市田園計劃法、新都市法等，關於主管機關之異議考量而不完全採爭訟性的結構，主管機關始終作爲當事人參與訴訟。在如此之爭訟構造限制，不免使自然正義原則之適用範圍變得甚爲狹小（注三九）。

關於行政程序是否適用自然正義原則，在新都市法指定新市鎮用地之確認處分判決，第一審認爲屬司法性行爲有自然正義原則之適用，但上訴法院及貴族院均認爲新都市法上行政程序無自然正義原則之適用（注四〇）。但在 Erringtom v. Minister of Health(1935 1K. B. 249)案中，由於貧民區（slum）清除處分案的主管承認遲誤有關事項之公告且異議人未出席公聽會，而其復採用未經聽證程序之新證據，因此該處分具程序上之瑕疵，該處分案因此被認爲違法（注四一）。法院明確適用自然正義原則，判決行政程序違法（注四二）。

故在行政程序方面，英國以自然正義原則保障聽證權利，並排除偏見之介入。且依越權原則（ultra vires）之法理爲行政行爲之司法審查（注四三）。而行政機關之行爲屬準司法性質者，即有自然正義原則之適用。作爲法院之審查對象，法院得就受行政機關所直接侵害之權利或利益，適用自然正義原則統制行政機關公權力之行使（注四四）。而裁量權行使之情形，乃行政機關本身之職權行使，其爲法律賦與之決定權限，於此

注三九：水野豐志，委任立法の研究，有斐閣，昭和六十二年四月二十日，復刻版一刷，頁二二五。

注四〇：堤口康博，同注二九。

注四一：山本正太郎，同注二八，頁四二～四三。

注四二：山口幸男，行政裁判──行政手續自然正義の原則，載ジュリスト，英美判例百選，臨時增刊，有斐閣，一九六四年四月號，頁二四～二五。

注四三：佐藤立夫，同注二八，頁六五。

注四四：山本正太郎，同注二八，頁八四。

則就自己事件不得自任裁判官之原則即無適用餘地，故認爲自然正義原則在此難以適用（**注四五**）。因此，英國法似偏向於程序法則之公平，而忽略了實體問題。然判例之發展，逐步建立了合理的法則及自然正義原則，提供法院檢證不法程序或欠缺實體妥當性之標準（**注四六**），使自然正義原則更臻成熟。

㈣小結

英國爲議會政治之發源國，向以「議會至上」爲原則，而認爲國家事務之最終決定權歸屬於國會，致法院於立法行爲之審查較爲消極。拒絕承認國會有意違背自然正義原則，僅依自然正義來解釋國會之立法。反之，英國法院就行政行爲的審查則扮演較積極的角色。對於行政行爲之違反自然正義原則，視之爲違反議會所定正當程序或屬權限濫用，而依越權之法理，認爲該行爲無效。此外，違反自然正義原則，可以訴請損害賠償、強制命令、宣示性裁判、中止命令、移審命令等方式請求救濟（**注四七**）。而得以自然正義爲審查行政行爲之原則者，包括準司法行爲，行政聽證程序，公務員免職處分，對學生之懲戒處分，行政計劃程序等均有適用，其並及於行政決定前後之各種程序，而須排除偏見並聽取雙方當事人之意見，以符合公開、公正、公平之要求。綜據上述，英國乃根據具體個案，由下而上建立自然正義原則（**注四八**），落實法之支配。

三、自然正義與正當程序

㈠概說

注四五：山本正太郎，同注二八，頁四〇。
注四六：羅傳賢，行政程序法基礎理論，同注二八，頁四五～四六。
注四七：Raul R. Verkuil，法治斌譯，同注二四，頁三一～三二。
注四八：城仲模，四十年來之行政法，法令月刊，四一卷一〇期，頁七七。

在英美法系國家，其法律規範以普通法為主，盛行司法造法，故其法律乃處於變動之狀態。因此，自然法之概念，於普通法中發揮了很大的影響力，而分別衍生出英國的自然正義原則與美國的正當程序原則。茲就二者之異同分別敍述。

㈡二者之差異

英國之自然正義原則與美國之正當程序原則均發源於英國普通法與大憲章。且在行政法上之適用，均得據以控制行政程序之正當性與妥當性。然二者尚有以下之不同點：（注四九）

1.自然正義之適用範圍超過正當程序。自然正義在英國之適用不區分國家行為與私人行為，故包括公行為與各種私法人及工會之活動。而正當程序於美國僅適用於「國家行為」。

2.在英國基於自然正義原則，於公布涉及人民自由權利之法規時，得要求該行政機關，對於受影響之人民負協商義務（duty of consult）。但美國行政處分與行政規則之區分尚非明確，蓋「行政規則」既可一般適用，復得特別適用，而「命令」除行政機關對任何事件為最終措置外，尚包括認可行為。故二者不便從適用範圍廣狹為儼然之區分，亦難謂「行政規則」之形式必具「立法形式」（注五〇）。

3.程序的正當性核心有三，即通知（Notice），評論期間（a comment priod）或聽證（hearing），及理由之陳述（statement of reason）。英國自然正義之概念僅包括前二者，而忽略理由之陳述，以避免行政決定程序之負擔。

㈢小結

英國的自然正義原則與美國的正當程序原則二者之概念相類，適用

注四九：Raul R. Verkuil，法治斌譯，同注二四，頁三〇～三三。

注五〇：城仲模，論美國行政命令制度，載行政法之基礎理論，三民書局，七十年八月五版，頁一二七。

之情形亦屬相彷，故於同時承認二者之時，不免滋生疑義。然如何區分，使二者分別適用，以審查公法上行為，使其更臻妥善，自有其必要性。依筆者淺見，在我國之情形，因正當程序原則乃直接源於憲法或法律之要求（參憲法第八條及行政程序法草案）；而自然正義原則乃以自然法為基礎，因其為形成法理之根據，故應認為自然正義原則係居於最後檢證之地位，於其他法律原則無法確保案件審查之正當性與妥當性時，再尋求自然正義原則之適用。因此，自然正義原則實為確保正當性與妥當性之最後一道防線。

四、自然正義原則之判斷基準

自然正義須適用於社會生活事實，因其具有倫理性，無法避免為價值判斷。然為免此一原則之濫用，而妨害行政之目的與行政功能。故其適用應有客觀之判斷基準，始能維持法律適用之安定性，避免裁判官的主觀恣意。其似可依以下標準判斷是否違反自然正義原則：

㈠法定程序

乃由立法者依其理智，為合目的性考量，而以法律明定為涉及人民權益之公行為時，須履行一定之程序。其程序包括通知、聽證、理由告知等，始符自然正義原則之要求。若立法者未依理智判斷事物本質以及其他充分理由，規定應履行之程序，則屬「恣意」（Willkür）。而立法者欲避免不理智之後果，必須斟酌各種待規範事務之事物本質及其他充分理由時，為公益或立法政策等合目的性考量，方可作為「同同、異異」之規範。惟美國學理所稱理智決定，其出發點乃在尊重立法之權限，屬於「司法自制」範疇，使人民政治參與過程之結果能獲得最大的保障（注五一）。法定程序之履行，乃適用立法於理智判斷後明定之法律程序，故

注五一：陳新民，憲法基本權利之基本理論（上冊），平等權的憲法意義，自版，八十一年一月三版，頁五〇四～五〇六。

其爲自然正義原則之首要判斷基準。

仁事物本質

事物之本質（Natur der Sache）原爲法哲學上之概念。本質（Natur）本有「自然」之意，可知其爲源於自然法的概念。故事物本質爲實定法外之一種價值表現，乃於各種不同事物中，尋求合乎自然法之正義（注五二）。事物本質可分爲三部分：一爲事理或法理，乃事物當然之理；二爲一般社會生活之事物本質，係作爲評價對象之文化現象，由此尋找法律上之規範要素；三爲事物本身的屬性，如男女之別，晝夜之分，事物之差異等自然事實（注五三）。事物本質於 H. Coing 的法體系中，爲正義之標準，而正義的實現係將人或社會事件置於法秩序中應有之地位（注五四）。法律之目的在於把正義實現於人間，事物本質作爲實質正義之基礎，適合於事物本質之類型中，不具倫理性因素之事物本質，係作爲界定秩序因素，以避免立法者或法官之恣意。而具有倫理性因素之事物本質概念，則提供法律之當爲內容（注五五）。事物本質之運用須取法律規範客體之性質，一方面求其符合法規範之要求，同時不與社會生活脫節。蓋法規範之最終目的，在於將正義實現於人間（注五六）。另一方面，合乎事物本質者，始合於事理，而事理存於社會生活關係之中，爲正義之基準，等同於具體自然法或衡平法，而爲自然正義原則之判斷基準。

仨綜合憲法理念之判斷

自然正義原則常與公平正義之理念相貫通，須爲價值判斷。而憲法亦爲充滿價值判斷之理念，而拘束立法者之權限，故得以憲法上明示或

注五二：陳新民，同注五〇，頁五〇七。
注五三：高文琦，事物本質之概念及在法學上之地位，臺大法研碩士論文，七十九年六月，頁五。
注五四：H. Coing, a.a.o.s.177 轉引自高文琦，同注五二，頁五二～五三。
注五五：高文琦，同注五二，頁九〇。
注五六：黃茂榮，同注一八，頁一一四。

其基本精神爲自然正義原則之判斷基準。如平等權爲憲法所保障之權利在實質平等的要求下，非絕對禁止差別處置，可斟酌具體案件事實上之差異及立法目的，而爲不同處置（參釋字二二四號解釋）。亦即於憲法明文或其基本精神所導出的價值，如比例原則、公益原則、法律保留原則或情事變更原則等，立法者可爲合目的性考量，依事物本質，爲合理的不同規定。而我國憲法在法治國及福利國理念下，保障人性尊嚴，強調法的妥當性，維護私益與公益之均衡，此均爲我國憲法之基本精神。故自然正義原則之判斷基準得斟酌平等原則、比例原則、事物本質或由立法者依其理智爲目的性考量，而應綜合上述各種憲法理念，斟酌具體個案事實而爲判斷（注五七）。

㈣小結

自然正義適用之對象爲社會生活事實，故其判斷基準應求諸一般理性人之社會經驗或價值標準（注五八）。而社會經驗價值標準，仍應就行爲當時之社會制度、社會結構、風俗習慣與社會變遷等具體情況，斟酌個案具體之生活事實而依法定程序、事物本質及憲法精神爲判斷。

五、結語

自然正義原則濫觴於自然法，從正義之理念發展而來。於英國乃從程序面入手，而成爲審查行政程序正當性不可或缺的原則，與美國之正當程序原則同爲要求行政程序之確實遵守。其判斷基準，在形式上，以法定之程序爲判斷依據；在實質上，則須依一般理性人之經驗、價值，依事物之本質及憲法之理念參酌個案具體之差異，而爲綜合判斷。如此，始能確保行政之功能與目的，維持法律之正當性與妥當性，避免法官之恣意。

注五七：陳新民，同注五〇，頁五一三、五一六。
注五八：黃茂榮，同注一八，頁二三。

〔肆〕自然正義原則在我國之檢討

一、自然正義原則之地位

㈠憲法方面：

自然正義原則於英國，乃源於普通法，並爲法院所肯認。在美國憲法第五條及增修條款第十四條賦與正當程序憲法上之地位（**注五九**）。然而，在我國欲以憲法第八條之規定爲正當法律程序在行政法上原理原則之理論架構與實踐，似有未足。但於憲法第七條之法律上平等、第八條至第十四條之自由權保障、第十五條之生存權、工作權及財產權保障與第十六條之請願權、訴願權及訴訟權保障、基本國策章中第一百五十二條至第一百五十七條社會安全之規定及增修條文第十八條等，均寓有自然正義原則之精神。自然正義原則實具有保障人民權利，提升行政效能與維護人性尊嚴等功能。故我國憲法雖無自然正義原則之明文，然於上述諸條之規定，均隱含自然正義原則之精神。

㈡法律方面

現代行政之目的在確保人民之自由權利，制約國家權力行使，維護人性尊嚴，並盡國家生活照顧義務。故應有承認自然正義原則之實益，如違反經驗法則，未爲告知、聽證或說明理由，固屬違反自然正義，而不符公平正義之社會制度或規範，似均不妨透過自然正義，檢證其正當性與妥當性，使現代行政之目的與功能獲得實現。現行法雖未明文承認自然正義原則，但於社會秩序維護法第四十一條、第四十三條、第四十四條及第四十六條之調查程序，集會遊行法第十二條及第十三條之準駁

注五九：羅傳賢，行政程序法基礎理論，同注二八，頁四六。

程序與告知理由，土地法第二百二十七條及第二百四十七條之公告與通知，都市計畫法第十八條至第二十五條之公開程序，稅捐稽徵法之稽徵、調查及救濟，公平交易法第二十七條之調查程序，專利法之專利審定公告、通知、異議及公開閱覽（第二十九至第三十九條），商標法商標之評定、利害關係人之參加及不服之救濟（第五十四條至第五十八條），精神衛生法對病患之保障（第三十六條至第四十條），另有兒童福利法、少年福利法、老人福利法、殘障福利法及社會救助法等對社會中之弱勢團體之扶助，均蘊藏著自然正義原則之精神。而草擬中之行政程序法草案，明定聽證程序，可謂自然正義原則之落實（注六○）。

(三)小結

自然正義原則在我國現行法中，雖無明文，但於憲法精神及法律理念中，其蘊含自然正義原則之內涵者，所在多有。凡規定對弱勢團體之保護，或規定對人民自由權利侵害之際須為告知、聽證及理由陳述者，均屬自然正義原則之作用。此一見解既符合民主國家落實人民參與，法治國家保障人民權利，福利國家社會福祉之目標，復能兼顧人性尊嚴與行政效能，確保國家行為之正當性與妥當性。

二、自然正義原則之實證

1. 司法院大法官會議釋字一六六號及釋字二五一號解釋認為違警罰法規定，由警察官署裁決之拘留、罰役，係關於人民身體自由所為之處罰，應迅改由法院依法定程序為之。此一解釋係以憲法第八條第一項規定之「依法定程序」，而認為違警罰法之規定，係違反憲法規定，其以自然正義原則為其解釋之依據甚為明白。

2. 釋字一七七號解釋第二段，認「本院依人民聲請所為之解釋，對

注六○：羅傳賢，行政程序法基礎理論，同注二八，頁四八。

聲請人據以聲請之案件，亦有效力」，而釋字一八八號後段則以爲，「惟引起歧見之該案件，如經確定終局裁判，而其適用法令所表示之見解，經本院解釋爲違背法令之本旨時，是項解釋自得據爲再審或非常上訴之理由」，此等解釋有使司法院大法官會議居於「第四審」地位之疑慮，引發解釋權與審判權之衝突，但亦產生個案救濟之效果（注六一），使人民自由權利之救濟多一管道，實屬符合自然正義原則之要求。

　　3.民國七十四年七月十九日公布之檢肅流氓條例，採取書面審理之原則，未予被移送裁定人反對詢問之機會，又不許被告接觸證據，採取祕密證人制度等，使人權之保障與眞實的發現均有疑議，因此該法程序之正當性與實質的妥當性均可非議，恐有不符自然正義原則之譏。

　　4.釋字二六一號解釋以民意代表機關之定期改選爲反映民意，乃貫徹民主政治必要途徑。故認爲第一屆資深中央民意代表遲不改選，不符民主原則，而認爲其應於八十年十二月三十一日前終止行使職權。此一解釋，符合民主政治之本質，乃依事物本質而爲之判斷，亦屬自然正義原則之運用。

　　5.釋字二八二號及釋字二九九號解釋認爲國民大會代表，依憲法所定職務之性質，不經常集會，並非應由國庫定期支給歲費、公費等待遇之職務，故應屬無給職。係基於職務之性質而爲判斷，亦即以事物本質而爲之解釋。故此一解釋，應屬符合自然正義原則之精神。

　　6.釋字二九〇號解釋認爲公職人員選舉罷免法第三十二條第一項有關各級民意代表候選人學、經歷之限制，與憲法尙無牴觸。惟此項學、經歷之限制，應隨國民之教育普及加以檢討，如認爲仍有維持之必要，亦宜重視其實質意義，並斟酌就學有實際困難者，而爲適當之規定，此當由立法機關爲合理之裁量。然而，民意代表之選舉，係基於判斷能力

注六一：蘇永欽，現代國家的正義分配問題，載法學叢刊，第一三一期，頁五五。

之成熟度,而爲資格限制,方符事物本質(注六二)。若單以學歷爲限制,實有違事物本質,應認爲違反自然正義原則。

　　7.釋字三四二號解釋以「法案經立法院移送總統公布者,曾否踐行其議事應遵循之程序,除明顯牴觸憲法者外,乃其內部事項,屬議會依自律原則應自行認定之範圍,並非釋憲機關審查之對象。……」進而承認國安法之形式效力。但從自然正義原則之程序正當性所要求通知、評論期間或聽證,及理由陳述等考察,本號解釋實未就憲法第一百七十條所謂「立法院通過」之意涵,依自然正義原則爲進一步之解釋,殊屬可惜。

三、結語

　　法治國家均強調分權原理,依法行政原則,認爲國家行爲須有可預測性,行政裁量不能濫用或爲越權裁量,並須注意比例、誠信、合於行政目的與公共利益等原則(注六三)。就程序而言,不允許立法者藉專斷的程序侵害人民之自由及財產,亦不得透過司法程序或行政程序藉國家權力,對人民爲侵害。亦即須完全符合正當性之要求,排除恣意性之要素。自然正義原則給與具有利害關係之當事人公正陳述意見之機會。在實體方面,禁止專斷性之政治權力行使,排除恣意性及產生專斷之可能性。如國家總動員法與警察法之授與行政部門廣泛裁量權,又無程序保障及救濟與補償之規定,實有違自然正義原則。此外,立法、行政與司法均須具有法治主義之觀念與平等之思想(注六四),始符自然正義原則之要求。故自然正義在我國爲法律上之原理原則,屬實質的法規範,可作爲裁判之根據。

注六二:許慶雄,憲法入門,月旦,一九九三年三月一版三刷,頁七四。
注六三:城仲模,同注四八,頁六五。
注六四:伊藤正己,イギリス法研究,東京大學出版會,一九七八年十二月初版,頁二六六～二六七。

〔伍〕 結論

日本英美法學名家和田英夫教授認爲英美法有四個重要特徵：㈠法之支配，㈡判例法主義，㈢陪審主義，㈣普通法與衡平法（注六五），惟其精神與本質之所在則爲自然正義原則，強調法律之重要性及其對人民自由權利之保護，此爲現代民主國家司法之任務。故民主國家司法的眞正使命，非僅爲維持國家秩序之德國式「法秩序之維持」（Aufrechter-haltung der Rechtsordnung），而係保障基本人權爲核心之英國式「法之支配」（Rule of law）。由此觀之，應認爲審判之目的在於「公平正義」（Justice）之實現（注六六）。茲就以上所述，做以下之結論：

1.正義乃尋求該當時地理想標準，做爲實證法之指導原則或批判依據，實現正當性與妥當性之目標。

2.自然正義原則原爲實定法外之概念，爲英國普通法與衡平法之基本精神，且爲法之支配的核心概念，乃英國法官據以控制公行爲之方法。

3.行政法上以自然正義原則爲依據要求正當程序之進行，並排除偏見之介入。若裁量權之行使有權限濫用之情形，可依越權之法理認爲無效。

4.法定程序爲履行自然正義原則之重要方式，藉聽證之進行，要求給與辯解之機會，獲知決定之理由，以追求公開、公正、公平。

5.自然正義原則在實體上之要求，即事物本質之追求。爲個案判斷時，須依社會共通之價值標準，參酌具體個案之差異，排除恣意，以符合事物本質（事理）。

注六五：和田英夫，英米法概說，有斐閣，一九九〇年二月再訂初版，頁九以下。

注六六：橫川敏雄，ジヤステイス，謝瑞智譯，公正的審判，自版，八十二年五月一日初版，頁五四～五五。

6.憲法價值之實現，為自然正義追求之目標。藉憲法理念之判斷，方可使自然正義原則達到追求法治國家之理想。

7.我國雖未明示引用自然正義原則，但在釋字一六六號與二五一號、一七七號與一八八號、二六一號及二八二號與二九九號解釋均隱含自然正義原則之概念，可惜尚有部分法規、行政行為及解釋不符自然正義原則之精神。

8.自然正義則在我國的法律上地位，可為立法之指導、法律解釋及適用之標準及判決之依據。其判斷其準可參考法定程序、事物本質、憲法精神而為綜合判斷。

自然正義原則本為絕對正義及永恆價值之追求，為超越實定法之概念，且為評斷實證法正當性與妥當性之依據。故透過自然正義原則以檢證國家行為是否符合事理，是否遵循正當法律程序，乃成為實現正義之最佳方法。而自然正義原則在「正義可無止境追求」的觀念下，非僅限於正當法律程序之形式正義之實現，更應積極追求個案之實質妥當性，方符現代行政保護人民自由權利，維護人性尊嚴，達成行政公益之目的。

淺釋行政法學上之「正當法律程序」原則

林國漳

〔壹〕前言

〔貳〕「正當法律程序」的起源和意義

　　一、起源

　　二、意義

〔叁〕「正當法律程序」與「自然正義」、「依法行政」之
　　　比較

　　一、與「自然正義」之比較

　　　㈠概說

　　　㈡「正當法律程序」與「自然正義」所適用之範圍

　　　㈢小結

　　二、與「依法行政」之比較

　　　㈠概說

　　　㈡「正當法律程序」與「依法行政」所適用之範圍

　　　㈢小結

〔肆〕「正當法律程序」在外國法制上之實踐

淺釋行政法學上之「正當法律程序」原則

〔壹〕前言

法治國思想發祥於十八世紀之後，其係對國家萬能之否定，認爲國家權力若不受任何規範和限制，則人民之權利、自由將難確保，德儒康德（I. Kant）謂「法律（而非人類）所支配之處即有最佳的統治組織」（注一）。而「正當法律程序」（Due Process of Law）乃是保障人民基本權利的重要原則之一。

「正當法律程序」，在美國聯邦憲法第五條修正案以及第十四條修正案皆有規定。此二條款可謂係整個權利章典（Bill of Rights）的中心，而其受到聯邦最高法院的引用次數遠超過憲法其它條文（注二）。由於法院的靈活解釋，使此原則逐漸地擴充及於行政法的領域，並由此建立行政聽證制度，形成美國一九四六年行政程序法之核心（注三）。

「正當法律程序」是憲法上的概念，係法院爲保障人權得將難以允許之法律內容宣告爲違憲之最後武器，故「正當法律程序」實具有自然

注一：城仲模，四十年來之行政法一文，載於法令月刊，四一卷一〇期，民國七十九年十月，頁六五。
注二：傅崑成等十五人編譯，美國憲法逐條釋義，三民書局，民國八十年八月，頁一一九。
注三：翁岳生，行政法與現代法治國家，作者自版，一九八九年十月九版，頁三四四。

法的氣息（注四）。我國憲法第八條，關於人身自由保障之規定，亦富有「正當法律程序」之精神，故其在我國亦係具憲法效力之行政法基本原則。由於「正當法律程序」適用範圍頗爲廣泛，本文擬從此原則之概念、適用範圍、並從外國法制上的實踐、吾國法制之實踐等方面來討論此原則於行政法上之適用，以更進一步瞭解「正當法律程序」原則於行政法上之實踐。

〔貳〕「正當法律程序」的起源和意義

一、起源

「正當法律程序」一詞，係肇始於英國一二一五年的大憲章（Magna Charta）。該憲章第三十九條規定：「自由民非依國法（Law of the Land）而受其同輩之合法審判者，不得逮捕、禁錮、剝奪其財產、逐出於外國，或加以任何傷害」。一三五四年之自由律，亦規定：「任誰，不論其財產或身份如何，不得未經正當法律程序，加以逮捕、禁錮、剝奪繼承權或處以死刑」（注五）。這些條文對於「正當法律程序」和「國法」的概念並無具體說明，惟依學者間之見解，認此二者乃屬同一意義（注六）。

十七、十八世紀，「正當法律程序」和「國法」之概念，漸由英國傳至美洲，而視爲保障人權的重要部份（注七）。至美國聯邦憲法第五條修

注四：田中英夫，英米法のことば，有斐閣，昭和六十一年七月十四日，一版一刷，頁八一九。

注五：參劉慶瑞，比較憲法，三民書局，民國七十六年十月四版，頁五八。周道濟，基本人權在美國，臺灣商務印書館，民國六十六年七月初版，頁二六。

注六：R.E.Gushman, *Due process of Law*, Encyclopaedia of the Social Sciences, pp. 264〜265，轉引自，劉慶瑞，前揭書。

注七：同注五，劉氏，頁五八，周氏，頁二六。

正案採用「正當法律程序」之規定後，各州憲法紛紛仿效，此原則乃成爲在美國非常普遍的保障人權之概念（注八）。

二、意義

　　「正當法律程序」，其意義就字面而言，乃可能僅解爲係對於程序法上之限制，而其於美國聯邦憲法制定之本意亦僅係欲以此原則來防止行政和司法對於人民生命、自由和財產之非法程序的侵犯。惟至十九世紀，聯邦法院乃擴大「正當法律程序」之適用，亦即認爲：「正當法律程序」不僅是指公平合理的司法程序，亦兼指公平合理的法律（注九）。因此，此原則不僅是針對程序方面，甚且包括法律的內容及其目的是否合法──即運用此原則以檢視法律是否符合公平正義、正當合理（注一〇）。故可知「正當法律程序」乃是指政府一切權力行使或對人民權利之侵害和限制皆須遵循的法之原則。至於其具體內容爲何，於實定法上亦無明文的標準。而於美國的法院對於此原則亦無法有一普遍性的指針可適用於所有個案，僅能對具體個案，逐一爲審查。是故，所謂「正當法律程序」無異是最高法院所認爲的公平合理程序或法律（注一一）。

〔叁〕「正當法律程序」與「自然正義」、「依法行政」之比較

一、與「自然正義」之比較

㈠概說

注八：荊知仁，美國憲法與憲政，三民書局，民國八十年三月再版，頁七八。
注九：周道濟，前揭書，頁二七。
注一〇：傅崑成等編譯，前揭書，頁一一九以下。
注一一：劉慶瑞，前揭書，頁六〇。

「自然正義」乃是英國自古即存在之概念，它的準則主要有二：(1)任何人不得爲已之案件爲裁判官（nemo judex in sua causa）。(2)聽取另一方之意見（audi alteram partem）（注一二）。

「自然正義」是英國法治（rule of law）的核心概念，亦是英國法官據以控制公行爲和行政行爲之方法。自然正義於英國，其根本性就如同正當法律程序於美國。兩者在概念上雖有不同，惟均淵源於英國之普通法和大憲章所衍生之古老原則（注一三）。故於此有必要對此二概念予以闡述。

㈡「正當法律程序」與「自然正義」所適用之範圍

自然正義在「水平效果」的適用上比正當法律程序爲廣；而在程序的規定上，其「垂直效果」則比正當法律程序爲窄（注一四）。

自然正義的「水平效果」超過正當法律程序的「水平效果」主要在兩方面，即：(1)它及於美國法院在「國家行爲」意義下所稱之「私行爲」；(2)自然正義且適用於行政規則之制定（注一五）。

於「垂直效果」方面，自然正義未詳細地就個別情形規定其程序，以加深自然正義之要求。利用「正當法律程序」的分析，以規定有關程序之要求，乃美國法院所創，未必值得英國仿效。在美國爲避免癱瘓公法決定之程序，亦了解到只有某些核心部份，才應該嚴格履行行政國家的「正當法律程序」規定之要求（注一六）。

㈢小結

注一二：下山瑛二，ジュリスト，英美判例百選，（臨時增列）四月號，有斐閣，一九六四年，頁二八。

注一三：Paul R.Verkuil 著，法治斌譯，英美行政法之分流，憲政時代，一三卷四期，頁三〇。

注一四：同前注，頁三一。

注一五：同前注，頁三一。

注一六：同前注，頁三一～三二。

　　「自然正義」與「正當法律程序」在適用範圍上雖有如前述之差異，惟由於兩者乃皆係富變動性之概念，因此於「水平效果」上，「正當法律程序」有逐漸擴張之勢，故於規則訂定等行政立法性質方面亦漸有適用。而「自然正義」對於「垂直效果」上似亦有逐漸延伸之狀態。是故，兩者間之界限預期將更形模糊。

二、與「依法行政」之比較

㈠概說

　　一般謂「依法行政」原則，認其應含兩個重點，一為「法律優位」原則，另一則為「法律保留」原則（注一七），茲分述之：

　　1.「法律優位」原則：其表現立法權對於行政權之優位，以法律領導行政，行政作用不得與法律牴觸（注一八）。

　　2.「法律保留」原則：該原則要求就特定事項，行政非有法律授權不得為之。此原則之理論依據主要有三：(1)民主原則，(2)法治國原則，(3)基本權之制度（注一九）。至於其範圍之理論則呈多歧，大致可歸納下列數種：(1)列舉立法事項保留說，(2)侵害保留說，(3)全部保留說，(4)社會權保留說，(5)國會保留說（注二〇）。

㈡「正當法律程序」與「依法行政」所適用之範圍

　　正當法律程序淵源於英美法系國家，而依法行政則源於歐陸法系之德國，故兩者之把握重點當有不同。蓋正當法律程序，其一切係由下而上之措施，與歐陸依法行政之由下而上，有著極大之差距（注二一）。

　　依法行政其重點在於法律優位和法律保留二者，雖學說對於法律保

注一七：Hartmut Maurer, *Allgemeines Verwaltungsrecht*, 1992, S.91.
注一八：城仲模，行政法之基礎理論，三民書局，民國七十七年八月五版，頁五。
注一九：Maurer, aaO, S.92ff.
注二〇：各說內容詳參閱，城仲模，同注一文，頁七一以下。
注二一：城仲模，同注一文，頁七一。

留之範圍有頗多歧見，惟無論採何者，似仍與正當法律程序所認——「法律」須符合「正當」——有段距離。亦即正當法律程序對「法治」之要求比依法行政更來得徹底。此乃因正當法律程序已發展至運用此原則來檢視法律內容是否公平、合理及正義。且於依法行政，一般亦認僅行政、司法須受此原則之拘束，而正當法律程序不論行政、立法、司法，均須受此原則之限制。

(三)小結

由上之分析，可知依法行政和正當法律程序，因其源於不同之法制，故兩者之適用範圍及深度皆有差異，正當法律程序對基本權利之保障實較依法行政更勝一籌。因此，誠如城仲模教授所主張，行政法學基本之指導原理應是：大陸法系之「依法行政」——形式，加上 rule of law，或 due process of law 英美法系統之「法治」——實質（注二二）。

〔肆〕「正當法律程序」在外國法制上之實踐

一、美國

(一)概說

美國關於「正當法律程序」原則，係規定於其聯邦憲法修正案第五條和第十四條，第五條所限制的對象為聯邦政府，第十四條則為邦政府。其第五條規定：「非經正當法律程序，不得剝奪任何人的生命、自由或財產。」第十四條之用語亦類似。而欲對「正當法律程序」條款作出準確的、最終的和完美的解釋是不可能的，即使其最高法院亦不願對此為一明確的定義（注二三）。惟對此仍可歸納出一些概念，以下即分為程序性的正當法律程序和實體性的正當法律程序分別敘述之：

注二二：城仲模，同注一文，頁七一。

㈡「程序性的正當法律程序」

此概念乃較古老的傳統意涵，通常將此原則與國會或法院的程序或行政部門執行的方式結合；亦即在對個人的權利爲決定或裁決前，應進行公正且無私的聽證（hearing）而給與當事人陳述意見之機會（注二四）。傳統上，「程序性正當法律程序」原適用於在法庭作出定罪判決剝奪人之自由或財產之情形，惟目前並不限於此，其亦包括行政機關在內等聽證程序（注二五）。

關於「程序性的正當法律程序」的判斷，法院採用如下兩個步驟：

1. 法院必須判定正當法律程序條款是否適用：

機關對於程序的選擇只有在所要採取的行動將剝奪人民的生命、自由或財產時，始會受正當法律程序之限制（注二六）。在行政程序法中，「生命」的定義未有嚴重之爭議。多數有關正當法律程序的爭議是涉及「自由」和「財產」，法院對此概念之解釋，一直在寬嚴之間游移不定。於此涉及傳統「權利」（rights）和「特惠」（privileges）之區別在現代福利國家裡如何變遷之問題（注二七）。「權利」者係受合法保護的利益。「權利」和「非權利」間的界限是模糊的，有時似乎是有個區域（Zone），在這個區域的利益長期被認係「特惠」，「特惠」是較不受保護之利益（注二八）。此時，最高法院採用傳統普通法對財產的定義。如果某人擁有某種

注二三：Edward S.Corwin、J.W.Peltason 合著，徐衛東、吳新平譯，美國憲法釋義，華夏出版社，一九八九年，北京，頁二三〇以下。

注二四：傅崑成等編譯，前揭書，頁一一九。

注二五：徐衛東、吳新平譯，前揭書，頁二三二。

注二六：Richard J.Pierce 、Sideny A. Shapiro 、Paul R.Verkuil ，合著，羅傳賢譯，行政裁量之司法控制——正當程序之探討，憲政思潮，八八期，頁三四。

注二七：湯德宗，美國行政程序法概要，收錄於行政程序法之研究，民國八十年十二月，頁一九二。

注二八：Kenneth Culp Davis, *Administrative Law*, Vol.2, p.341(1979).

有價物品，如房子、汽車，則其乃擁有一件財產「權利」，應受正當法律程序之保護。而個人自政府所受到的任何其它利益，如政府工作、福利給與，則僅係一種「特惠」，並不受正當法律程序之保護；因此對於政府的持續福利依賴甚強之任何個人來說，其實質憲法權利就受到嚴重威脅（注二九）。

在 Bailey v. Richardson 一案中，政府對受聘於政府部門中之 Bailey 女士，以「不忠誠」（disloyalty）之理由予以解聘。於解聘前曾給予辯明之機會，惟 Bailey 女士要求「審訊型之聽證」，（trail-type hearing）未受准許，故其訴諸法院。法院判決認為：「政府聘任並非是一種『財產』，且實際上其亦不屬契約，此係一再被強調的。我們不會將之視為係『自由』，當然地；其亦非屬『生命』（注三〇）。」因之政府之聘任僅係「特惠」，解職不須經審訊型之聽證，並無不合。

然而歷經二十年，「權利──特惠」之區分漸被瓦解。法院運用一些手段對非傳統上之利益，提供程序性之保障。例如在 Greene v. McElroy 一案中，法院利用擴張解釋，要求政府於對其工作者撤銷保險福利前應舉行聽證（注三一）。而在 Cafeteria Warkers v. McElory 一案中，法院宣稱其拒絕權利──特惠之區分，而採用「平衡」（balanced）政府和個人間利益之準則（注三二）。一九七〇年在 Goldberg v. Kelly 一案中，依賴兒童家庭補助的受補助人指控負責該計劃的機關違反正當法律程序。最高法院於此案中認為接受公共福利給付是一種權利，且表示「權利」和「特惠」之區別不再適用於公共福利給付上（注三三）。不過，

注二九：羅傳賢譯，前揭文，頁三五。
注三〇：341U.S. 918(1951).
注三一：360U.S. 474(1959).
注三二：367U.S. 886(1961).
注三三：397U.S. 254(1970).

最高法院並未明示這種區分是否於其他範圍亦被廢止（注三四）。一九七二年於 Board of Regents v. Roth 一案中，最高法院表示：「完全地且終局地拒絕對『權利』和『特惠』間做僵硬之區分（注三五）。」但是在以後的幾個個案中，許多對當事人而言係相當重要之利益，卻仍被認爲非權利而不受正當法律程序之保護（注三六）。

至於自由利益之保護，於一九七〇年代，最高法院對「自由」一詞亦採擴張解釋，如公布肖相前是否須經聽證程序？名譽是否屬於自由之範圍而有正當法律程序之保障？法院就此皆曾爲肯定之見解。惟法院於嗣後之見解中，亦有趨於保守之勢（注三七）。美國至今由於大法官間所持之觀點很不一致，因此預測何種利益始受正當法律程序之保護尚有極大之問題。學者 Davis 主張法院應將「生命、自由和財產」做整體考量——只要機關行爲會使人民遭受損害，則應受正當法律程序之保障。學者 Van Alstyne 則主張法院應強調的是「程序」和「自由」間之關係——自由應作較廣義的解釋，以包括實質的自由權利，以免受到政府獨斷決策程序之傷害。惟上述之見解，至今仍未受採納（注三八）。

2.若行政機關之行爲影響到人民的生命、自由，或財產的利益，法
　　院就須決定何種程序始符合正當法律程序：

在歷史上，法院皆是以機械方式來研究此問題，所以只有兩種可能之結果，若機關的決定影響到個人或少數人受保護的利益，則此時該機關必須舉辦公聽會，而若機關之決定影響到多數人時，則無須舉辦公聽會（注三九）。此乃因政治程序本在於保障多數人權益免受行政機關之不

注三四：Davis, supra note 28,at 354.
注三五：408 U.S. 564(1972).
注三六：Davis, supra note 28,at 346.
注三七：參照羅傳賢，前揭文，頁四二所舉之案例分析。
注三八：羅傳賢，前揭文，頁三四以下。
注三九：羅傳賢，前揭文，頁三四。

當迫害,而要保護個別的個人,只有要求行政機關採用能確保對個人公平的決策程序,此即正當法律程序條款之目的。(注四○)。

一九七○年代,法院放棄前述方法,開始評估特定類型的機關行為之若干特點,以決定正當法律程序所要求的程序性質。關於正當法律程序所要求的程序時機,於現代的研究方法中亦有不同。有時候行政機關必須在其行動之前就提供所有程序;有時候則以簡易方式為之。所要求的時機須視法院對個人權益不利影響之評估而定(注四一)。亦即在行政機關,如法庭一般的程序並非完全必要。但是最低限度,法院必須有適當的通知和給予聽證之機會,且審理程序必須和所涉及之各種權利適當。實際上,正當法律程序未必採取正規和對立之形式(注四二)。

㈢「實體性的正當法律程序」

於一八九○年以後,「實體性的正當法律程序」的概念乃逐漸發展。此原則乃針對法律內容,亦即運用此原則,以檢視法律是否公正、合理及正義(注四三)。甚且不論立法、行政、司法,「正當法律程序」在直接探求是否有「不被個人權利與分配正義所確立之原則所拘束」的恣意的(arbitrary)、亦即是不當的(unreasonable)權利行使的情事(注四四)。一九○五年,有一惡名昭彰之案例,Lochner v. New York, 198 U. S.45(1905),法院認為紐約州法律對工作時數做限制是違憲的。法院稱「購買或出賣勞力之權利是被修正案第十四條所保障的自由之一部份(注四五)。」此係法院對契約自由視為正當法律程序所保障的自由權之

注四○:同注三九文,頁四七。
注四一:同注三九文,頁三五。
注四二:徐衛東、吳新平譯,前揭書,頁二三四以下。
注四三:傅崑成等編譯,前揭書,頁一一九以下。
注四四:早川武夫,適正法律程序,載於憲法の爭點(增補),小嶋和司編,有斐閣,昭和五十五年二月二十日,增補版,頁一○五。
注四五:Ronald A.Cass、Colin S.Diver, *Administrative Law*, p.486, (1987).

一，而宣告限制勞動時間之法律爲違憲。惟於 West Coast Hotel Co. v. Parrish 一案中，法院認爲：「憲法中之自由需受正當法律程序之限制，凡限制之目的若在保障公共利益，且與目的有合理之關連者，均可稱爲正當法律程序。」因此，「締結契約之雙方地位不平等，或爲公共衛生而需要保障雙方中之一造時，政府應有權加以干涉（注四六）。」最高法院乃判決承認華盛頓州「婦女最低工資法」之效力。

依修正條款第十四條之司法解釋，作爲「基本人權」而於聯邦之權利章典內被保障者，乃漸次構成「實體性的正當法律程序」。首先，言論、出版、集會、契約之自由、勞動權（團結、爭議）次第地增加。而後又加入無明文保障的隱私權（隱約地包含在修正案一、四、五、九條等）（注四七）。

㈣小結

綜合言之，作爲權利章典之一部的修正條款第五條之憲法制訂者之意圖，非僅止於字面上一般的表現意義。即非僅適用於民、刑事程序上，更及於行政程序上，其內容最後「包含自由與正義之基本原則的程序」（注四八）。程序之「正當性」須經法院之審查。而法院所採取的態度也隨著時間而有所改變。由「歷史判斷」、「利益衡量」到現在有學者所提的「人性尊嚴」的說法。這些基準皆有其背景與相應的需要，故目前可能無法有一個完美又明確的基準（注四九）。

而在美國「正當法律程序」之適用，已不再僅單純限於「程序」面，並擴及「實體」面，且不論係立法、行政、司法，都受此原則之限制，

注四六：300 U.S.379(1937).

注四七：同注四四文。

注四八：同注四四文。

注四九：葉俊榮，環境行政的正當程序，作者自版，一九九三年四月初版，頁七四。有關「歷史判斷」、「利益衡量」、「人性尊嚴」等概念則詳載於同書頁七四以下。

甚至各種管制領域，都能一體適用，只是在具體適用憲法上正當法律程序條款時，在內容與取向上，或有差異（注五〇）。

二、日本

㈠概說

二次大戰後，日本的法制受到美國法制深遠之影響，而關於美國憲法的「正當法律程序」條款，在日本憲法上是否有規定，於學者間曾有長時間之爭辯，而其中最富爭議性的乃是日本憲法第三十一條的一些問題，故以下即就本條文的一些爭點略闡述之，且就「正當法律程序」於其它行政法制上的實踐一併略述之。

㈡憲法第三十一條與「正當法律程序」之關係

日本憲法第三十一條規定：「任何人非依法律所定程序，不得剝奪其生命或自由，或科以其他刑罰。」對此條文的解釋，得將之歸納爲五種見解（注五一）：

1.本條僅係要求程序保留由法律定之。

2.對實體方面雖然完全沒有限制，但是程序方面不僅要以法律爲之，且必須是「正當」的。

3.程序和實體兩方面雖然皆要以法律定之，惟不要求法律內容須「正當」。

4.程序和實體兩方面，皆須以法律定之，且要求程序方面的內容須有「正當」性。

5.除了程序和實體兩方面，須以法律明定外，且要求關於程序和實體的內容有「正當」性。

注五〇：同注四九，頁五三。
注五一：田中英夫，デュー・プロセス，東京大學出版會，一九八七年十二月十五日，初版，頁二八一。

日本學者田中英夫曾對於上述學說作下列分析（注五二）：

1.對第三十一條作狹義的解釋者，乃強烈的傾向文理解釋。

2.對第三十一條作廣義的解釋者，則顯著地傾向於將本條理解為美國憲法的「due process clause」之直系卑屬，欲由此解釋第三十一條。

3.採取必須作廣義解釋之學說，雖然就必須適用本條的情況舉出事例，對於在憲法中基本人權，若不適用最具強烈一般條款色彩的本條條文，是否就不能解決問題一事，卻未做充分的討論。

而對於上述的爭議，學者間有比較美國憲法「正當法律程序」和日本憲法第三十一條的制定過程而認為，在美國「正當法律程序」之所以被解釋運用，成為可以限制「程序法的實體」或「實體法的內容」，乃因美國憲法，並無類似日本新憲法第十四條或第三十二條那種「實體的內容」之規定，因此每當非適用此一條款別無可供解釋之條款的問題時，此條款乃成為「最後的王牌」。日本新憲法既然另有許多可供適用之條文，則不應將憲法第三十一條做廣義的解釋（注五三）。亦即，此說於結論上亦認日本新憲法的整體，是要求程序法與實體法兩者之內容，皆須正當，惟卻認毋庸將憲法第三十一條作廣義解釋，只須藉由憲法其餘條文之援用，即可有同樣的結論。

其他學者則認為：若能對憲法第三十一條在「程序法的實體」及「實體法的內容」兩方面，借其廣義之解釋，則更有餘地可以發揮其功能。判例上，就「程序的正當」在所謂「關稅法違反事件」之判決，最高法院判示憲法第三十一條要求「告知與聽證」之原則的規定，第三十一條的內容藉此才被某種程度的明確化。至於有關「實體法的正當」問題，

注五二：田中英夫，同前注書，頁二八二。
注五三：田中英夫，前揭書，頁二八三以下。並參考佐藤功，憲法第三十一條の諸問題——特に行政手續との之關係——一文，李鴻禧譯，憲政思潮，六五期，頁九十八。

於「砂川事件」中，法院所作之「伊達判決」，對之亦有闡述。上述兩個判決，是關於憲法第三十一條之重要判決（注五四）。

(三)憲法第三十一條與「行政程序」之關係

「告知與聽證」原則是在英美法中逐漸發達的。在美國法中，是被當作包攝於聯邦憲法修正案第五條和第十四條的「正當法律程序」原則，而在英國法則將之當作「自然正義」之一部份。此「告知與聽證」原則於二次世界大戰後，也漸爲英美法系以外之國家所採用，而於日本關於此問題亦是學者間爭論頗大之議題（注五五）。

對於憲法第三十一條是否亦適用於「行政程序」，主要可分爲否定和肯定兩種見解，惟其論據亦呈多歧，茲簡介如下——

1.否定見解主要有下列四說（注五六）：

(1)從人權規定所占地位言，第三十一條係徹底地規定關於刑罰權行使的規定，且其明文「不得科以其他刑罰」因爲是明白地具有關於「刑罰」規定性格者，所以此條不得適用「行政程序」，此說係向來普遍所持之見解。

(2)第三十一條與影響本條立法的美國聯邦憲法修正案第五條相比較，兩者存有不同說。修正案第五條規定「非依正當法律程序，不得剝奪任何人的生命、自由、或財產。」而第三十一條則僅規定「不得剝奪其生命或自由」，不僅省略了「財產」一詞，且亦附加規定「不得科以其他刑罰」，故兩者不得作同等解釋。

(3)憲法第三十一條，不過是宣示剝奪自由者，以遵行法律所規定之程序爲必要。亦即第三十一條不過係法律保留原則之宣示，而不能認係

注五四：李鴻禧譯，前揭文，頁一〇〇以下。
注五五：下山瑛二，行政手續と人權保障，載於憲法の爭點（增補），小嶋和司編，有斐閣，昭和五十五年，二月二十日，增補版，頁一〇八。
注五六：下山瑛二，前揭注五五文。

行政程序之保障。類似的主張有認為，第三十一條與美國憲法「正當法律程序」不同，行政程序保障之要件，只不過是法律政策的問題。

(4)第三十一條包括「告知與聽證」原則，未必是否定的，惟由第三十二條來導出此原則是較通順的，所以第三十一條係刑事程序的保障規定，同時憲法第十三條的規定，與美國修正案第五條、第十四條之「正當法律程序」應解為有相同機能。

2.肯定憲法第三十一條應適用於「行政程序」者，其看法主要如下述（注五七）：

(1)憲法第三十一條，因為係繼受美國修正案第五條、第一四條之系譜，所以應延續美國憲法之解釋，以為解釋。

(2)即使認為第三十一條與美國憲法修正案第五條的文字不同，但仍可將「財產」的概念包攝於「自由」之中，所以可以援用「正當法律程序條款」的解釋。

(3)相對的，雖然將第三十一條與美國憲法修正案第五條為區別，後者仍有可能被應用以幫助解釋第三十一條，依此，類似第三十一條仍應適用於刑罰之行政程序。

(4)進而亦有主張以類推或準用「正當法律程序」的方式而認為其應廣泛地適用於行政程序。

3.日本實務見解

憲法第三十一條是否亦蘊涵有保障「行政程序」之正當法律程序，在日本的實務上亦屬爭論不休之議題，以下即就否定、肯定見解分述之：

(1)否定見解

日本實務上對憲法第三十一條與行政程序之關連性，似乎以採否定見解者佔較多數，概述如下：

注五七：同注五五。

A.保險醫生受到知事依據「社會保險醫療擔當者有監察要綱」之警告，不得認其基本人權受侵害，且該警告非屬刑罰，故不違反憲法第三十一條之規定（昭和三十六年三月十四日東京判）（注五八）。

B.憲法第三十一條主要僅止於就刑事程序保障依法律之適正程序，而非在於保障一般行政處分行政程序之適正程序（昭和四十五年七月十七日東京判）（注五九）。

C.在未制定行政程序法之我國現行法體系下，不得一律認事前程序之履踐為處分之有效要件，關於事前程序必要與否，處分之效力等應有彈性之解釋，但關於大學懲戒處分，關於事前程序必要與否、其程度，委於處分權人之判斷，其違反應認為僅得作為裁量之超越、濫用之問題而隸屬於司法審查（昭和四十六年六月二十九日東地民二判）（注六〇）。

⑵肯定見解

日本實務上肯定憲法第三十一條與行政程序有關者並不多見，昭和四十三年七月二十三日松山地院裁定，即為少數肯定說之一，其意旨為：「憲法第三十一條應認為對行政程序亦有適用。基於公有水域塡土地(公有水面埋立法) 之塡土承認處分相當於同法四條三款時（筆者注：「依法令得為徵用或使用土地之專業」），如對該塡土施行區域具有漁業權之人，應對其予以告知、聽問之機會，故不予以該機會之塡土承認處分，有違反憲法第三十一條之嫌」（注六一）。

㈣小結

注五八：引自日本國憲法判例譯本第五輯，司法院秘書處發行，民國七十九年八月再版，頁一一。

注五九：引自日本國憲法判例譯本第七輯，司法院秘書處發行，民國七十九年八月再版，頁一五〇。

注六〇：引自日本國憲法判例譯本第八輯，司法院秘書處發行，民國七十九年八月再版，頁三九七。

注六一：引自日本國憲法判例譯本第七輯，司法院秘書處發行，民國七十九年八月再版，頁一四六。

在日本，由於保障人權之根本要件仍難謂已建立，因此不將法律宣告違憲所生之危險，較美國過分將法律宣告違憲所生之危險爲甚。所以將憲法第三十一條解釋爲要求「程序法和實體法兩者之正當性」的原則較爲妥當（注六二）。

關於憲法第三十一條是否應適用於「行政程序」，雖然有肯定說與否定說之不同見解，惟縱使採否定見解者，亦有認爲憲法第三十一條以下，雖是有關刑事訴訟之規定，但是在行政程序上，其精神亦應準用。依此，則所謂肯定說與否定說對立之意義，並不在於理論的「結果」，而是在於理論的「態度」之對立。吾人贊同肯定說之見解，認爲應賦與憲法第三十一條以積極之意義──將行政程序中之人權保障問題，提昇至憲法的層次（注六三）。尚須一提者，即使將憲法第三十一條併適用於刑事程序和行政程序兩者，亦應顧及一般刑罰較行政處分對受處分者有較強烈的影響，且行政事務之較具迅速性，合乎目的等特徵，則本條於該兩項程序所要求之正當法律程序之內容自有差異。申言之，於通常情形實施行政處分時應遵守之程序，較科處刑罰時應較緩和。且關於剝奪財產利益予以保障之程度亦應考量被剝奪者之程度、處分之時效性等，而其要求當然應有合理之差異。

〔伍〕「正當法律程序」在我國法制上之實踐

一、「正當法律程序」在我國憲法上之基礎

我國憲法第八條第一項規定：「人民身體之自由應予保障……，非經警察機關依『法定程序』，不得逮捕拘禁。非由法院依『法定程序』，

注六二：李鴻禧譯，前揭文，頁一〇〇。
注六三：學者佐藤功亦採此見解，參注六二文。

不得審問處罰。非依『法定程序』之逮捕、拘禁、審問、處罰,得拒絕之」。由該條之「法定程序」是否可推演出「正當法律程序」原則,頗值得研究!

由於我國憲法第八條文義較爲狹窄,如在保護客體上僅言「人身自由」,未若日本憲法第三十一條有「自由」、「生命」等語,且日本憲法係言「剝奪」、「科以其他刑罰」,其可解釋之空間亦比我國之「逮捕」、「拘禁」、「審問」、「處罰」等爲大。尤有甚者,日本憲法第三十一條因爲是繼受美國憲法修正案第五條、第十四條之直系卑親屬,於日本憲法第三十一條學者將之視爲「正當法律程序」原則,尚引起學界頗大之歧見,而於我國,欲由憲法第八條導出是「正當法律程序」原則(不僅是人身自由),雖不無可能,惟爭議可能更多。

一般認爲,憲法第八條之規定,旨在保障人身自由。而亦有將其和刑法第一條相配合而導出「罪刑法定主義」。若將憲法第八條,並參酌憲法第九條、刑事訴訟法第一條,大法官會議解釋第一六六號和二五一號,作一整體觀察,可以導出其共同點,亦即:「人身自由」的剝奪或限制,須經法定程序始得爲之。因而在本質上,吾國憲法在人身自由的保障上,受到「正當法律程序」原則之規範要求(注六四)。

學者間乃有欲由憲法的整體推演出一般的「正當法律程序」原則,亦即:憲法第十五條明文保障財產權、工作權與生存權。憲法第十六條則進一步保障人民的請願、訴願和訴訟權。此等權利保障之規定再配合大法官會議釋字第一八七號、第二一一號、第二二〇號、第二二四號及第二七三號等解釋意旨,可以知道憲法對實體權和程序權的兼顧——由此可以導出「正當法律程序」原則(注六五)。

學者亦有認爲,可從基本權利附隨程序的保障理論推演出基本權利

注六四:葉俊榮,前揭注四九書,頁五四。
注六五:同注六四書,頁五五以下。

的「正當法律程序」原則。惟若採此見解，則可能會導致若憲法上未能被承認爲基本權利之事項，便無「正當法律程序」原則之適用（注六六）。

綜上而述，若能將憲法第八條導出「正當法律程序」原則，似乎更能將行政程序中之人權保障提昇至憲法層次。惟如上述，此推論過程實有頗大之爭議。故於現行憲法尚未將此原則納入前，吾人以爲由憲法的整體推演出「正當法律程序」原則，尚值贊同。

二、「正當法律程序」在行政程序法草案之表現

「正當法律程序」乃在制約政府行使權力使其不至流於恣意之原則，而行政程序法制定之目的，亦與「正當法律程序」目的有其相同處，民國八十三年四月法務部版草案，其中有頗多規定即係反應出「正當法律程序」者。以下即是筆者就草案中之相關規定，略爲介紹：

㈠第一章　總則

1.第一條規定，揭示本法之立法目的爲保障人民權益、提高行政效能，……並以「公正」、「民主」爲行政行爲所應遵循之程序，此與「正當法律程序」旨在保障人權不謀而合。

2.第八節（第六十六～六十八條）規定迴避，蓋行政程序之進行應力求公正、公平，爲確保當事人利益，故有此等規定，使行政程序不致因人而有偏頗，亦符合「正當法律程序」之精神。

3.第九節（第六十九條）規定閱覽卷宗，此使當事人、利害關係人於行政程序進行中，能適時主張其權益。而同條第二項有五種除外規定，其中第四款「有嚴重妨礙正常職務進行之虞者」，筆者以爲行政機關於主張此款時，應考慮人民之權益與行政效率，在兩者之間取其平衡，不可過於濫用此款而拒絕人民權利之行使，此始可稱「正當」。

注六六：同注六四書，頁五七以下。

4.第十一節（第七十二～八十五條）規定聽證程序，此乃「正當法律程序」精髓所在。蓋聽證可防止政治腐化，消除政治偏私，及杜絕行政權之專擅。就積極面而言，聽證可加強政治溝通，促進政治參與，提高行政效能，且可集思廣益以實現正義（注六七）。惟於適用時，應注意衡量當事人基本權之保障與政府之行政效率和負擔，否則將有「徒法不足以自行」之嘆！

㈡除了第一章有聽證之規定外，草案中於第二章法規命令（第九十一條），第三章行政處分（第一百一十～一百十二條），第五章行政計畫（第一百五十五～一百五十九條）亦有聽證之規定。

惟於第四章行政契約，第一百四十一條僅規定：「行政契約當事人之一方為人民，依法應以甄選或其他競爭方式決定該當事人時，行政機關應事先公告應具之資格及決定之程序。決定前，並應予參與競爭者表示意見之機會。」亦即關於行政契約並無聽證程序之適用，此規定概係考慮行政契約不若行政處分手段強烈。但是行政契約性質上仍屬公權力行政，而非私經濟行政或國庫行政（注六八）。甚者，依第一百三十九、一百四十條之規定，行政機關有時得與人民締結行政契約以代替行政處分之作成，因此行政契約作成前，若僅是給予參與競爭者表示意見之機會，而一律不給予聽證之機會，則其是否與「正當法律程序」不相牴觸，尚非無疑。

三、「正當法律程序」在我國實務上之適用

㈠大法官會議解釋

我國大法官會議解釋中，其隱含有「正當法律程序」原則之內涵者

注六七：張劍寒，行政程序中聽證制度之研究，憲政思潮，三一期，頁一七。
注六八：吳庚，行政法之理論與實用，三民書局總經銷，民國八十一年九月初版，頁三三○。

不少，惟明文宣示「正當法律程序」者可謂絕無僅有。其中釋字一六六號及二五一號解釋，認爲「違警罰法（已廢止）之有關拘留、罰役由警察官署裁決之規定」以及「關於限制人民之身體自由，其裁決由警察官署爲之」等應改由法院依「法定程序」爲之，應即屬有關「正當法律程序」原則之宣示。

其他如釋字一八七、二○一、二四三、二六六、二九八、三一二、三二三、三三八等號大法官會議解釋，突破所謂的「特別權力關係」，使得公務員的基本權利受侵害亦有救濟之途徑，此亦屬「正當法律程序」原則之實踐。

又釋字二二○、二二四、二七三、二八八、三二一等號解釋廣開人民救濟途徑，使人民之訴訟權不受不當之限制，亦蘊含有「正當法律程序」之意味。

㈡行政法院之裁判

由於我國行政法規對行政程序不甚注意，行政法院關於違反「正當法律程序」之判決不多，其中大多係涉及土地徵收者（**注六九**）。例如：五十三年判字第一三七號判例：「本件被徵收之土地，既未經規定地價，依土地法第二百三十九條第三款規定，自應由該縣地政機關參照有關規定，依法估定其補償地價，如業主對估定地價有異議，依照同法第二百四十七條規定，並應由該縣地政機關提交標準地價評議委員會評定之，方符『法定程序』，卷查被告官署辦理本件土地徵收，……，既未依『法定程序』估定，迨原告聲明不服，亦未依法提交標準地價評議委員會爲之評定，自難謂於法無違。」其他同意旨之判例有二十四年判字八十二號、三十五年判字十一號、三十五年判字二十三號、四十三年判字五號等。

注六九：參考陳敏，行政法院有關依法行政原則裁判之研究，政大法學評論，三六期，頁一一二以下。

四、小結

縱然我國憲法第八條可否當作是「正當法律程序」原則之概括規定，頗有疑義，惟至少可以藉由憲法之整體精神導出此一原則。

而實務見解中蘊含有「正當法律程序」原則之實踐者為數不少，惟在行政法上適用範圍似乎仍不普及。大多是適用於行政罰、土地徵收和行政爭訟程序上。解釋上舉凡行政作用中，如：行政命令之訂定、行政處分之作成、行政契約之訂立、行政計劃之擬定、行政強制執行以及聽證程序等，亦皆應遵循「正當法律程序」原則。且此原則之適用不應只注重其事後之救濟，其更重視者毋寧係對某人為不利處分前，應對該人予以告知、辯解、防禦之機會，此種不僅注重「事後救濟」，甚且須重視「事前防禦」之程序方可謂「正當」，亦係吾國法治上所應追循之目標。

〔陸〕結論

所謂「正當法律程序」原則之原意，乃僅指「非經法律所制定的程序，不得剝奪或限制人民的生命、自由和其他權利。」亦即其原意乃僅限於防止公權力不依法定程序而恣意侵害人身自由。惟時至今日，「正當法律程序」原則之內涵已有變遷。依此，列出下列幾點，作為本文之結語：

1.「正當法律程序」（Due Process of Law）中，所稱之「law」應非僅限於「法律」，而是指具有自然法色彩所稱之「法」（注七〇）。

2.關於「正當」的判斷主體為何？學說上雖有「立法決定論」與「司法決定論」兩說（注七一）。惟由於一般國家的憲法解釋權乃在司法，因而

注七〇：田中英夫，同注四書，頁一三以下。
注七一：葉俊榮，前揭注四九書，頁六九以下。

司法機關應有最後的判斷權。

3.何謂「正當」，如前所述，其判斷標準主要有三種方法，即「歷史判斷」、「利益衡量」與「人性尊嚴」，然至今尚無定論。一般而言，在美國實務上恆衡量當事人之「自由或財產」權益，與政府管理效率之利益後認定之（注七二）。即以「利益衡量」說為主。

4.「正當法律程序」所注重者非僅係事後救濟管道之順暢，對於事前之程序亦應予以注意。

5.「正當法律程序」不僅係程序須正當，甚至於實體亦須正當，亦即法律內容亦須受「正當法律程序」之檢視。

6.我國法制上，一向對程序之要求不似英美諸國之嚴格，因此「正當法律程序」實堪為我國實務運作，和制定行政程序法時應注意之準則。

7.由於「正當法律程序」如同一般法律原則具有抽象性和不確定性，因此其實質內涵有賴判例、學說，依其時、空、社會情勢，並參酌外國實務運作（尤其是美、日兩國）予以具體化之必要。

最後須一言者，「正當法律程序」原則於我國應屬具有憲法層次之「行政法之一般法律原則」，其適用範圍甚廣，無論行政、立法、司法皆須受其拘束。其功能，應如學者所述，係人民基本權利保障之「最後武器」，以足球賽中之後衞為例，其扮演的角色就如同掃把腳功能一般。而其機能，並不單純只是程序面，當亦包含實體面（注七三）。

注七二：湯德宗，同注二七。
注七三：田中英夫，同注四書，頁一二。

從行政法之觀點論行政之公共性

程明修

〔壹〕前言

〔貳〕現代國家中行政之變化與公共性論之展開

　　一、國家與社會關係之演變
　　二、行政裁量之多樣化與複雜化
　　三、公共性論提出之必要

〔參〕行政之公共性論

　　一、方法論上之選擇
　　　㈠私法特別法論
　　　㈡市民公法論
　　　㈢特殊法論
　　　㈣行政過程論
　　　㈤行政特有法論
　　　㈥行政領域論
　　二、公共性之分析與公共性
　　　㈠公共性之概念
　　　㈡公共性與公益

（三）公共性與公開性

〔肆〕公共性之法的基準

　　一、人權尊重主義

　　二、民主主義

　　三、和平主義

〔伍〕公共性之實踐

　　一、行政組織

　　二、行政作用

　　三、行政程序

　　四、行政救濟

〔陸〕結論

從行政法之觀點論行政之公共性

〔壹〕前言

　　行政，在定義上，因爲是處理公共之事務，所以行政活動經常必須以公共性之貫徹，換言之，以公益之實現爲目標（注一）。同時隨著國家類型與行政任務之演變，自封建國家以迄給付國家（Leistungsstaat），行政所扮演的角色，已非長時期被深信不疑之「秩序擔保者（Ordnungsgarant）」，勿寧如 Forsthoff 教授所稱「本質上，當今的行政應係給付的主體（Die Verwaltung, wurde jetzt auch wesentlich Leistungsträger）」（注二）。職是之故，行政類型已非傳統之權力性行政或負擔行政所能涵蓋，反而更特重非權力性行政與授益行政。

　　傳統之侵害行政除了在形式意義之依法行政原則（尤其是法律保留）拘束外，其對人民權益之侵害多以「公益性」爲名；在給付行政，行政

注一：長浜政壽，現代行政における「公共性」の問題，現代國家と行政，有信堂，
　　　一九七三年，頁一七；水口憲人，行政・地方自治體と公共性，收於，宮本
　　　憲一編，公共性の政治經濟學，自治體研究社，一九八九年，頁五九以下；
　　　引自室井力，國家の公共性とその法的基準，收於，室井力、原野翹、福家
　　　俊朗、浜川清編著，現代國家の公共性分析，日本評論社，一九九〇年十二
　　　月十五日一版一刷，頁三。
注二：Ernst Forsthoff, *Lehrbuch des Verwaltungsrechts*, I. Bd. *Allgemeiner Teil*, 9.neubearbeitete Aufl., 1966, S.35. ，引自，城仲模，四十年來之行政法，法令月刊，四一卷一〇期，頁六五。

除了強調積極地提升人民生活素質之任務外，亦強調行政之實質公正、合理與正當性；況且給付行政中，亦常應用侵害行政之手段（注三），此時即無法純粹以抽象的「公益性」之名，達到人民權益之真正保障，換言之，此時不得單純以「公益性」之抽象概念，無限制地侵害人民權益，而應思考如何在給付行政下，於受益者之利益與被侵害之利益之間，尋求基本人權價值之平衡，因此遂有「公共性」分析理論之提倡。

本文擬從國家行政之變化論述行政之公共性論之發端，繼而對「公共性」之概念嘗試加以描述說明，並圖建立「公共性」之法的基準；續之以「公共性」在實踐面之觀察，最後針對「公共性論」作一檢討以代結論。因為在立憲國家或國民主權國家結構下論及國家觀或社會觀均不得脫離實定憲法，因此本文所論者（以日本法為主）亦以憲法為前提，於立法政策與法解釋論中論述行政之公共性。

〔貳〕現代國家中行政之變化與公共性論之展開

一、國家與社會關係之演變

傳統之行政作用法體系，係以國家與社會分離之思想及國庫理論架構而成（注四）。這種分離之思想是以自由主義之政治思想為基礎（注五）。當警察國家時期，國家以「國家之目的＝公益」之名干涉個人之自由，國權之過度擴張，莫此為甚。人民亟思擺脫極權統制之苦，自由主義之

注三：城仲模，行政法專輯㈠，臺北市政府公務人員訓練中心印，七十九年六月，頁三〇。
注四：涂朝興，行政私法之研究，政治大學法律學研究所碩士論文，七十九年六月，頁一。
注五：林信和譯（F.Ermacora原著），一般國家理論要義，國民大會憲政研討委員會，七十五年八月，頁二一以下。

思想遂應運而生，基本上要求國家活動應僅限於危害之防止。嗣因工業革命後，資本主義發達，國家之干預竟成經濟發展之桎梏，於是要求國家應自外於社會，僅負維持秩序之責任，並認爲人民之生活安定，本質上由社會之力確保即可達成，但由於法律與救濟管道不足，與制衡力量之欠缺，此等理論仍屬空言，因而逐漸提出依法行政之要求以資肆應（注六）。在這個時期「法律（Gesetz）」成爲「總意（Allgemeinwille）」的正當體現，而被奉爲最高圭臬（注七），法治國家之雛型於焉產生。此時國家與社會截然劃分爲公權力主體與私經濟主體，國家任務與社會任務有別，公法與私法亦採二分法。

　　迨至給付國家時代興，原屬社會任務之經濟行爲如水、瓦斯、電力、交通等之提供，輒以獨占方式收爲公有，而將前此社會任務納入國家新興功能之中，並提供作爲人類生存與自我決定能力之基本條件之生活重要資源，以維持人性尊嚴，並免受「社會強權（gesellschaftliche Macht）」之侵害。據此遂產生在國家與社會交接處之「公共任務（öffentliche Aufgabe）」（注八），一般稱「公共性（Öffentlichkeit）」而與憲法學上之公共福祉概念相當（注九）。相反地，由於行政之日趨多元與複雜化，在行政效率的要求下，反又有使行政任務委託民間或民營化之現象，然而即使由民間企業提供原屬國家之任務，仍不能忽視其任務具有強烈之「公共性」，因此尚不能將爲實現行政的公共性而要求之效率與單純之經濟效率等量齊觀（注一〇），同時對於行政應受法之制約的要求，在此亦

注六：涂朝興，前揭書，頁一四。

注七：林信和譯，前揭書，頁一九。

注八：涂朝興，前揭書，頁二一。

注九：同上注，頁三〇～三六；惟此所稱之公共性是否即「等同」於憲法中之公共福祉概念，吾人尚有保留。

注一〇：室井力，行政の公共性と效率性，收於氏著，行政の民主統制と行政法，日本評論社，一九八九年五月三十日一版一刷，頁二三五。

不能完全忽略，而公正性與平等性之實質保障更是重要。然無論如何，自此國家與社會之對立關係即日趨緩和（事實上造成兩領域之重疊）。

二、行政裁量之多樣化與複雜化

因國家與社會關係之相對化，國家既承擔了部分社會任務，權力行政與非權力行政之區別亦趨相對化，國家任務即廣泛地包括了傳統（所謂爲「國家利益」之）干涉（權力）行政與（所謂爲「公共利益」之）非干涉（權力）行政，至是行政之領域即有日形擴大之趨勢。在自由法治國家時期強烈要求「所有行政均應受法（Gesetz）之制約」；惟由法之技術以觀，欲以法律爲詳細之統制，實屬困難，因此在現代國家中，行政裁量之擴大——多樣化與複雜化——乃一不可避免之現象。但是在傳統絕對主義的行政權的理解下，於欠缺合理根據時仍廣泛地承認行政機關之裁量權，所以在此有必要將現代國家中非必要不爲之行政裁量之擴大現象與欠缺合理依據，完全基於法政策之原因，爲保障政治性的恣意判斷所爲之行政裁量的擴大現象加以區別。換言之，從國民人權保障之觀點，現今法制上或事實上所承認之行政機關所爲之行政裁量，必須屬於在現行憲法國會與行政機關之關係中，法技術所不可避免者，並應從行政之性質檢討，具有如何之合理根據而須爲個別具體的判斷。即應由此檢討「行政裁量是爲了國民之人權或其他之權利保障所必要者，或是爲了確保支配者之特權利益（注一一）。」具體而言，行政之領域愈大，尤其給付行政之提供愈多，人民對行政給付之依存性愈強，行政機關利用獨占強制之「形式」或優勢決定之程度愈高，則相當性之要求愈嚴格——即爲提升國民之協商能力，要求行政機關合義務之裁量，而受禁止

注一一：室井力，行政改革と法律學，收於渡辺佐平編，民主的行政改革の理論，大月書店，一九七八年；又同，室井力，行政改革の法理，學陽書房，昭和五十八年二月十五日二版，頁九。

裁量濫用原則（Verbot eines Ermessenmissbrauch）之限制──平等
與過度禁止原則皆其衡量標準（注一二）。

三、公共性論提出之必要

由於國家與社會型態與任務之演變，伴隨行政任務擴大使行政裁量
多樣化與複雜化，所以造成了行政之優越性，但是基於民主國家的要求
下，仍然必須以國民之合意爲基礎，方能主張其優越性。雖然現代國家
機能擴大與行政權優越性之現象，乃是一顯著之政治現象，但是現代行
政並不能僅以國民之合意爲根據以主張其正當性或公共性。在現代行政
中，因特有之行政裁量之增大，所以關於個別具體之裁量權限行使之正
當性根據，以及新的合意的形成構造與意識形態之補充即屬必要（注一
三）。

再者，自由法治國家時代，因國家任務（公任務）與社會任務（私
任務）絕對對立，所造成的公、私法之截然對立，國家任務即公權力行
使，以干涉行政爲特徵，以實現公益爲目的，社會任務則純係私法活動，
以私益之實現爲目的。在所謂的社會法治國，公任務已轉變成國家化之
社會任務，而國家任務係指天生的（geboren），固有的（originär），本
質的（wesensmässig），以高權權力（hoheitliche Gewalt）執行的任
務，其係國家自身之生存照顧，如立法、司法，而行政任務如軍政、稅
務、警察等，則屬於國家獨占之干涉行政領域（此時乃國家任務、公任
務、社會（私）任務三分）；而公任務即社會與國家相互滲透或重疊之部
分（注一四）。同時關於國家任務、公任務與社會（私）任務分別又以實現
國家利益、公共利益與國庫利益（有爭議）爲目的（注一五）。因此單純地

注一二：涂朝興，前揭書，頁二九九。
注一三：原野翹，現代法と現代行政法學の課題，法律時報，五六卷一號，頁二七。
注一四：涂朝興，前揭書，頁六二。

想以「公益」之概念說明行政之目的，恐有不足，故引發學者發展行政公共性之理論，以因應之。

再者，法律條文中的「公共」性或「公益」性，在法律解釋學上究應如何解釋？對於與之相抗衡或據以被保障之自由權利之關係，亦未必能提出具體、合理之說明。例如公益事業要求依法爲土地之徵收、使用時，對於此等事業之性格（公益性）未作仔細地檢討，而純粹以抽象的公益性概念爲其前提，便企圖求得公益與國民權利之調整，這是無法解除國民之疑惑的（注一六）。因此，將因公共性而被實現之權利或利益與被侵害者之權利或利益分別客觀地加以認識，並將兩者間之價值序列分析與體系化之必要性——公共性論之提出——遂成爲現代行政之一大課題。

〔叁〕行政之公共性論

誠如學者所言，現代行政之特質，在目的上則經由具體的處理，以達成行政目的及「公共利益」的均霑；在手段上則應用頗富彈性的裁量作用，而爲有公權力性的命令、強制（支配關係），或非權力性的各種任意措施（管理關係）；其在作用性質上則有全體性、「公共性」、統一性、繼續性、形成性及專門性、技術性的強烈傾向（注一七）。其中關於非權力行政領域之極度擴大，使傳統之公、私法二元論已無法對此領域提供說明。非權力行政包括了傳統上所區分之公、私法（尤其是作爲「生活照顧」之給付行政）行爲。爲使現代行政的目的在手段或作用性質之運用

注一五：同注一四。又關於國家利益、國庫利益與所謂公益之關係，請參照李建良，從公法學之觀點論公益之概念與原則，中興大學法律學研究所碩士論文，七十五年六月，頁一五八以下之說明。

注一六：室井力，行政法の解釋，法律時報，四六卷一號，頁三一。

注一七：節錄自城仲模，前揭書，頁三二。原文原分析有七點特質。

上更具合理性與正當性，鑒於行政類型的變化與對於絕對之公、私法二元論的批判，公共性論之探究即有必要。以下主要參考日本行政公共性論之發展，對公共性理論提出說明。

一、方法論上之選擇（注一八）

自一九六〇年代後半葉直至今日，可見到日本對於所謂從經濟成長政策盡頭走出來之行政多樣化的展開與反省。關於環境、社會福祉、開發、醫療、消費者保護等行政，因為國民新的權利意識之展開，而逐漸複雜化。作為不同於國家之統制團體之地方自治體，為了地域住民，自主性地展開有創意性的行政施策，也因其在傳統行政法理論範圍內無法處理而逐漸發生問題。

這其中，行政法學方法論或行政法體系論之討論，即開始受到矚目。這樣的方法論或體系論的探討，從技術面來看的話，其原因可以說是面臨到行政或行政法現象之增大，而傳統行政法學之手段卻已無法處理的結果；再者，國民或住民之日常生活對於國家與地方自治體或其他公共團體之行政活動之依存度提高，或者在民主主義國家中認行政係為國民之人權保障而存在之被視為當然之前提，此種理論上的修正之結果。

一般而言，國家或公共團體之行政具有「公共性」乃屬當然之事。但是藉法令嚴格而明確地拘束行政機關之判斷者，則非常稀少，反之，常賦予其某種程度之裁量判斷，此乃不容否定之事。以此為前提，至今，為構成現代行政法解釋體系而提出之方法論，已知者有⑴私法特別法論、⑵市民公法論、⑶特殊法論、⑷行政過程論、⑸行政特有法論、⑹

注一八：請參照室井力，行政法學方法論議について，行政改革の法理，學陽書房，昭和五十八年二月十五日二版發行，頁一八四～一八五。國內學者對此問題之論述可參考，許志雄，戰後日本行政法學之發展，收於氏著，憲法之基礎理論，稻禾出版社，八十一年十月初版，頁二九五～三二四；惟其論述仍循室井教授之前揭論文架構為之。

行政領域論（注一九）。但是，即使是行政法學者也並未特別地採取某一方法論與法體系論；然而理論上方法論或法體系論對研究會造成影響，在許多範圍甚至以一定之方法論或法體系論爲研究前提。同時，爲了不被方法論或法體系論之光彩眩惑而對眞正有意義之內容漠不關心，以致誤導了行政法研究之方向，因此有必要將各個方法論或法體系論整理說明（注二〇）。本文以下參考室井教授之說明引介之。

㈠私法特別法論

　　所謂私法特別法論，一般是指相對於作爲一般法之私法而言，將行政法當成特別法。此說可舉渡辺洋三與今村成和之學說爲例（注二一）。

　　今村成和以「行政上之不當得利」爲例，氏以爲因「現行憲法將裁判制度統一」，因而會招致誤解而認爲「公法與私法之區別已被相對化，而因爲私法包含法之一般原理，故私法已占有一般法之地位」（注二二）。但是事實上今村成和教授之眞義，依室井力教授之補充說明，其實其反面之目標是想「擺脫傳統公法、私法二元論，並且一則查明其各個合理之根據，一則更積極地構成國家之特殊地位」，從而「自所謂私法的膠著中解放」（注二三）。所以今村教授之學說，係爲構築行政法之特有體系，

注一九：室井力，前揭文，頁一八五～一九八；又，原野翹，行政の「公共性」と現代行政法の理論，公法研究五十四號，一九九二年，頁一五八；惟須注意的是，原野教授之論文雖亦引自室井教授之論文，但是室井教授之論文中另列「行政特有法論」，然原野教授之論文卻未引用，特此說明。

注二〇：室井力，同注一八，頁一八五。

注二一：田中二郎，公法と私法，法學セミナー四十八號，頁二五～二六；成田賴明，行政法における「公法と私法」の問題をめぐる判例の推移，公法研究，二二號，頁八一～八二；山田信幸男，行政契約論，日本評論社，一九五六年，頁一九一～一九二；引自室井力，同注一八，頁一八五。

注二二：今村成和，現代の行政と行政法の理論，有斐閣，一九七二年，頁三八；引自，室井力，同注一八文，頁一八五。

注二三：今村成和，前揭書，頁五三；引自，室井力，同注一八文，頁一八五～一八六。

因此其學說毋寧說是「行政特有法論」。關於「行政特有法論」將於後第六點中，進一步敍述。

　　渡辺洋三教授之學說基本上並無太大之差異。依奧平康弘先生之說法，渡辺教授所設定之「公法與私法」之問題領域（注二四）（更正確地說是非權力行政之領域）上，是將行政法當作私法之特別法。但是，此學說本身，即使依傳統之學說，原則上仍是被承認的（注二五）。然而，渡辺氏就非權力行政之領域，是著眼於批判「傳統『管理關係』」論以公益優先為原則而建構之「公法＝特殊的行政公法處理之觀念論」（注二六）。因此進一步言，即使在權力關係中，以權力關係為由而認為不適用私法原理或私法規定之傳統行政法學說之一般性原則，亦受其批判；並認為「通常欲將某法律關係全部當成公法關係或私法關係的問題」是無意義的。氏認為從事物之本質以觀，如租稅之賦課處分與民法上之法律行為在本質上殊異，乃顯屬當然（注二七）。要之，「即使所謂之權力關係，其與私法規定之關係，應具體而實質地(即依各個場合之事物性質)加以考量」，「論及現代公法與私法之關係論時，應（權力關係與私法規定之關係）排除如今通說之教條，而從所謂現代法之統一的觀點，對此問題根本地再構成」（注二八）。因此，渡辺教授之論述觀點，無非趨向於對傳統公法、私法二分論之批判，並致力於行政法體系之構築。

㈡市民公法論

注二四：奧平康弘，現代法理論の展望―行政法，法律時報，三七卷五號，頁七九；引自，室井力，同注一八文，頁一八六。
注二五：田中二郎，前揭文，頁二六；引自，室井力，同注一八文，頁一八六。
注二六：渡辺洋三，現代福祉國家の法學的檢討，收於氏著，現代國家と行政權，東大出版會，一九八〇年三月五日初版三刷，頁一九九以下；室井力，同注一八文，頁一八六。
注二七：渡辺洋三，同注二六書，頁二〇七以下。
注二八：渡辺洋三，同注二六書，頁二一一。

　　主此說者係高柳信一氏。氏於關於行政法之一系列論文中（注二九），論及市民國家中行政法應有之使命，並以私法爲裁判規範，而以公法爲行爲規範，來說明市民國家之行政法＝公法的典型。這種對行政法之思考方式，吾人稱爲市民公法論（或稱行爲規範論）。高柳信一之行政法論主要是以公法與私法、行政行爲、抗告訴訟爲其說明中心；其著眼點則在於克服傳統的作爲行政權過剩的優越性的說明根據之概括性公法、私法二分論，並發展足以說明行政公法存在理由或合理根據的一般性原理（注三〇）。

　　市民公法論之特徵在於⑴若市民國家（或近代國家）是成立的話，則於市民國家中理論必然地擬制市民的行政公法體系存在；或⑵將公法之內容當作補充或修正市民法的東西，並且是於特別必要的場合，在此限度內被容許的東西（注三一）。爲說明後者公法存在的理由，大致上可將公法分類爲⑴「關於國家存立之公法」，例如租稅法或其他財政法、選舉法等；⑵「爲確保市民法妥當之前提要件的公法」，關於保安警察之法屬之；⑶「欲於前階段保全市民法上之法益的公法」。此意味著對於有害市民社會之存立、機能行爲，於市民法中應具備有鎭壓排除之制裁與救濟手段。例如對於駕車肇事傷人者，構成市民法上之侵權行爲與犯罪（過失致死傷），而對行爲者施以民事或刑事上之制裁。但是在高速交通工具發達之今日，僅以此事後之救濟、制裁並不足以充分而實質地保障市民社會之法益，因此有對上述侵權行爲或犯罪行爲防患未然之必要。此時例如駕駛執照制度之實施即屬其手段之一。⑷「修正市民法之公法」。在

注二九：氏之主要論文有：市民國家の行政法の問題，思想第四九三號；行政の裁判所による統制，收於岩波現代法講座第四卷，現代の行政，岩波書店，一九六九年一月二十日第四刷發行，頁二五八～三一二；公法、行政行爲、抗告訴訟，公法研究，三一號，收於氏著，行政法理論の再構成，岩波書店，一九八五年二月二十二日第一刷發行，頁七一～一五一。

注三〇：室井力，注一八文，頁一八七。

注三一：室井力，同注一八文，頁一八八。

市民法中，原則上當事人有各依其約定之自由；惟國家法是以保護社會上經濟之弱者為目的，因此對於應該約定之內容與基準設有規定，以禁其逾越。如勞基法等關於社會經濟上弱者保護之法屬之（注三二）。而前三者之公法大概是針對關於權力行政的，而第四種公法，如國、公有財產之出售，此關於行政主體行為之法，因為是非權力行政之故，具有前揭渡辺氏之所謂私法之特別法的色彩，在此範圍內，公企業之利用關係上法之拘束與法的規範理論構造上，原則上應無二致（注三三）。惟學者對於是否僅依行為規範之觀點即得遽論其為公法，深表質疑（注三四）。

㈢**特殊法論**

　　主此說最力者係兼子仁氏，氏所主之特殊法論並非如同私法特別法論與市民公法論般，從行政法在法體系中占有何等位置，或者其與市民法（私法）之關係如何來討論；其主張確立特殊法體系，並由此意義上加以反省，以圖建立其行政法或行政法學之思考模式。

　　其認所謂之「特殊法」係指「於現代之各特殊社會關係中，特有之法理論體系」，惟「與特殊法理論對應之特殊社會關係或各個別行政係何所指，則有究明之必要，此則須委諸於種種專門之『特殊法學』」。因此，「『特殊法』之獨立論，作為現行法之解釋論，決非將行政法解體，而是在與現行法制下之新興的各領域的適當關係中，實現嚴密確定行政法之法理論範圍的功能（注三五）。

　　本說不但合理正確地把握現代法之諸領域（如環境法、教育法、經

注三二：高柳信一，公法、行政行為、抗告訴訟，公法研究，三一號，頁一一五〜
　　　　一一七，同氏著，行政法理論の再構成，頁九三〜九五；村上順，高柳行
　　　　政法學における市民的公法論，收於，宮崎良夫、兼子仁代表編集，高柳
　　　　信一先生古稀紀念論集──行政法學の現狀分析，勁草書房，一九九一年
　　　　七月十日第一版第一刷發行，頁三八〜三九。
注三三：渡辺洋三，前揭書，頁二〇二〜二〇三。
注三四：許志雄，前揭文，頁三一三。

濟法、土地法、醫事法等）的發展（而此發展係與現代社會中複雜而多
樣之各種法關係或社會關係之展開相呼應），同時並找出傳統行政法學
在行政法各論中劃一演繹的體系性破綻，而對向來公法、私法二分論之
反省，並以特殊社會之「條理」支配行政所滲透之各種法關係中，用以
作為一般對行政權之過剩性加以正當化之行政法學之批判，其可以說是
現代法學之一有效方法論。然而儘管如此，此說切斷「行政權」的法（行
政法）與現代特殊社會的法（特殊法）在理論上與體系上之關連，若非
行政法學方法論的話，則不可能有關於對現代社會上之種種肥大與複雜
化之行政權的法之一般性認識與實踐的法學方法論。換言之，因為現代
國家之本質與諸機能，尤其是現代行政之本質與諸機能藏諸於特殊法之
領域中，可以說此說有忽略國家論之法解釋論或法技術論之虞（注三六）。

㈣行政過程論

　　所謂行政過程之用語並不是怎麼新穎之用語。在行政學與初期美國
行政法研究上，其即已開始被大量使用，這是眾所周知之事；行政過程
並漸漸地與立法過程、司法過程並列使用。但是此一行政法學上之用語，
因現代行政法現象之分析而有其特殊之意義。德國八〇年代以來行政法
研究之傾向是重視「作為程序之行政（Verwaltung als prozeβ）」之認
識，例如不只在行政官署向來於與國民有關之最後決定（如行政處分）
上，尚且主張對其決定之程序須透明且有控制（transparent und
kontrollierbar）之可能（注三七）。這是對 Otto Mayer 以來過度的足以

注三五：兼子仁，特殊法の概念と行政法，收於田中二郎代表編集，杉村章三郎先
　　　　生古稀紀念——公法學研究（上）——，有斐閣，昭和四十九年六月三十
　　　　日初版第一刷發行，頁二四七以下。

注三六：室井力，前揭文，頁一九〇。

注三七：Winfried Brohm, *Die Dogmatik des Verwaltungsrechts vor den
　　　　Gegenwartsaufgaben der Verwaltung*, VVDSTRL 30/1972, S.
　　　　289ff.; 引自，室井力，同注一八文，頁一九一。

妨礙對現代行政、行政法動態作一準確掌握的法學方法的反省。此於日本，基本上亦同。傳統之行政法、行政法學之體系，因爲被形式性、法律性地極度壓縮之結果，而局限於以行政與國民之形式性法律性之對應關係作爲中心考察之故，所以對於肥大而複雜化之現代行政或行政過程之阻礙，甚至行政官僚制之法現象的動態把握加以反省者，現正急速地一般化之中。在此，不論採用「行政過程」之用語與否，理論上必然地會歸結到對一九五〇年代後半以降之行政法或行政法學之批判。換言之，抽象而言，對於行政法現象之社會科學性或法社會學之研究不只有其必要性，同時意味著有將之現實具體化之必要（注三八）。此說之代表者，當推遠藤博也與塩野宏兩教授，其發展乃首見於一九六六年今村成和氏於「行政法入門」一書中，將「行政過程」作爲現代行政法學的觀點。其後遠藤博氏也於一九六九年在「北大法學論集」二〇卷一～三號中發表「複數當事者の行政行爲——行政過程論の試み」一文，塩野宏於一九七二年在「公法研究」三四號中發表「行政作用法論」一文分別提倡之。至今「行政過程論」在現今之日本行政法學界，儼然已有居於主流之傾向（注三九）。

　　遠藤教授認爲向來行政法（解釋）學之運作，專在制度內求解釋論之體系，而未將制度本身當作議論之對象，其以古典之權力分立論爲前提而未對行政之公共性內容作具體之檢討。行政過程論，可以說是「創造出問題之體系」（注四〇）。且就行政法之「公共性」內容與社會管理機能之內容爲分析檢討，特別對於各種行政過程中的行政行爲的定位從事努力（注四一）。「近代行政法之典型，是由國家集中獨占社會管理機能；

注三八：室井力，同注一八文，頁一九一。
注三九：兼子仁，日本行政法學における法論理，收於宮崎良夫、兼子仁代表編集，前揭書，頁七。
注四〇：遠藤博也，行政過程の意義，北大法學論集，二七卷三、四號，頁二二九～二三六；引自，室井力，前揭文，頁一九二。
注四一：遠藤博也，注四〇文，頁二三六以下；引自室井力，注一八文，頁一九二。

而現代行政法之典型則打破近代行政法之典型,於社會管理機能之限度內必須有待相關社會集團間自律性地調整,且行政法並非利害調整本身,而是利害調整之場所的提供者,行政過程即成爲具有其獨自之意義。」因此,必須以分析檢討個別具體的行政過程之行政法各論的研究與制度本身作爲議論之對象(注四二)。

的確,隨著現代行政質量的擴大,行政過程已成爲複雜的多階段構造,因而必須採取種種不同之方法、手段或行爲形式以求政策之實現(注四三),對於現代行政或行政過程之複雜肥大化現象,或是總的說來對於行政國家現象,遠藤教授之上述主張說明傳統行政法學方法之體系已無法適切地對應的狀況(注四四)。然亦有學者批評遠藤教授過度強調現代行政過程之獨特性,致令行政法學方法論中憲法體系或價值基準模糊不清;其次,誠然行政在技術面具有社會管理作用及提供利害調整場所之機能,但是行政乃國家權力之表現,具備「公權威」即「公共性」,本質上超越「社會管理作用」之範疇。即使非權力行政之所以成爲行政法學研究之對象,亦不外乎因其涉及「公共性」,或以「公權威」作爲後盾。同樣,行政法在住民參加等問題,也許適合擔任「利害調整之場所」的提供者,但是只要行政法上還承認行政機關有一定之決定權,可以從不同利益中選擇其一,給予優先保障,則遠藤教授之認識不免偏於一端,難謂完全客觀(注四五)。

另一與遠藤教授同採行政過程論者,是爲塩野宏教授。但是,塩野教授之見解與遠藤教授之見解是有差異的。其一,所謂「行政過程」之

注四二:遠藤博也,注四〇文,頁二五八~二五九;引自,室井力,注一八文,頁一九二。

注四三:小高剛,現代行政の手法,公法研究,四九號,一九八七年,頁一二〇。

注四四:許志雄,前揭文,頁三一七~三一八。

注四五:室井力,前揭文,頁一九二。

用語，是指稱廣義的行政活動或行政作用之過程（注四六）；其二，行政過程是被當作眼前之行政法解釋學之方法。遠藤教授之行政過程論採取至行政法之全領域之觀察範圍，其著眼點毋寧在行政法解釋學所採之範圍。而塩野教授之行政法解釋學，「乃以行政主體與私人於行政上關於特殊之權利義務之形成消滅過程之法為中心之行政過程論，並限於與行政過程論不可分之司法過程論及行政手段論。」換言之，「應該徹底將行政法（解釋學）當作於憲法規範範圍內被立法者選擇以實現具體法目的之技術的法（解釋學）」（注四七）。

㈤行政特有法論

依今村成和氏所稱，行政法是指「單純行政上特有之法現象」，而在此所謂行政上產生特有之法的原因，是歸著於具有行政活動之社會性特性上。「亦即，行政活動之目的與手段是什麼呢？窮究之，係有國家權力作為基礎者之謂，在此伴隨可知者係其異於私的社會活動之特性。此特性一方面表現在行政之公的立場的保護功能上，他方面為了不使行政之擔當者陷於自己的恣意而有嚴格規制之必要。為行政所制定之特有之法基於此一行政之特殊性，不外求其服從做為人民代表的議會之統制。在此意義下，行政法乃是以行政活動的民主統制為目的之法」（注四八）。今村教授之思考，即被稱為行政特有法論。

㈥行政領域論

在日本對於「公共性分析之必要性」首先提倡者當推室井力教授於一九七六年在法律時報第四十六卷第一號所發表之「行政法の解釋」（注

注四六：塩野宏，行政法Ⅰ，有斐閣，一九九二年四月二十五日第一版第三刷發行，頁六七。

注四七：塩野宏，行政作用法論，公法研究，三四號，頁二〇九至二一〇；引自室井力，前揭文，頁一九四～一九五。

注四八：今村成和，前揭書，頁二四；引自室井力，注一八文，頁一九六。

四九）一文。一般認爲室井力教授所提倡之公共性論與行政領域論有強烈之連續性（注五〇），室井力教授也自稱：「作爲行政領域論之一內容乃至其前提之公共性分析（注五一）。」

行政領域論是因爲「基於以作爲傳統之行政法體系、理論之主要支柱的『法規』、『法律保留』與『侵害行政』等觀念爲前提之『依法律行政』原理，以及公法、私法概括的法敎義學的二分論的行政法、行政法理論，如今一方面因（明治憲法與現行憲法之）憲法原理之轉換，他方面因不能遏抑的現代行政、行政法現象之新發展」的認識，因此而提倡的「對應現代行政活動對象領域之多歧性、多樣性的法理論」。

因此以行政作用法爲例，認爲「（各種行政）領域中之行政作用，應從存在於個個領域中之種種法關係之複合機能中，被評價爲正當的，且行政作用法之一般理論，經常必須對應各具體之行政領域而加以考慮」，如行政行爲之公定力、執行力、執行不停止原則等制度，因爲其個個存在之合理政策理由的比重、內容有異，所以「在立法論上，應考慮行政機關之構成與組織上之地位、行政行爲涵蓋之行政領域、因行政行爲而受影響之國民的權利自由性質、對行政行爲之事前手續統制之有無等，而且應對於是否承認此種種制度爲個別之檢討」（注五二）。其後作爲公共性分析而被提起之「在各種行政領域中個個固有行政價值之評價」（注五三），對於法治主義與行政裁量之解釋乃至明文化，對於非權力行政，以行政領域論所爲之考察的必要，進而主張其於行政組織法、行政程序法、

注四九：氏於該文，於第四節中以「行政、行政法における公共性、公益性の內容分析と國民の權利自由」爲標題，論述行政公共性分析之必要。

注五〇：浜川淸，公法學における公共性分析の意義と課題，法律時報，六三卷一一號，頁七。

注五一：室井力，前揭文，頁二〇一；引自濱川淸，同注五〇。

注五二：室井力，現代行政の法理，勁草書房，一九八一年三月二十日第五刷發行，頁一三～一五。

注五三：濱川淸，前揭文，頁七。

行政救濟法上之妥當性（**注五四**）等，可以說是已擴及於超越解釋論之立法論上並且擴大其適用之對象（**注五五**）。從而，行政上之「公益」、「公共性」、「公共福祉」等具體內容之分析、檢討，即屬當然之事（**注五六**）；對於此說，有學者認爲類似於前述之「行政過程論」（**注五七**），甚至將兩者合而視之者（**注五八**）。

二、公共性之分析與公共性

㈠公共性之概念

公共性之分析是以徹底分析行政法學中「向來，幾乎以無媒介性、抽象性爲前提之公益性、公共性」，並且依此將被保護之權利利益與被侵害之權利利益之「對立與分裂，客觀地加以認識」，並依「兩者間之價值序列之分析、體系化」，將行政之「價值判斷、選擇之基準，作爲實體上或程序上合理之基準」，並使公共性之「具體內容公開且客觀化」爲目標（**注五九**）。公共性之分析中，非僅止於所謂「以行政擁護國民之權利」的行政法的傳統接近方法，而是展望「國民、住民成爲行政之主人翁，即所謂行政主體之負責人」，並以之作爲行政法理論之理想而被主張（**注六〇**）。

儘管對於公共性之分析，在邏輯概念上是極爲清晰的；但是「公共性」一詞，卻是一極富多義性之不確定法律概念。

注五四：同注五二，頁一五。
注五五：同注五三。
注五六：同注五二，頁一五。
注五七：兼子仁，前揭文，頁六。
注五八：佐藤英善，行政法總論，日本評論社，一九九〇年十月三十日第一版第五刷發行，頁一四〇～一四二。
注五九：室井力，現代行政法の展開，有斐閣，一九七八年，頁一一二以下；引自濱川清，前揭文，頁七。
注六〇：同注五九。

　　德國社會學者 Jürgen Habermas 在「公共性之構造轉換（Stru-kturwandel der Öffentlichkeit, 2. Aufl., Luchterhand, 1965)」（注六一）一書中談及「公共性」時，也僅說明將「公共性」與「公開性」結合之必要性（注六二）。Habermas 自己對其發展出的公共性（公共領域）所作的解釋是：「所謂『公共性（公共領域）』，首先我們指的是一種社會生活的層面，在這個層面中，某些類似公共意見（或輿論）的東西可以形成。……當公民都能以一種不受限制的境況──也就是說，他們具有集會與結社之自由及表達自己意見的自由──來面對關係著總體利益的事務時，他們都像是一個公共的個體（a public body）一般地生活於其中。……而所謂『公共意見』，指的是批評和控制的任務，藉著這些任務，做為一個公共個體的公民，他們都能以一種不具形式的實踐，去面對統治階級（注六三）。」室井力教授甚至批評 Habermas 於該書中所談及者僅止於「公共」兩字之意涵，而未說明「公共性」（注六四），宮崎良夫教授亦認為 Habermas 所言之「Öffentlichkeit」一詞是指「公共」而與「公共性」有異（注六五）。室井力教授亦認為所謂之「公共性」或「公益」等概念確實無法明確地說明，而與「公共性」相當之字彙大約有「Öffentlichkeit」、「Openness」、「Public」、「Legitimacy」等（注六六）。

注六一：或譯：「公共領域（public sphere）之構造轉換」。廖仁義譯（Michael Pusey 原著），哈柏瑪斯，桂冠圖書公司，一九八九年十月初版一刷，頁一一四。

注六二：室井力，同注一文，頁八注五之說明。

注六三：廖仁義譯，前揭書，頁一一四～一一五。

注六四：室井力，行政の公共性と行政法，此係室井力教授於一九九三年五月八日下午三點三十分至五點三十分應國立政治大學之邀，於該校逸仙樓所發表之演講，而由劉宗德教授翻譯，惜未發表書面內容。

注六五：宮崎良夫於公法研究五三號（「公共性」專號）之討論發言，公法研究，五三號，頁二三五。

注六六：同注六四。

　　前已述及，行政之公共性論乃因應行政機能擴大與行政之技術性、專門性而配合現代行政之需要所生，行政法學今日儼然已成爲一門「技術法學」；實則若僅強調行政法之技術性而忽視其價值性是極爲危險的。正確的思考方向應係以國民主權原理爲基礎而制定之憲法，據此以解釋行政自我存在的理由，換言之，憲法的價值性與行政法的技術性應具有密切之關連（注六七）。

　　所以「公共性」絕非「超憲法之公共性（extrakonstitutionelle Öffentlichkeit）」，而是「內在憲法所獲得之公共性」，在此意義下，可以稱爲「規範之公共性」（注六八）。亦即「公共性」在眾多方面都已結構化，而且受到憲法內容與過程所支配，即使在其開展規範力時，亦內在於憲法（intrakonstitutionell）（注六九）。所以「公共性」是被憲法實定化、制度化的，並且受憲法規範拘束而具有正當性。超越憲法或與憲法對立之「公共性」，將不被嚴格立憲主義要求之「法治國」所承認。要之，所謂之「公共性」必須是在憲法之範圍內，適合憲法而被要求之「公共性」（注七〇）。

　　然而到底「公共」、「公共性」定義如何，即使經由上述之概念描述，恐怕亦難有定論。若從公共行政公共哲學之社會科學觀點，「公共」所代表者，亦非一單一之定義，其可以分由幾個面向說明（注七一）：

　　1.多元主義之觀點：公共爲利益團體

注六七：同注六四。

注六八：P.Häberle, *Öffentliches Interesse als juristisches Problem*, Bad Homburg 1970, S. 708f., 引自影山日出彌，大阪空港控訴審判と「公共性」論，法律時報，四八卷二號，頁三二。

注六九：張嘉尹，憲法解釋理論之研究，臺大法研所碩士論文，八十一年六月，頁二四三。

注七〇：影山日出彌，前揭文，頁三二。

注七一：林玉華，公共行政的公共理論，行政學報，二四期，八十一年九月，頁一三〇～一四〇。

多元論者主張由於利益團體之發展，利益或志趣相同者可以結合成團體，利益團體之間互動並且在政府部門之間競爭以尋求自己的利益。公共（public）的性質，在團體過程中自然顯現，也可以說團體互動的純淨結果構成了公共利益（public interest）的定義。

2.公共抉擇的觀點：公共為消費者

公共抉擇（public choice）的觀點與多元論相當接近，兩者都強調個人主義（individualism）。學者 Bentham 認為，社會係一虛構體，由個人，即其會員組成，社區的利益為何？──其組成份子的個人利益總和而已矣！公共抉擇的觀點，將市場經濟運用到公共事務的範疇，其自我利益（self-interest）的假設，將大眾視為在市場運作的消費者。

3.立法的觀點：公眾（public）是受代表者

現今民主政治所實施的，主要是代議制而非直接民主，人民委託國會、地方議會為人民福利而行為。因為民選的官員直接代表公眾，他們具有最合法的地位聲明公共行政的公共觀點。

4.官僚服務的觀點：公眾為服務的對象

服務對象的觀點是否能構成公共的觀點？在某種程度上，服務對象對於許多公職人員來說是一個公眾，但是這個公眾所代表的是一般大眾，由於它沒有組織，不相連繫，發展未完全，其影響力不如有組織之利益團體。

5.參與的觀點：公共為公民

公民權（citizenship）的概念與當代公共行政領域的源起很有關連，因為在當代革新的世紀，需要受過良好教育的公務員，也需要具備知識的公民（citizenry）積極參與公共事務，並且了解憲法。這樣的公民權的概念追求的「公共」性，不僅為個人的私利，而且是公共利益。

上述五種公共觀點，從實用性角度看，皆不完全，然應有助於概念之理解。又對於「公共」之概念或可從代表國民之政府與具有種種利害

關係之多數市民之間的關係探究之。也就是說，政府並非爲了特定之個人或集團甚至其自身而存在；毋寧是爲了各式各樣的個人或集團而存在。政府作爲公共的代表人，並且必須依照相關之適當基準行動。而提供此一基準者即是公共的概念所扮演的角色（注七二）。

至於「公共性」或可定義爲「具有廣泛社會一般利害之性質」（注七三）。然而爲實現（近代市民國家中應稱爲市民公共性發展型態之）市民生存權的公共性之國家公共性，與爲實現（僞裝部分利益爲公益之）超市民之特權的公共性之國家公共性是相互對立的。前者大致稱爲「市民生存權的公共性」，後者則稱「超市民之特權的公共性」。而法律學的課題，即是爲排除後者實現前者而採取之方式。換言之，即爲了認識或暴露公共性之虛僞性，並深化公共性之眞實性（注七四）。

但是如果欲單憑「公共性」一詞之定義說明，即試圖建立整個公共性理論之認識，恐怕是過分樂觀。因爲如果可以如此的話，以傳統之「公益」一詞即可應付所有之行政領域中之現象，何苦亟思另立一法律理論說明；亦即「公益」與「公共性」之文義，大致仍難區分，所以吾人應注意的是「公共性」在現代行政領域所適用之特殊性。同時，若僅求定義性之概念說明，則前述「市民生存權的公共性」與「超市民之特權的公共性」根本無法區別，因此在認識論上，定義之說明確有必要，但是若欲對公共性分析之方法論確實掌握，恐怕對公共性之實質內涵或法的基準的認識，才是重點所在。

注七二：Richard E.Flathman, *The Public Interest: Essay Concerning the Normative Discourse of Politics*, John Wiley & Sons, Inc., New York, 1966, p.8.；引自片岡寬光，行政國家，早稻田大學出版部，昭和五十八年九月二十日初版第三刷發行，頁二一七。

注七三：小林直樹，現代公共性の考察，公法研究五十一號，一九八九年，頁二八，然此一定義較屬於一般日常之用語，其於法律領域之意義仍未明確說明。

注七四：室井力，同注一文，頁一四。

㈡公共性與公益

對於公益（public interest, öffentliches interesse, intérêt general）之概念，早爲學說所提倡並爲實務所運用（**注七五**），在戰前之日本，對類似「公益」概念之討論，最著名者當推渡辺宗太郎先生在一九三五年於公法雜誌一卷一號發表之「公益之本質」（「公益の本質」）一文，以及美濃部達吉先生在一九三五年出版之「公法與私法」（「公法と私法」（**注七六**））一書第六節中，以「私法之公法化」（「私法の公法化」）爲題，所爲之議論。然而不論是渡辺先生之——將公益區分爲社會的利益與政治的利益——見解，或是美濃部先生之——將國家之直接利益與社會之福利區別——之見解，即使均以公益二分論指出公益歸屬主體之多樣性，但是對於由誰來判斷手續上之公益等公益判斷手續、公益判斷主體的問題，則未表示關心（**注七七**）。戰後則有戒能通孝對於傳統行政法理論中，主張相對於市民之行政權優越性或相對於私益之公益優先性的「自明之理」，提出批判（**注七八**）。其後又有渡辺洋三先生於一九六四年，提出「現代福利國家之法學檢討」（「現代福祉國家の法學的檢討」）一文，將傳統行政法理論不自覺使用的「公」的概念，認爲有必要區別爲「絕對主義的公概念」、「市民的公概念」與「國家獨占資本的公概念」。其中對於公益對私益之優先性亦有強烈之批判（**注七九**）。

不可諱言的是，「公益性」與「公共性」在概念上均屬極不確定之法

注七五：關於公益之概念與原則，尤其是德國法之發展請參閱，李建良，從公法學之觀點論公益之概念與原則，中興法研所碩士論文，七十五年六月。

注七六：本書有黃馮明譯之中譯本，臺灣商務印書館，七十七年臺三版。

注七七：宮崎良夫，行政における公益，公法研究五十四號，一九九二年，頁一三九～一四〇。

注七八：戒能通孝，行政法および行政法學に對する疑問，法律時報，二九卷七號，頁四四以下。

注七九：渡辺洋三，現代福祉國家の法學的檢討，收於氏著，前揭書，頁一四〇以下。

律概念，並且兩者觀念具有密接不可分之關係（注八〇）。然而即使如上述公共性之定義亦難與公益相區別，學者在討論公共性時率多與公益合併論之。惟本文以爲，若僅從字義上著眼，恐怕不能很明顯地區別此兩種概念，甚至兩者在概念上亦有許多重疊的部分，所以吾人以爲眞正要加以區別者，應從方法論之著眼點窺之。向來憲法學或行政法學均將「公共」（注意，在此不使用「公共性」，乃因「公共性」之特殊內涵）乃至「公益」本身，專門當作純粹與「私益」對立的東西，但是並非本文重心所置之「公共性」。亦即，此處所謂之「公共性」，是遵從人權之價值序列而被評價者，或者應考慮將之當作行政本身正當化的原理。從而，「公共性」內部包含私益這點，在理論上是先可確定的（注八一）。一般所謂之「公益」，多意味著其係超越個人範圍，共通於共同社會全體之利益；而所謂「行政之公共性」則意味著作爲公的作用的行政之公平、合理性、正當性。換言之，行政之公共性是意指行政擔當公的事物之資格的屬性，即行政之妥當性、合理性、公平性；相對而言，公益是意指作爲行政作用結果而被實現之利益或效用之屬性（注八二）。行政國家也只有在「公共性」之名下，始能使其集合營運之行政得以正當化（注八三）。而且行政之公共性並非單純針對行政主體所爲作用、活動面；毋寧是針對擔任行政之主體應具備之理想狀態(行政組織法制、公務員法制)、其作用之目的與內容、爲實現此一目的所採用之手段、程序等問題(注八四)。

注八〇：手島孝，現代行政國家論，勁草書房，一九七九年二月十五日第二刷發行，頁三九～四〇，氏舉若干文獻資格可供參考；惟氏對兩者之區分亦無著墨。

注八一：市橋克哉、鈴木英一、浜川淸、福家俊朗、水口憲人、室井力、森英樹、橫田茂，現代國家における公共性（會議記錄），法律時報，六三卷一一號，頁四九，浜川氏之發言。

注八二：宮崎良夫，同注六五之討論發言，頁二三五。

注八三：片岡寬仁，前揭書，頁二一五。

注八四：宮崎良夫，同注七七文，頁一三〇。

　　學者有認爲「公益」可以稱呼爲具有公共的一般性之不特定多數人之利益，亦即其並非屬特定階級與身分之特殊利益，亦非單純欠缺公共性之私益總合（注八五）。從而吾人似亦可反面推知，由靜態面之認識以觀，公共性乃公益之判斷基準，就動態面之公共性分析以觀，將被實現之權利或利益與被侵害者之權利或利益分裂、對立地客觀加以認識，並爲兩者間之價值序列與體系化之分析（公共性分析），方得以確認行政存在之理由。

㈢公共性與公開性

　　誠如前述室井力教授對「公共性」之說明，其與「Öffentlichkeit」一詞相當，而「Öffentlichkeit」實孕含有「公開性」之義。事實上現代行政之一大要求即在於手段之公開性，同時因爲公共性之分析即要求人民成爲行政之眞正主人翁，並以使公共性之具體內容公開且客觀化爲目標，故人民對於行政之過程即必須有充分參與及知的權利，以確保行政之公平性與人民對行政之信賴。這點尤其是在國家提供大規模之高科技設施上可以看出其重要性。由於這是屬於社會任務之國家化內容，甚至今日又有基於效率性之要求而民營化之趨勢，然而無論如何，公共性均被強調，因此利害關係人對於此種給付「行政（公、私？）」之過程均應有事前參與及事後監視之權利，否則因爲此種「行政」不幸造成之事故損害往往難以勝計，人民若無充分之信賴，對於行政之效率性要求不但無利將反而有害。因而可知公共性之內容即包括公開性之要求，而其最明顯之具體表現即在於行政程序上之規制。行政程序上之基本制度諸如告知、聽證、記錄閱覽、附加理由等即與公開原則有密切之關係（注八六）。

注八五：長浜政壽，現代行政における「公共性」の問題，收於，日本行政學會編，政策決定と公共性，勁草書房，一九七三年五月十五日第一刷發行，頁四。

注八六：塩野宏，行政資料は公開すべきだ──行政手續の公開性，收於塩野宏、室井力編，行政法を學ぶ1，有斐閣，昭和五十三年三月三〇日初版一刷，頁二六五。

　　反觀德國基本法第一百零三條第一項明文規定：「任何人在法院有請求依法審問之權利」。學者多認為此乃法院訴訟程序上聽證原則之依據，聯邦憲法法院並稱其為「訴訟上原始之權利（prozessuales Urrecht)」（BVerfGE 55, 1, 6)（注八七）。而學者 Ule 並由基本法第二十八條第一項共和的、民主的、社會的法治國家原則將行政程序與行政訴訟作統一之理解，從而將基本法第一〇條第一項所規定之在法院依法審問（rechtliches Gehör）原則擴大解釋適用於行政程序上（注八八）；甚且可以說，所謂「公開聽證」者，乃自「人類之尊嚴（Menschenwürde)」中推導而出（注八九），法院之見解亦傾向此說（BverfGE 89,95)（注九〇）。

　　我國現行行政法中亦不乏對行政機關在核准某一計劃之前，使相關人民有表達意見之機會，例如：市地重劃實施辦法第十三條第二項：「土地所有權人對重劃計劃書有反對意見者，應於公告期間內以書面載明理由，……，提出於主管機關為之。」平均地權條例第五十六條第二項：「……重劃地區私有土地所有權人半數以上……表示反對者，主管機關應予調處，並參酌反對理由，修訂市地重劃書」。土地法第二二七條第三項，都市計劃法第十九條、第三十六條，區域計劃法第八條，農地重劃條例第七條等均屬之。惟其僅提供人民反映意見之機會而已，真正規定聽證之規定則仍未見之。

注八七：董保城，行政程序中聽證制度，研考報導季刊，二三期，八十二年四月，頁九。

注八八：ウーレ教授「行政手續と行政訴訟」のついて（討論記錄），公法研究，三一號，一九六九年，頁一八二。

注八九：同注八八，頁一八三中 Ule 教授發言部分。

注九〇：董保城，前揭文，頁九。

〔肆〕公共性之法的基準

依室井力教授之見解，不論在立法論或解釋論上，均可提出三點公共性之法的基準（注九一）：

一、人權尊重主義

此係公共性之實體價值面。人權尊重一語，在現代社會、國家中被主張或被制度化者，所在多有。在此要求的是種種人權相互間價值的序列。但是，若使諸人權呆板地並列化，反而會貶抑源自於存在於現代社會中之人性尊嚴的諸正當權利、自由。這是因為僅僅強調其形式意義之故，所以應在實質意義上要求獨立、對等、自由之個人人格的權利、自由的確立與保障。

二、民主主義

此係公共性之程序性（技術性）制度面。在此包括議會制民主主義、地方自治、情報公開、參加等諸原則。同時以保障國民受公正裁判權利之「法官獨立」為媒介的司法獨立與司法行政之民主化等問題，在此亦包括在內。為了將國民主權之諸要件予以制度化保障而建立之體系，也是這裡討論之問題。因此，關於在民主主義的諸制度或體系本身之內部的價值之優劣，首先必須在與公共性之實體性價值之相關關係中被討論。如果著眼於人權之國際化傾向，為了保障國際社會中人權體系與國際社會中國民與民族之政治與經濟的獨立與自由，同時也可成為問題。此或可稱其為「主權論上之國際公共性論」。

注九一：請參照，室井力，同注一文，頁一〇～一四。

其次是程序性、制度性之公共性，其可以說是為實現實體性、價值性之公共性（目的）之手段的公共性；但是，一般應確認的是兩者具有密接不可分之相關關係。的確，雖然這兩者具有種種理論上相對之個別價值，但是實體之公共性若不伴隨程序之公共性，其實現即有困難。同時，與實體之公共性脫離之程序上之公共性，一定會變得空洞化與形骸化。

三、和平主義

其一方面具體表現所謂和平的生存權之實體價值的公共性，他方面表現為保障和平的生存權之程序性制度的公共性（例如日本憲法特有的「戰爭之放棄」）。或者進而廣義言之，人權與民主主義在以和平主義原則作為一般前提要件而被確保時，可以好好地發揮其本來的公共性。

這一點恐怕是日本法上特有之現象，尤其是在其軍事行政上有關自衛隊之地位之議論。在日本若干因美軍或自衛隊飛機造成之基地噪音公害訴訟中，即有所謂「軍事之公共性論」的提出（注九二）。政府認為從軍事之角度來看，「軍事之公共性論」高於一般市民法理論之「公共性」論，因此要求機場周邊之住民負擔較高之忍受義務。由於「軍事之公共性論」的提出，因而帶動自衛隊地位之討論與視「軍事之公共性論」為特權的國家公共性之批評。又從人權之國際觀的角度來看，對於日本極力涉入國際事務這點，學者多少有點擔心歷史之悲劇重演，尤其在波灣戰爭期間，是否應允許自衛隊派兵，以及派兵參與東南亞之聯合國和平維持部隊（此即著名之 PKO 海外派兵法案），在日本國內均造成極大之反對聲浪，故強調公共性之和平原則自有該國之特殊背景。再者由於現代行政積極地介入原本屬於社會之任務，為了防止國家以謀求國民之公共福祉

注九二：請參閱，原野翹，「軍事的公共性」論の檢討，法律時報，六三卷一一號，頁八四～八八。

爲藉口（即爲了公益）恣行侵犯人民權利之實，故在行政手段上必須要求符合和平主義。

除此之外，公共性之實體法要件仍應受到作爲社會構成原理之正義原則，以及平等原則之拘束，同時應從「福祉」之角度審愼地判斷（注九三），方屬正當之公共性分析。

〔伍〕 公共性之實踐

一、行政組織

在此吾人將關於構成行政組織之人的要素之公務員（公務員法）與關於物之要素之公物（公物法）加入，以廣義之行政組織法稱之。

現代國家中之公務員其職務與逐行其職務之方法是複雜且多樣化的。公務員所擔任之職務稱爲「公務」，一般認爲具有公共性，從而公務員應立於民主之基礎公平且有效率地執行之（注九四）。如日本憲法第十五條第二項即規定：「凡公務員均爲國民全體之服務者（奉侍者）……。」國家公務員法第十五條第二項亦規定：「凡職員均爲國民全體之服務者，爲『公共利益』執行職務，且於職務之逐行時，應戮力專心爲之。」

反觀我國公務員服務法所規定者盡是對於「國家」應如何如何，即便是由考試院草擬之「公務員基準法草案」亦無相關之規定，其中僅第十一條規定公務員之宣誓義務，其誓詞謂：「余誓以至誠，恪遵國家法令，忠心努力，主動積極，運用正當方法善盡職責，以謀求『國家及人民之利益』。如違誓言，願受最嚴厲之處罰。」足見我國公務員法制仍不脫將公務員視爲「國家」（通常即誤將之等同於執政者）之公僕之威權思

注九三：片岡寬二，前揭書，頁二二六～二四四。
注九四：室井力，公務員の勞働基本權と公法學，收於氏著，注一八文，頁一五五。

想，其不當不言可喻。

以公物法爲例，學者宮本憲一在有名的大阪機場噪音訴訟中，提出公共設施公共性之四個判斷尺度（注九五）：

一、係生產與生活之一般的條件或係爲共同社會的生產或生活條件。

二、如被特定個人或私企業占有，其營運須非以直接或間接之利潤（追求）爲目的，而是爲了能使全體國民平等而容易利用，且爲社會之公平所爲者。

三、公共事業之建設、改造、管理、營運時，不得侵犯周邊居民之基本人權，即使假定其係必要不可欠缺之設施，也應儘可能增進周邊居民之福祉。

四、關於事業之設置、改善，以得住民之同意的民主程序爲必要。如果事業之內容關係住民之地域性生活時，此一民主程序並非僅住民同意而已，尚應包括要求住民的參加或自主性管理。

憲法學者小林直樹針對「公共事業或服務（サ──ビス）之公共性」亦提出三點要點（注九六），認公共性之一般內容應：

一、對共同社會成員（國民、住民等）有共通之必要利益（社會之有用性、必要性）。

二、原則上共同消費與利用之可能性是爲全體成員而展開。

三、以上述爲前提，主要由公的主體（國家與地方公共團體）爲作業與管理。

而基於現行（日本）憲法，行政組織應符合四項原則，第一點是行政組織必須以國民之權利保障爲目的。第二點是所謂民主主義的行政組織原則。第三點是行政組織上地方自治之保障原則。第四點是基於和平

注九五：宮本憲一，暗闇の「公共性」，法律時報，五四卷二號，頁一七。
注九六：小林直樹，前揭文，頁三四～三五。

主義之行政組織原則。所以現行憲法下之行政組織是基於國民之意思，一方面具有國民之民主統制，一方面基於地方自治與和平主義原則，而以國民之人權保障作爲目的而存在者。所謂現代民主主義國家中行政組織之公共性，簡單而言，其非爲特定者之利益而存在，而是爲國民全體之利益而存在（注九七）。

以我國爲例，亦有憲法第一百零八條：「左列事項，由中央立法並執行之，或交由省縣執行之：……。七、『公用』事業。……。十四、『公用』徵收。……。十八、『公共』衛生。……。」第一〇九條：「左列事項，由省立法並執行之，或交由縣執行之：……。四、省『公營』事業。……。十一、省慈善及『公益』事項。……。」第一百十條：「左列事項，由縣立法並執行之：……。三、縣『公營』事業。……。十、縣慈善及『公益』事項。……。」第一四四條：「『公用』事業及其他有獨佔性之企業，以『公營』爲原則，其經法律許可者，得由國民經營之。」等相關規定。惟其實際之運作仍有賴公共性之個別分析。

二、行政作用

公共性論之提出，依前所述，其極大的原因是因應行政裁量之多樣化與複雜化而產生。然而在授與行政機關裁量權之法規中，有許多是將「公益」、「公共」之類的用語當作構成要件，甚至連「公益」、「公共」之類的用語都沒有，而目前一般之見解，「行政裁量」是屬於法律效果上的問題；「不確定法律概念」則是屬於構成要件上之問題。如果眞是如此，則所謂公益或公共性之判斷應屬於行政機關之判斷餘地。而不是裁量的問題（注九八）。以集會遊行法爲例，其中第十一條規定：「申請室外

注九七：晴山一穗，行政組織における公共性，法律時報，六三卷一一號，頁二〇～二一。

注九八：李建良，前揭書，頁二一九～二二四。氏於文中主張行政裁量應受「公益原則」之拘束，其論述頗爲詳盡。

集會、遊行除有左列情事之一者外，應予許可：……。二、有事實足認
為有危害國家安全、社會秩序或『公共利益』之虞者。……。」第十五
條規定：「室外集會、遊行經許可後，因天然災害或重大事故，主管機
關為維護社會秩序、『公共利益』或集會、遊行安全之緊急必要，得撤銷
許可或變更原許可之時間、處所、路線或限制事項。……。」其中之所
謂「有危害『公共利益』之虞」、「為維護『公共利益』」究係裁量問題或
判斷餘地，即有問題。因此經由公共性論之提出——公共性之分析——不
再用此種裁量理論來解決原本即隱晦於裁量與不確定法律概念之間的
「公益」或「公共性」概念；代之而起者，乃承認作為行政目的之公共
性原則為法治國家之一基本原則，並經由人權序列之價值分析，使行政
作用在程序上或實體上更具合理性與正當性。

三、行政程序

　　在現今人民之生存廣泛信賴行政活動的情況下，一方面應保障人民
對行政之參與，同時行政資料（訊）在可能之範圍內，應對身為主權者
之人民公開（注九九）。行政事前手續（程序）規制之必要性乃因行政程序
之理念即在於「行政過程之正當性與民主化之法理」，特別是住民參加，
除了具有「權利利益保護機能」外，尚有「程序形式保障機能」、「資訊
收集機能」、「說服機能」、「爭點整理機能」、「行政遂行之促進機能」（注
一〇〇）。

　　一般而言，在行政實現公共性之實定法之標準上，並未給予行政之
公共性具體之內容，其內容之補充委由行政裁量行之，為使判斷過程合
理化並正當化，由是公平而公正地在行政過程中注入種種價值，及對其
為客觀地評價——國民諸階層之行政過程的參加——及行政之透視可能

注九九：原野翹，行政手續改革の基本問題，法律時報，五三卷四號，頁一五五。
注一〇〇：原野翹，注一九文，頁一六七。

性之確保即被要求。行政活動之公共性內容，其實定法上的標準是經由行政機關與人民的有關活動而得到補充。故程序之公共性的要求乃理所當然。行政程序法應可確保有關程序之公共性。因此具體而言，在行政政策之形成與決定過程或執行過程中之各階段性質上，參加程序之確立，程序參加中必要之資訊公開與行政裁量基準之訂定、上述之公開、參加程序本身之公開、各階段中行政決定根據的公開等，均屬必要（注一〇一）。

依我國歷年之行政程序法草案之內容，如七十年行政院研考會之草案第一條（立法目的）之甲案規定：「爲保護國民權利，增進行政效能，擴大行政溝通，特制定本法，以規律行政機關爲處分及行使其他公權力時之程序。」乙案則規定：「本法之制定，旨在規定行政機關爲處分及行使其他公權力時所應遵循之程序，期能藉公正程序，達成保護國民權利，增進行政效能，擴大行政溝通之目的（注一〇二）。」此時期之規定並未充分符合公共性之要求，惟乙案似較近之。

而依七十九年經建會委託臺灣大學法律學研究所研究之行政程序法草案第一條（注一〇三）則規定：「爲規範行政行爲，使其達到適法、公正、迅速之目標，以保障人民權益，增進行政效能，擴大民眾參與及提升人民對行政之信任，特制定本法。」本條之規定較之前草案之規定已有進步，學者認爲本草案以本條觀之，不僅在行政效率性之增進、國民權益之保護，同時在以住民參加之確保爲目的這點，其相當具有劃時代之意義（注一〇四）。以公共性之法的基準檢視之，亦頗相當。至八十三年

注一〇一：本多滝夫，行政改革と行政手續制定の課題，修道法學，一五卷一號，一九九三年一月，頁八三。

注一〇二：行政院研究發展考核委員會編印，我國行政程序法之研究（林紀東主持），七十年三月，頁五。

注一〇三：經建會經社法規研究報告第一〇〇七號，行政程序法之研究，七十九年十二月，頁四三。

注一〇四：劉宗德，中華民國の行政手續法草案の概要と特色，法律時報，六五卷

四月法務部提出之「行政程序法草案」第一條（注一〇五）之立法目的規定：「爲使行政行爲遵循公正與民主之程序，確保依法行政之原則，以保障人民權益，提高行政效能，增進人民對行政之信賴，特制定本法。」更明示出民主原則、公正原則、人權保障原則，其立法內容應值得肯定。

四、行政救濟

隨著行政領域之擴大，尤其是非權力性行政如行政指導、行政計劃等發展，再加上新的人權序列之加入，如環境權、社會權等，今後之行政救濟，在行政訴訟上不應侷限於僅行政處分一種行政行爲型態方可請求救濟，同時公害環境訴訟、消費者訴訟等爲集團利益而提起之訴訟也會增加。再者如大型之交通、能源、郵電公共事業之發達，其不出事則已，只要一出事往往造成人民極大的傷害，故如核能等高風險事業之事前規制即變得非常重要，以後之訴訟恐亦會朝向危險防止訴訟與行政不作爲之國賠訴訟的方向發展。

在日本有名之大阪機場訴訟、名古屋新幹線訴訟、厚木基地公害訴訟等訴訟中，法院很令人驚喜地使用「公共性」之概念，然而可悲的是行政或軍事之「公共性」竟成了被害人民尋求救濟之一大阻礙。質言之，法院均以該等公共設施或事業具有「公共性」，人民的忍受義務亦應提高爲由，駁回人民之請求，此種以先驗的「公益或公共性優先」原則，完全違反「公共性論」所提出之人權尊重原則與民主原則。申言之，此與早期以公益爲由恣意侵害人權之時代無異，尤其未經人權價值之公平衡量，反使「公共性」之中性語彙，成爲人權侵犯之最大助因，故公共性之分析理論，確有提倡之必要。

我國實務之作法亦多有可議之處，如最高法院八十二年臺上第五八

六號，一九九三年六月，頁八六。
注一〇五：法務部印行，行政程序法草案，八十三年四月，頁三三。

三號判決指出，人民私有土地若是供公眾作防洪公益土堤使用，政府為防洪修堤，以保護公眾安全，則土地所有人即有容忍義務，不得主張政府不法侵害其所有權而請求國家賠償。在本案，被告機關進行堤防修復工程，並未辦理徵收程序，亦未徵得原告之同意。

在此吾人彷彿再度置身於日本之前述諸訴訟中，在本案中可以看出，此一為「公眾安全」而侵犯人民財產權之粗糙推理，不但政府未事先取得人民之同意，亦未辦理徵收程序，僅因一抽象之「公眾安全」即要人民負擔忍受義務，從而否定公權力行為之違法性。法院在此或係認為此乃「合法」徵收的問題而與國家賠償無涉，然吾人以為在程序上此公權力行為若依公共性之分析，因為不符合公共性之法的基準——的精神，此種名為保障公眾安全之公共性，其實仍是一種虛偽性的公共性，而該行政行為即可依其違反此一基準，而具有違法性，誠非屬「合法」徵收補償之問題。法院若得依公共性分析之程序細論之，當可發現此判決瑕疵之所在，惜公共性理論於我國尚未成型，故實仍有賴吾輩對之為更體系化之探討。

〔陸〕結論

公共性論提出之必要性已於前述，吾人亦認為有必要在原本行政法學中已存在之「公益原則」外，另倡公共性之理論，以彌補傳統公、私法絕對二分論下造成之漏洞。雖然兩者在抽象概念上極為相似，這恐怕是公共性論之新創，最不能為人所接受者；然而，吾人若由國家與社會關係之演變及行政任務之多元化理解，並經由公共性論內容之解說，仍可發覺兩者之差異，尤其如上所舉之最高法院八十二年臺上八五三號判決為例，在公益性之考量下，被告機關之行為或許是為了「公益（可能遭決堤洩洪危險之不特定多數人利益）」；但是經由公共性之考量，很重

要的一點是民主原則（尤其手續參加之欠缺）之違背，此時此一行政行為即可能產生違法性；是故兩者判斷所產生之結果即可能兩歧。因此從人權保障的觀點來看，公共性論之提出應不會與公益原則衝突。

當然，此一理論即使在日本仍屬萌芽階段，有許多原理是日本國內特有之環境使然。若將此一理論適用於國內之情況，可能會有轉化之困擾，例如公共性之法的基準，其中之一是和平主義，此在我國憲法中似無相當之概念。此在外國學理之引介時，國內相應制度之配合（或調和）誠屬第一要務。

論公法上之比例原則

謝世憲

論公法上之比例原則

〔壹〕 問題之提出

"Die politische Freiheit besteht nicht darin, zu tun, was man will. In einem Staat, in dem es Gesetz gibt, kann die Freiheit nur darin bestehen, das tun zu können, was man wollen darf, und nicht gezwungen zu sein, zu tun, was man nicht wollen darf".

——Montesquieu, Vom Geist der Gesetz. 1748. Buch XI Kap 3.

以法儒孟德斯鳩在「法意」中的一段話，作為本文之引言。

國家之組成目的，國民的基本權利，這兩個概念，支配了二十世紀憲法的建構，猶如德國基本法之貫穿基礎——民主、社會國、法治國、聯邦國（注一），以及我國憲法前言的揭示「鞏固國權，保障民權，奠定社會安寧，增進人民福利」四項憲法所追求的目標。國家之組成目的或隨著時代的推移而有質的變化，但是基本權利之內涵卻是沒有質的變化，而只是量的變動，此乃是因為人類長遠以來為人權奮鬥的經驗與成果。誠如德國聯邦憲法法院判決中所宣示「人性尊嚴之尊重與保護，係基本法之建構原則，自由之人類人格及其尊嚴，是憲法秩序中最高之法

注一：Konrad Hesse, *Grundzüge des Verfassungsrechts der Bundesrepublik Deutschland*, 13 Aufl, S 47 ff.

價值」(注二)。另一方面,基於法治國 (Rechtsstaat) 之理念,對於(1)
正義之理念 (Idee der Gerechtigkeit),尤其是實質正義 (materielle
Gerechtigkeit) 作爲國家行爲之要求目的與內涵 (注三) 以及(2)法的安定
性 (Rechtssicherheit) 在個案中對於實質正義的互動關係的衡量,和(3)
更進一步的對於比例原則的要求,(4)法律優位與法律保留之原則,和(5)
行 政 的 合 律 性 原 則 (或 稱 爲 依 法 行 政 原 則) (Grundsatz der
Gesetzmäßigkeit der Verwaltung)。這幾樣基本原則,構成了法治國
之實質內涵 (注四)。本文擬就其中之比例原則作一初步的探討,並且進
而就我國實務上對於比例原則之實踐,作一概略的說明。

比例原則 (Verhältnismäßigkeit od. Übermaßverbot) 通說認爲
一具有憲法位階 (Verfassungsrang) 的法律原則 (注五)。此一概念,
事實上係由十九世紀警察國家 (Polizeistaat) 發展而來 (注六)。在探討
比例原則之前勢必對於其時之法治背景有所了解。Otto Mayer 於其巨
著 *Deutsches Verwaltungsrecht* 中,認爲國家爲一切,並且是全能的
(Der Staat kann alles, er ist allmächtig) (注七),法律能夠規範其
所欲規範者 (注八),所有之基本權利皆由立法者透過法律所支配 (Alle
Grundrechte stehen damit zur Disposition des Gesetzgebers) (注

<hr>

注二:BVerfGE 6,32,(41). vgl Fürst/Günther *Grundgesetz* 3Aufl, S.65.
注三:BVerfGE 21,378,(388).
注四:關於法治國之理念,參閱 K. Hesse, a.a.O, S.72f;Reinhold Zippelius,
　　　Rechtsphilosophie 2Aufl S.203ff. 本文是依照 Dieter Hesselberger 之見
　　　解,見其所著 *Grundgesetz*, Verlag Hermann Luchterhand, 1990 S. 167
　　　ff.
注五:Peter Badura. *Staatslehre* 1986. S.84.
注六:Fritz Ossenbühl. *Staatshaftungsrecht*. 4 Aufl. S.42.
注七:Alfons Hueber. *otto mayer, die "juristische Methode" im Verwaltun-
　　　gsrecht*. 1982. duncker & humblot/berlin. S.84f.
注八:otto mayer. Schiffahrtsabgaben II (Nr. 64) S.53. siehe A.Hueber a.a.
　　　O. FuBn 15.

九），其認爲最高的國家意志（höchster Staatswille）之實踐，可以完成所謂的國家目的（Staatszweck）之要求（注一〇）。在這種理論下，法律規範之法效力（Geltung des Rechts），應是無遠弗屆，無所不在的（注一一），雖然他也提出法治國之原則——法律之法規創造力，法律優位，法律保留（注一二），然而於此他只是強調國家的權力目的（Machtszweck des Staates），以及立法者不受拘束性（Ungebundenheit des Gesetzgebers）之內涵（注一三）。

上述之絕對法治主義及法律優位性，對於人民權利之保護自然有其盲點存在，尤其在警察國家時代，基於所謂公共安全與秩序（Öffentliche Sicherheit und Ordnung）的考量，勢必對於基本權利（Grundrechte）有所限制（注一四），此時，在目的的限制與手段間，必須求其調和。在聯邦憲法法院的判決及文獻中，此種調和的標準，則是融合了必要性與比例性（Erforderlichkeit und Proportionalität）的禁止過當原則（Grundsatz des Übermaβverbots）（注一五）。亦即，透過禁止過當原則的具體化，有助於將一般憲法及行政法上的措施（Maβnahme），納入合乎憲法與理性之範疇（注一六）。這也是比例原則在德國的發展過程中，由極端的法治背景，到警察國家的干涉行政（Eingriffsverwaltung），所成長發韌的進程。並且藉由聯邦憲法法院之判決，而將此

注九：A.Hueber a.a.O. S.84.
注一〇：A.Hueber a.a.O. S.85.
注一一：Rupert Schreiber, *Die Geltung von Rechtsnormen,* Springer Verlag Berlin, Heidelberg, New York, 1966. S.255f.
注一二：參見城仲模教授，論依法行政之原理，收於氏著，行政法之基礎理論，三民書局，一九九一年增訂新版，頁五。
注一三：A.Hueber a.a.O. S.85ff.
注一四：P.Badura a.a.O. S.84.
注一五：P.Badura a.a.O. S.85f.
注一六：Friedrich Müller. *Strukturierende Rechtslehre* 1984 S.123ff.

原則概念化與體系化。依照一般通說，比例原則至少包含了三部分——適當性原則（Geeignetheit），必要性原則（Erforderlichkeit），狹義比例原則（Verhältnismäβigkeit im engeren Sinne）（注一七）。

〔貳〕 比例原則之意義及內涵

比例原則是一個相當廣義之概念，通說皆將之分爲所謂適當性原則、必要性原則以及狹義比例原則。但是，這種傳統之三分法，在學說及實務上，以及其用語，其實並非一致（注一八）。有學者認爲以「二分法」——即必要性與合比例性爲已足（注一九）。或有認爲以所謂相當原則——其中包括適合原則、必要原則及法益衡量原則爲其內容（注二〇）。無論如何，基本上其作爲目的與手段關聯性之審查則同一。在此擬採用三分法之內容，對於適當性原則、必要性原則及狹義比例原則作一概說。

注一七：關於比例原則，國內相關文獻有：
葉俊榮，行政裁量與司法審查，臺大法研所碩士論文，七十四年六月
曾錦源，公法上比例原則之研究，輔大法研所碩士論文，七十七年六月
盛子龍，比例原則作爲規範違憲審查之準則，臺大法研所碩士論文，七十八年六月。
朱武獻，公法專題研究㈡，言論自由之憲法保障，八十一年十一月初版
陳新民，憲法基本權利之基本理論（上），論憲法人民基本權利之限制，八十一年一月。
國外文獻：幾乎每本公法學的書都會提到。z.B Peter Badura a.a.O. S. 84ff. F.Ossenbühl a.a.O. S.42. Konrad Hesse. *Grundzuge des Verfassungsrechts der Bundesrepublik Deutschland*, 13 Aufl. S.27f, 72f, 127f, 134f. Hartmut Maurer *Allgemeines Verwaltungsrecht*, 6 Aufl, S.55, S.105 Reinhold Zippelius, *Juristische Methodenlehre*, 5 Aufl, S.54ff, S.96-98, USW.
注一八：陳新民前揭書，頁二四七以下，朱武獻，前揭文，頁四一以下。
注一九：同前書，陳書，頁二四八以下。
注二〇：同前注，朱文，頁三七以下。

一、適當性原則

適當性原則（Geeignetheit, Tauglichkeit od. Zwecktauglich-keit），係指所採行之措施必須能實現行政目的或至少有助於目的之達成，並且為正確之手段。亦即，在目的——手段的關係上（Zweck-Mittel-Relation）必須是適當的（注二一）。這個原則是一個目的導向的要求。依聯邦憲法法院的見解，即使只有部分（zum Teil）有助於目的之達成，即不違反適當性原則（注二二）。基本上，聯邦憲法法院採取了一個最低的標準，質言之，只要手段不是完全（völlig）或全然（schlechthin）不適合，即不違反比例原則（注二三）。然而，適當與否不能以實施之結果來判斷，某一行政措施或法律，經實施之後，證實其無助於所欲追求目的之達成，此時該行政行為或法律不一定違反比例原則。吾人應認為立法者或行政機關，對未來情況之預測有錯誤之可能。因此，於決定採取某項措施或訂定某項法律以限制人民自由權利時，依事物本質（Natur der Sache）作合理性判斷，苟認為有助於目的之達成，則不論日後對於目的之達成有無助益，不得逕認為其違反比例原則。吾人仍應斟酌立法者或行政機關享有之裁量餘地（Ermessenspielraum）與判斷餘地（Beur-teilungspielraum）。必認其自始對該目的不適當，方足認其違反比例原則（注二四）。

然而，立法者之「預測之目的」是否在客觀上達成其所欲追求之目

注二一：K. Hesse a.a.O. S.27.

注二二：BVerfGE, 38, 61, (91); 16, 147, (183)，轉引自盛子龍，前揭書，頁二四〇。

注二三：BVerfGE, 23, 50, (58); 19, 119, (126f)

注二四：Vgl. Eberhand Grahitz. *Der Grundsatz der Verhältnismäßigkeit in der Rechtsprechungen der Bundesverfassungsgerichthof*. AöR Bd 98, 1973, S.570 Manfred Gentz, *Zur Verhältnismäßigkeit von Grundrechtseingiffen*. NJW, 1968, S.1601ff，轉引自葉俊榮，前揭書，頁一五〇以下。

的？並且法院是否能對此目的的實現與否加以審查，這是一個必須考慮的問題。如果依照權力分立的理念，如同康德所說，立法者是國民總意的實現的一種代表委託（注二五），則基於維護「立法者裁量權」之觀點，似可同意。聯邦憲法法院早期亦持如此見解（注二六）。但是，此種以偏向立法者之主觀意識而作爲審查標準之方式，無法充分滿足基本權利保障之要求。因此客觀的角度，或是以嗣後（ex post）的審查方式，甚至承認立法不法所造成之損害，人民得請求國家賠償，作爲基本權利保障之防線，似乎有進一步研究之必要（注二七）。

二、必要性原則（Erforderlichkeit）

又可稱爲最少侵害原則（Prinzip des geringstmöglichen Eingriffs），也有學者稱其爲"Notwendigkeit"（注二八）。在概念上這兩個名詞應是一致，但在聯邦憲法法院的判斷中，Notwendigkeit除用作必要性的用語外，有時還用以衡量，如立法者不作爲時，危險是否眞會發展到令人擔憂的程度的衡量（注二九）。然而，在本文中毋寧採取較單一化的見解，亦即，依聯邦憲法法院對必要性原則的界定：當有其他同樣有效且對於基本權利侵害較少之措施可供選擇時，則立法措施即有違必要性原則（注三○）。

在研究法律或某項措施，在限制人民之權利自由方面是否必要時

注二五：Reinhold Zippelius, *Geschichte der Staatideen* 8 Aufl S.147 ff.
注二六：BVerfGE 25,1,(12);30,250,(263) 轉引自陳新民，前揭書，頁二六八以下。
注二七：關於此，參見前著書，頁二六九以下。關於立法不法與國家賠償責任之關係，參見林明昕，立法不法與國家賠償責任，臺大法研所碩士論文，八十一年十月。
注二八：Gunther Schwerdtfeger. *Öffentliches Recht in der Fallbearbeitung.* 5 Aufl, S.47.
注二九：BVerfGE 7, 377, (406ff)，盛子龍，前揭書，頁五九。
注三○：BVerfGE 16, 147, (173)，盛子龍，前揭書，頁九八。

(erforderlich)，應注意以下二點：

㈠**相同有效性要素**（gleich wirksam）

　　相同有效性要素在必要性原則的審查中，具有功能性之意義。因為選擇達成目的之手段原本屬於立法者及行政機關裁量之範圍，各種不同適合程度之手段，基本上立法者及行政機關有選擇之自由，法院不能取代立法者而決定（注三一）。因此，此一要素之存在，可以使得司法權不致於過度介入立法權之範圍。

㈡**最少侵害性要素**（geringstmöglicher Eingriff）

　　目的跟手段之達成，必須以最小侵害為之。亦即，比較各種措施可能造成侵害之大小時，應考慮與目的達成有關之副作用（Nebenwirkung）（注三二）。則若竟選擇此種手段，即為違反必要性原則。在此必須就法益（Rechtsgüter）來加以衡量，當立法者所介入之手段，相對於基本權利之範圍有所扞格時，其所展現之目的──結果──關係（Ziel-Ergebnis-Relation）必須是最少侵害的結果（注三三）。

三、狹義比例原則（Verhältnismäßigkeit im engeren Sinne）

　　關於狹義比例原則之定義，在聯邦憲法法院判決及文獻中最常見的是「手段不得與所追求之目的不成比例」（ein Mittel dürfen nicht außer Verhältnis zu den angestrebten Zweck stehen）（注三四）。在聯邦憲法法院判決及文獻中所描述的所謂「手段與目的之追求的比例關係」必須是「適當」（angemessen），「正當」（recht）或「理性」（ver-

---

注三一：盛子龍前揭書，頁一〇七。
注三二：Gentz. a.a.O. S.1604，轉引自葉俊榮，前揭書，頁一五二。
注三三：G. schwerdtfeger. a.a.O. S.164.
注三四：BVerfGE 7, 377, (407)，盛子龍，前揭書，頁一六九。

nüftig)，「均衡」的（注三五）。上述各種衡量的標準，不過在表達一種爲衡量的要求（Abwägungsgebot）（注三六）。而所謂衡量之準則（Abwägungsmaßstab）則建築在一個 je, desto （愈……，則愈……）的比較性命題上（注三七），而其目的與手段關係（Zweck-Mittel-Relation）之考量，則仍需依具體個案來決定。質言之，狹義的比例原則並非一種精準無誤的法則，乃是一個抽象（abstrakt）而非具體性的概念。但是，他也不是漫無標準，至少從實務的運作中，有三項重要性因素（Wessentlichkeit）仍需考量（注三八）。其一爲基於基本法第一條所揭示的「人性尊嚴不可侵害」（Die Würde des menschen ist unantastbar）。如同聯邦憲法法院於判決中所宣示「人之尊嚴之尊重和保護，係基本法之建構原則。自由之人類人格及其尊嚴於憲法秩序中，係最高之法價值」（注三九）。其二爲公益之重要性。這是在整體衡量時必須考慮的取向，對於基本權的侵害越深，則該規範所欲維護之公益必須更重要（注四〇）。其三爲手段之適合性程度（Tauglichkeitsgrad），亦即，在什麼樣的程度與範圍中（Bereich），手段有助於目的之達成，亦應一併考慮（注四一）。

四、小結

在探討比例原則對基本權利限制之時，必同時面臨一個難題，即基本法第一條第三項所指稱「立法、行政、司法必須受基本權利之拘束」，這種拘束力雖然隨著其內在保護價值之法益的大小而有強弱之分，但是

注三五：同前書，頁一一五。
注三六：同前注三五。
注三七：同前書，頁一一三。
注三八：K. Hesse a.a.O. S.130f.
注三九：BVerfGE 6. 32, (41). Vgl. Fürst/Günther, *Grundgestz* 3 Aufl, S.65.
注四〇：BVerfGE 36, 47, (59)，盛子龍，前揭書，頁一一〇。
注四一：Gentz, a.a.O. S.1604.

透過比例原則之司法審查，亦可以達到合憲化的要求。基本上，不論學說或判決上，認爲比例原則是由法治國原理所導出，或是認爲其是基本權利之本質（注四二）。整體而言，比例原則是基本權利內涵精義的結果產物則無庸懷疑（注四三）。其作爲人民之自由權利不受公權力（öffentliche Gewalt）的不當限制與侵害之準繩（注四四）。在德國學說上，作爲比例原則之名詞界定，無非是大同小異，但其所謂目的──手段──比例關係（Ziel-Mittel-Relation），或稱目的與手段之關聯性則同一。一般而言，廣義的比例原則（Verhältnismäßigkeit im weiteren Sinne），可稱爲禁止過當原則（Übermaßverbot）（注四五），其內涵則爲適當性原則與必要性原則，亦即，干涉與介入之手段必須適於達成所欲完成之目標（Ziel zu erreichen），同時其手段應爲必要，以使目的能具體完成（Zweck zu realisieren）（注四六）。其手段是否適當，不在於一般性的一致，而是在於對手段內涵合適性要求。復應考量個別可能被侵害之基本權利（注四七），使目的和手段之間無過當之關係（注四八），這是比例原則的狹義內涵（im engeren Sinne）。

〔叁〕比例原則之輔助性原則

一、可預測性原則（Zumutbarkeit）

注四二：參見許宗力譯，基本權利的解釋與影響作用，（Prof.Dr.Christian Starck 原著），收於氏著，法與國家權力，一九九三年增訂二版，頁四八。
注四三：Fürst/Günther a.a.O. S.39.
注四四：BVerfGE 30, 1,20.
注四五：Fürst/Günther a.a.O. S.39f.
注四六：ebenda.
注四七：BVerfGE 47, 109, 115f Pornokinos.
注四八：BVerfGE 47, 327, 381 Wissenschaftfreiheit.

　　除了本文第二單元所述之比例原則三分法——適當性原則、必要性
原則、狹義比例原則外，在德國之學說及判決中，亦出現所謂可預測性
原則（Zumutbarkeit）（注四九）。亦即，國家之措施（Maβnahme）不
可使人民過度負擔（übermäβig belasten），而應可期待人民負擔此結
果（注五〇）。

二、交互作用理論（Wechselwirkungstheorie）

　　限制基本權利，必須合於比例原則；易言之，人民之自由權利不得
受公權力過度之侵害。尤有進者，個別的法律侵害基本權利時，應該注
意到該當基本權利的意義（Lichte der Bedeutung des jeweiligen
Grundrechts）。例如，對於基本法第五條第二項，其意義不是單方面的
意見自由（Meinungsfreiheit）的限制，相反地，是基於交互作用
（Wechselwirkung），針對民主國家本質（demokratisches Staat-
swesen）的基本權功能的解釋（注五一）。亦即，基於功能性的考量，對
於基本權利之限制，必有其交互作用產生。即限制越大，其所追求之目
的越高，此時，其交互作用並不違反比例原則對於基本權之保護（注五
二）。

〔肆〕 比例原則在我國之實踐

　　比例原則在我國實務上之實踐，可由行政法院之判決及大法官會議

注四九：Fürst/Günther a.a.O S.39, S.94; Maunz/Zippelius, *Deutsches
　　　　Staatsrecht 24 Aufl S.225.
注五〇：BVerfGE 18, 132;21,154f;50,341.
注五一：Fürst/Günther a.a.O. S.53.
注五二：ders S.97. Vgl BVerfGE 20, 162, 187 Spiegel 案。7, 198, 208f. Luth-
　　　　Veit-Harlan.vgl K. Hesse a.a.O. S.27.

之解釋，行政法規及行政程序法草案中窺其端倪，以下分別述之。

一、行政法院之判決

行政法院之判決，早期雖未明言比例原則之名詞存在，但在判決主文中，輒出現所謂必要等字眼。例如四十七年判字第二十六號判決即揭示：「建築物有妨礙都市計劃者，縣市主管建築機關得令其修改或停止使用，必要時得令其拆除，固爲建築法第三十條第一款所明定，但建築物非必要而令其拆除，即非合法」（注五三）。在行政法院七十一年度判字第八一一號判決中，則明白指出比例原則：「……按裁量權之行使，倘有違背法令，誤認事實，違反目的，違反平等原則或比例原則情形之一者，揆諸行政訴訟法第一條第二項之規定，仍不失爲違法。」行政法院將比例原則作爲裁量權行使之準則，與德國聯邦憲法法院將比例原則作爲規範違憲審查之準則似有不同，基本上應視其爲一種裁量審查的比例準則（als maβstab der Ermessenüberprüfung）（注五四）。

二、大法官會議解釋

大法官會議之解釋，主要乃是環繞在憲法第二十三條「以上所列舉之自由權利，除爲防止妨礙他人自由，避免緊急危難，維持社會秩序或增進公共利益所必要者外，不得以法律限制之。」中之「必要者」而作闡釋。憲法第二十三條之規定，雖有學者認爲是我國制憲史上的空前創舉，在比較法上，亦是不可多得之佳構（注五五），然亦有學者批評其所謂「防止妨礙他人自由，避免緊急危難，維持社會秩序或增進公共利益」等，乃是屬於不確定法律概念，其伸縮性相當大，故任何法律皆可認爲

注五三：行政法院判決要旨彙編（下冊），頁六七三，七十一年六月出版。
注五四：G. Schwerdtfeger. a.a.O. S.36f.
注五五：陳著，前揭書，頁二六五。

含有該四項目的,而被宣告為合憲,苟如此,則對人民基本權利之保障形同空談(注五六)。不過,對於條文中所謂「必要者」,認為其乃是相當於比例原則之觀點則同一(注五七)。然而,是否可因為我國憲法中之規定,而認為比例原則在大法官會議解釋中必然會有具體之實踐?以下幾號解釋,饒富興味,或可做一解答。

㈠釋字第一〇五號

本號解釋文:「出版法第四十條,第四十一條所定定期停止發行或撤銷登記處分,係為憲法第二十三條所定必要之情形,而對於出版自由所設之限制,由行政機關逕行處理,以貫徹其限制之目的,尚難謂為違憲。」其解釋理由書謂:「出版法第四十條及第四十一條所定對於違法出版品定期停止發行或撤銷登記處分,係依憲法第二十三條規定之必要情形,對於出版自由所設之限制,此點聲請解釋來文,亦有相同之見解,而憲法對於違法之出版品處分並無限制,出版品為貫徹其限制目的,採用行政處分之方式,尚難認為違憲,且上開各條所規定之處分要件,甚為嚴格,行政機關僅能根據各該條所列舉之要件,予以處分,受處分人尚得提起訴願及向行政法院提起行政訴訟,請求救濟,亦足以保障。」

本號解釋,乃是標準的戒嚴時期「政治影響司法」的產物,其不當與謬誤,早有批評(注五八)。之所以將之提出,亦為對於我國司法實踐上,對於比例原則的一種反面實踐之佐證而已。

㈡釋字第一六〇號

釋字第一六〇號解釋乃是聲請人認為「民事訴訟法第四百六十六條第一項,對於財產權上訴之第二審判決,如因上訴所得受之利益,不逾八千元者,不得上訴之規定,違反憲法第十六條保障訴訟權之規定,及

注五六:朱著,前揭文,頁四一。
注五七:同前二注。
注五八:關於本號解釋之批評,參閱曾錦源,前揭書,頁八七~九〇。

第二十三條禁止以法律限制訴訟權之規定，並違反憲法第一條關於立國
基本規範之規定，請為違憲之解釋」。然大法官會議僅謂「民事訴訟法第
四百六十六條第一項，對於財產權上訴之第二審判決，如因上訴所得受
之利益，不逾八千元者，不得上訴之規定，與憲法並無牴觸」。對於何以
不違反憲法第二十三條之理由，並未論及，難以得知大法官會議所採之
標準為何。

㈢釋字第一七九號

　　釋字第一七九號乃是因為民事訴訟法施行法第九條規定「上訴人有
律師為訴訟代理人，而未繳裁判費，法院得不定期間命其補正，逕駁回
上訴」，而本號解釋聲請人有委任律師，對最高法院七十年臺上字一一二
八號判決，提起再審之訴，因未繳裁判費，法院逕以駁回，而聲請大法
官會議解釋：其違背憲法第二十三條之相當原則。釋字第一七九號僅謂
「民事訴訟施行法第九條……乃在避免延滯訴訟，與人民訴訟權之行使
及平等權，尚無妨礙……。」至於何以必要，並未言明其基準，故亦不
得而知。

㈣釋字第一九四號

　　釋字第一九四號乃聲請人認為：戡亂時期肅清煙毒條例第五條第一
項違反憲法第二十三條所定之規定。其指出：「必先擇其能達目的而損
害犧牲最小之刑事制裁為之，始符合利益權衡原則」。而釋字一九四號僅
謂：其係為維護國家安全與社會秩序之必要而制定，與憲法第二十三條
並無牴觸。至於此項限制是否能達成其目的，並且為維護國家安全、社
會秩序之損害犧牲最小之方法，至該限制所造成之損害與其維護之法益
是否相當，大法官會議並未加以說明。

㈤釋字第三三六號

　　大法官會議解釋第三三六號謂「中華民國七十七年七月十五日修正
公布之都市計劃法第五十條，對於公共設施保留地未設取得期限之規

定,乃在維護都市計劃之整體性,爲增進公共利益所必要,與憲法並無
牴觸。至爲兼顧土地所有人之權益,主管機關應如何檢討修正有關法律,
係立法問題。」在解釋理由書中,歸納其論點有三:

1.公共設施保留地與都市計劃之整體,具有一部與全部關係,故若
單獨對此項保留地預設取得期限,而使期限屆滿尙未取得土地者,視爲
撤銷保留,將動搖都市計劃之根本。

2.都市計劃之變更,依都市計劃法第二十六條至第二十九條,有一
定之程序,非「取得期限之預設」所能取代,與土地法第二百十四條所
定保留徵收期滿不徵收時,視爲撤銷之情形有所不同,二者更無普通法
與特別法之關係。

3.由上述1.2.之論點,故知對於公共設施保留地未設取得期限之規
定,乃在維護都市計劃之整體性。而都市計劃之實施,則爲增進公共利
益之必要,與憲法第二十三條及第一百四十三條並無牴觸。

就上述所歸納之論點,吾人在此作一初步之檢驗:

1.就上述論點1.中所謂公共設施保留地爲都市計劃之整體性,具有
全部與一部之關係,故不得撤銷其保留,以免動搖都市計劃之根本。若
此論點成立,則同法第二十六條所規定之通盤檢討變更,依發展情況並
參考人民之建議,作必要之變更,則如此是否即不影響都市計劃之整體?
上述論點,似難令人折服。又同法第二十六條中,授予行政機關對於非
必要之公共設施用地得予撤銷之權限,有無違反行政法上信賴保護之基
本原則(**注五九**)?這些都是必須考量的問題。

2.就論點2.,認爲都市計劃法與土地法第二百十四條有無特別法與
普通法之關係,吾人不敢遽下斷言。在聲請來文中主張有特別法與普通

注五九:關於行政上之計劃之撤銷、變更或廢止,不得違反人民信賴保護之保障,
　　　　德國聯邦憲法法院持肯定之見解。Vgl H. Maurer, a.a.O, S 355 ff;
　　　　BverfGE 39, 392。

法之關係，但解釋理由書中予以否定。然而，觀諸都市計劃法第二條規定「都市計劃依本法規定，本法無規定者，適用其他法律」，而土地法第二百十三條第一項第一款有就「新設都市區域」設徵收保留之規定，因此，似應認爲，基於對人民財產權之保障觀點，應對都市計劃法第二條作合目的性解釋，使其適用土地法之規定，而非執著於有無普通法與特別法之關係。

3.就所謂增進公共利益所必需而不牴觸憲法而言，如同前面所述，憲法第二十三條所規定之「增進公共利益」是一個不確定法律概念，大法官會議宜對此作 ·明確之闡釋，並提出令人信服之理由。事實上在臺灣地狹人稠之情況下，土地之價值動輒以千萬元計，而公共設施保留地之所有權人，因受都市計劃法之規定，對其財產權不能自由處分使用，其基本權利受到相當之限制，而以目前政府財政負擔之沈重，欲於短期內對公共設施保留地予以徵收，就徵收補償費之籌措而言，實有相當之困難，這或許是此號解釋所隱藏之財政下的考量，然而，不論如何，對於此一對人民財產權所設之限制，有無違反法律保留原則及比例原則，大法官會議似乎應勇於面對。誠如德國聯邦行政法院院長 Dr. Ludwig Frege 於一九五三年六月八日聯邦行政法院啓用時之期許詞「這三種道德——智慧（Weisheit），謹愼（Besonnenheit）及勇氣（Tapferkeit）——是聯邦行政法院判決所應擔負並且是所欲證明的，這也是我的深切期望。」（注六〇）

㈥綜合有關之大法官會議解釋之用語

大法官會議之解釋，主要爲環繞憲法第二十三條：「以上各條所列舉之自由權利，除爲防止妨礙他人自由，避免緊急危難，維持社會秩序或增進公共利益所必要者外，不得以法律限制之。」中之「所必要者」

注六〇：原文用詞優美，發人深省，參見 Dentsches Verwaltungs-blatt, 1993. Heft 14。

而作闡釋。其一方面表示憲法第二章所列舉之基本權利可以予以限制，另一方面又提出審查之準則——必要性。事實上此之所謂「必要性」，在概念上應與比例原則同義，而且應視為憲法上比例原則之條文化。然而，是否因此可認為比例原則在我國之實踐已有相當之成果，觀乎上述所舉之第一○五號，第一六○號，第一七九號，第一九四號等解釋，大法官會議僅謂：「與憲法並無牴觸」，「尚難謂為違憲」或「難認為牴觸憲法」。對於何以合乎第二十三條之必要性，皆未加以說明。今後，為落實保障人民權益，大法官會議似乎應儘速釋明「必要」之意義及標準為何。

三、行政法規上的實踐

㈠**警械使用條例第五條：**

「警察人員使用警械應基於急迫需要為之，不得逾越必要程度，並應事先警告，但因情況緊急，不及事先警告者，不在此限。」

㈡**土地法第二百零八條：**

「國家因左列公共事業之需要得依本法之規定徵收私有土地，但徵收之範圍應以其事業所必需者為限。」

㈢**土地法施行法第四條：**

「徵收土地不妨礙徵收目的之範圍內，應就損失最少之地方為之，並應儘量避免耕地。」

㈣**集會遊行法第二十六條：**

「集會遊行之不予許可，限制或命令解散，應公平合理考量人民集會遊行權利與其他法益間之均衡維護，以適當之方法為之，不得逾越其所欲達成目的之必要限度。」

㈤**社會秩序維護法第二十二條第三項：**

「供違反本法行為所用之物，以行為人所有者為限，得沒入之，但沒入，應符合比例原則。」有學者批評此種立法，既未顯示出比例原則

之內涵，又予人誤解爲在社會秩序維護法中，只有「沒入」才需合乎比例原則，立法甚爲粗糙（注六一）。

四、行政程序法草案

我國迄今尙無行政程序法之制定，惟於民國七十九年，由行政院經建會健全經社法規工作小組委託臺灣大學法律研究所執行行政程序法之研究，並提出一份行政程序法草案。嗣於民國八十三年四月，由法務部擬定行政程序草案。本文擬就法務部版行政程序法草案中，有關比例原則之規定略作說明。法務部版行政程序法草案，有關比例原則之部分，計有第九十六條及第一百零二條，分別述之如下：

㈠第九十六條

1.第九十六條謂：「前條之附款不得違背行政處分之目的，並應與該處分之目的具有正當合理之關聯。」依草案之說明，本條乃是：⑴規定行政處分附款之限制。⑵行政機關雖有附款之裁量權，惟其行使仍須遵守有關裁量權行使之一切限制，尤其附款內容不但不得違背行政處分之目的，更須與行政處分之目的具正當合理之關聯。換言之，行政處分附款之內容係要求相對人爲某種行爲或負擔某種義務時，該附款內容與行政處分之目的間必須具有正當且合理之關聯性，行政機關不得假藉其附款之權限，任意要求相對人爲某種行爲或負擔某種義務。例如：要求相對人爲與行政處分目的不相干之金錢給付。至於附款內容與行政處分之目的是否具有正當且合理之關聯，就個案判斷之。⑶參考德國行政程序法第三十六條第三項。

2.評釋：本條乃是針對該草案第八十八條有關行政處分之附款內容之限制，並且在條文中，明白規定行政處分之附款（Nebenbestimmung）

注六一：李震山，論行政法上比例原則與裁量原則之關係，警政學報，二三期，頁四。

與行政處分（Verwaltungsakt）之目的間的合理正當的關聯。這也正是比例原則中的（Zweck-Mittel-Relation）的條文化。任何行政處分之附款必須符合比例原則而存在（注六二），而且依據德國行政程序法第三十六條第三項，行政處分之附款不得牴觸行政處分之目的，聯邦行政法院亦持同樣的見解（注六三）。

㈡第一百零二條

1. 第一百零二條謂：「行政機關行使裁量權作成行政處分時，除應遵守一般法律原則外，應符合法令之目的，並不得逾越法定之裁量範圍。」依草案之說明，本條乃規定：⑴行政裁量之界限。⑵行政機關行使裁量權作成行政處分並非絕對自由，除應遵守一般法律原則（如誠信原則、平等原則、比例原則等是）外，並應斟酌情況，選擇合乎法令目的之決定，且不得逾越法定裁量範圍，此早為行政法學通說及判例承認，爰設明文規定，以求明確。⑶參考德國行政程序法第四十條。

2. 評釋：本條之規定乃確立一般裁量權行使之界限及其準則，並且參考德國行政程序法第四十條之規定。按德國行政程序法第四十條之規定為：「官署被授權依其裁量權作成決定時，其裁量權之行使應符合授權之目的，並應遵守法律規定之裁量範圍。」依照通說之見解，行政處分之裁量必須作合目的性（Zweckmäßigkeit）之檢驗（注六四），而在針對基本權利有關之事項及一般行政法上之原則的裁量行使時，必要性原則及比例原則更是裁量的客觀限制（objektive Schranken）（注六五）。

注六二：H. Maurer. a.a.O. S.284.
注六三：ders a.a.O. S.284f. Vgl BVerwGE 24,129.
注六四：ders. a.a.O. S.102f. Vgl 68I VwGO.
注六五：ders. a.a.O. S. 104f.

〔伍〕 結 論

　　綜觀比例原則在德國憲法法院判決及文獻中之地位與體系，以及該國學者對於該原則之闡釋，相較於國內歷來大法官會議之解釋及行政法院之判決，不免令人對於大法官會議作為「憲法之維護者」（Hüter der Verfassung）之實質功能有所慨嘆，尤其是對憲法第二十三條必要性原則審查之欠缺周密（注六六）。雖然行政程序法草案（法務部版）中，在第九十六條及第　百零二條，明文規定目的與手段間之關聯性，以及確立行政機關行使裁量權作成行政處分時，應遵守一般之法律原則及符合法定之目的，然而，此種抽象條文的具體化與實踐，仍有賴於行政機關之遵行，以及高素質與敬業之公務人員。更重要的是建立一個實質有效且具體的司法審查。否則，一個具有憲法位階的原則，恐將淪為「萬事俱備，只欠東風」之具文而已。

注六六：參閱曾錦源，前揭書，頁八六以下，盛子龍，前揭書，頁一八一。

必要性原則之研究

張國勳

〔壹〕前言

〔貳〕必要性原則之意義

〔參〕必要性原則之概念源起

一、概念之萌芽期

二、法制之肯定

三、必要性原則之全面展開

〔肆〕必要性原則在其他主要法治國家之實踐

一、美國

二、法國

三、日本

〔伍〕必要性原則之理論基礎與法律上之地位

一、必要性原則之理論基礎

(一)成文根源派

(二)非成文根源派

必要性原則之研究

〔壹〕前言

憲法所保障之諸種權利——平等權、社會權、受益權等應予最大尊重及嚴予遵守，務求「作爲一個人的尊嚴（die Würde des Menschens）」無所損傷，並不得無端設限，若遭受侵害，應予排除或賠償（注一）。我國憲法第二十三條規定，人民之基本權利，除爲「公共利益」（注二）而得以法律加以限制（即法律保留原則）外，尚必須符合「必要」之要件。此「必要性」涉及憲法學甚至整個公法學上一個極爲重要之原則——必要性原則。

德、日及我國學者多將必要性原則建構於比例原則（der Grundsatz der Verhältnismäβigkeit）或過度禁止原則（der Grundsatz des Übermaβverbots）之下，且屬於其三個分支原則之一。惟實則必要性原則之提出、發展以至成熟皆較比例原則爲早，甚至在德國威瑪憲法時代以前所稱之比例原則，即指必要性原則而言（詳後述）。同時，觀察美、

注一：城仲模，四十年來之行政法，載於法令月刊，四一卷一〇期，七十九年十月，頁七〇。
注二：此之「公共利益」乃廣義之公益概念，即該條所稱「防止妨礙他人自由」、「避免緊急危難」、「維持社會秩序」、「增進公共利益」等一般公益條款。有關憲法「公益條款」之內容，請參閱陳新民，論憲法人民基本權利的限制，收錄於氏著，憲法基本權利之基本理論（上冊），八十年一月再版，頁一八六以下。

法、日等國之學說及實務，必要性原則亦屬一獨立原則，並非必須隸屬於比例原則下，方得運作發揮其功能。故必要性原則有其單獨討論之價值。

必要性原則（Grundsatz der Erforderlichkeit）所隱含之思想，在世界各主要民主法治國家之公法中，皆可尋得依據，惟其中結構最完整、理論最深入、法院運用最積極者厥爲歐陸之德、奧、瑞三國，尤以德國爲首（注三），故本文除介紹必要性原則在若干其他法治先進國家之實踐外，有關必要性原則之概念源起、理論基礎、法律地位及其於行政行爲領域中適用範圍之討論，擬以德國爲主，合先敍明。

最後，本文將自我國之學說見解、法律制度、行政法院判決及大法官會議解釋之實踐，一窺必要性原則落實於我國之情形，並期待其成爲實務界、立法者與行政機關所共同承認之憲法原則。

〔貳〕必要性原則之意義

所謂「必要性原則」，是指立法者或行政機關針對同一目的之達成，有多種適合之手段可供選擇者，應選擇對人民損害最小之手段（注四）。亦即，在不違反或減弱所追求之目的或效果之前提下，面對多數可能選擇之處置，應儘可能擇取對人民權利侵犯最輕或最少不良作用之方法（möglichst wenig Nachteile im Gefolge haben）（注五），故此原則又稱爲「最小侵害原則」（Prinzip des geringstmögliche Eingriffes,

---

注三：葉俊榮，論比例原則與行政裁量，載於憲政時代，一一卷三期，七十五年一月，頁七九。

注四：朱武獻，言論自由之憲法保障，收錄於中國比較法學會所編之，中美言論自由法制之比較研討會專刊，七十五年十月十五日，頁二八。葉俊榮，前揭文，頁八一。

注五：城仲模，論法國及德國行政法之特徵，收錄於氏著，行政法之基礎理論，六十九年九月初版，頁四一。陳新民，前揭注二文，頁二四一。

die geringstmögliche Beeinträchtigung）（注六）或「最溫和之手段原則」（Grundsatz des mildesten Mittels）（注七）。例如：假設甲手段與乙手段均同樣限制基本權，若採用甲手段比採用乙手段更引起「不良之效果」（nachteilige Wirkungen）時，則甲手段並非與乙手段具有相同之效力，故採用甲手段即違背「必要性」（注八）。

必要性原則於德國法院實務中曾以兩種型態出現，其一爲：究竟有無採取此干涉手段之必要？其二爲：目前所採行之措施，可否以其他侵害較少之措施來達成？德國學者 M. Gentz 指出，前者爲「日常用語」上（Umgangsprachgerauch）之必要，後者則爲「法學上」之必要（juristische Erfordlichkeit），苟欲以三階段（即適合性原則、必要性原則、比例性原則）理論（注九）來建構比例原則，則必要性原則應限於

注六：U. Zimmerli, Der Grundsatz der Verhältnismäßigkeit im offentlichen Recht, Zeitschrift fur Schweizerisches Recht, N. F. 97. II. 1978, S.14. 引自陳新民，前揭注二文，頁二四一。葉俊榮，前揭文，頁八一。

注七：蔡震榮，論比例原則與基本人權之保障，載於警政學報，一七期，七十九年，頁三。

注八：林錫堯，西德公法上之比例原則，載於司法週刊，八八期，七十一年十二月八日，第二、三版。

注九：比例原則之三階理論，在德國係自一九五八年聯邦憲法法院之「藥房案」（Apothekenurteil）以後所建立，即法院對於比例原則之適用，先審查「適合性」，以此原則之存在，作爲次二原則之前提要件；其次審查「必要性」，最後決定「比例性」。U. Zimmerli 稱其有「層次秩序」（Rangordnung），A. Wolffers 並認每後一原則正有「強化」（Verschärfung）前一原則之功能。惟三階理論受到部分學者之批評，認爲其中適合性原則之功能極爲不彰，蓋必要性及比例性原則之能夠成立，本質上即應以適合性爲前提，此爲「事理之當然」（selbstverständlich），無須再定一原則作爲前提。故有「二分法」之理論出現，P. Lerche 爲避免比例原則有廣義、狹義之分，主張以「過度禁止」（Überma βverbot）原則取代廣義比例原則，且僅具二構成原則，即必要性及比例性原則，並將原來之適合性原則於實際運作時作爲手段必要性之先行問題（Vorfrage）；L. Hirschberg 則明指適合性原則與必要性原則相較，即「顯得膚淺及無足輕重」！我國學者陳新民氏亦採二分法。有關三分法及二分法之爭，詳請參閱陳新民，前揭注二文，頁二四六以下。

「法學上」之必要,而「日常用語」上之必要則屬於狹義比例原則之層面,蓋其主在判斷此一侵害手段是否與目的不成比例,而須予以放棄之問題(注一○)。

日本學者田村悅一氏,進一步將必要性原則予以具體化,而提供三個方向供吾人判斷手段之必要性:(注一一)

第一、於公益之必要下,而可以為下令或禁止處分時,原則上應選擇禁止處分。因二者相較之下,常以後者對國民自由權之侵害較小。

第二、於某公益之追求下,有多數等價手段可供選擇時,除有緊急事態等特別情事外,原則上該選擇權應讓與相對人,蓋透過選擇權,較尊重當事人之自由選擇,並因而能將侵害在主觀面上止於最小。

第三、若經由當事人之自由意思,即可達成與官署「侵害處分」相同之效果時,在此範圍內,官署強制地作成行政處分之方式應被避免。

〔叁〕必要性原則之概念源起

一、概念之萌芽期

就比例原則無論採「三階理論」或「二分法說」(注一二),學者輒將

注一○:Manfred Gentz, Zur Verhältnismäßigkeit vor Grundrechteingriffen, NJW. 1968, S.1601. 引自王金龍,論羈押的相當性原則——以西德刑事訴訟法之規定為基礎,輔仁大學法律學研究所碩士論文,七十六年六月,頁六四~六五。葉俊榮,前揭文,頁八一。

注一一:田村悅一,自由裁量とその之界限,有斐閣,昭和四十二年版,頁二二八以下,引自黃錦堂,論行政處分之附款,臺灣大學法律學研究所碩士論文,七十四年六月,頁一二七。

注一二:請參閱注九之說明。

必要性原則視爲其支分原則而合併討論（注一三），有關概念之源起，亦無例外。本文嘗試將必要性原則自比例原則中抽離出來，作爲一獨立原則加以研究，已如前述，此處亦同。

　　必要性原則係在考量國家權力與人民自由權利的矛盾時可做的一種目的和手段間之考慮；蓋每個國家皆有其存立之目的，爲達此一目的，必要時將施予人民一定之負擔，是故有國家即應有必要性原則存在，以防止國家恣意侵害人民權利，其係源自於人類理性，要求受到合理之對待，乃存於每個人內心之自然法則（注一四）。惟必要性原則之眞正實現，應係肇始於北美洲之獨立運動和法國大革命時制定憲法以保障基本人權，使原本專制統治邁入自由法治時代，法國一七八九年人權宣言第一條謂：「人之出生及生存，有自由及平等之權利。社會之差別，除爲公共利益所必要者外，不得認許之」，切合必要性原則之概念（注一五）。

　　德國必要性原則之概念源自於「警察法」。受法國大革命之影響，普魯士一般邦法創始者 Savarez 於一七九一年對普魯士王國皇嗣 Fiedrich Wilhelm 講演中即稱：「公共國家法之第一基本原則，即國家僅得在「必要」情形下有權來限制個人之自由，以擔保所有人自由之存在」（注一六），稍後於一七九四年普魯士一般法第十章第十七條中規定：「採取『必要』之設施來維持公共安寧、安全和秩序以及排除對公家或個別成員現存之危害，乃警察之任務」（注一七）。

注一三：國內文獻中，迄今僅盛子龍著，必要性原則作爲規範違憲審查之準則
　　　　──西德聯邦憲法法院判決及學說之研究──一文，專門以必要性原則爲
　　　　中心加以論述，惟多著墨於法規範之違憲審查部分，有關其源起並未深入
　　　　介紹。載於憲政時代，一五卷三期，七十九年一月，頁五三以下。

注一四：蔡震榮，前揭注七文，頁四八。

注一五：蔡震榮，前揭注七文，頁四九。

注一六：Michael Ch. Jakobs, Der Grundsatz der Verhältnismäßigkeit, DVBI 1985, S.2. 引自蔡震榮，前揭注七文，頁九。

注一七：條文中譯引自蔡震榮譯，德國警察概念之演變，載於新知譯粹，五卷六期，七十九年二月，頁一五。

　　一八〇二年德國學者 von Berg 於「警察法手冊」一書中，明白提及「警察之權力惟在『必要時』可以實行之」（注一八）。於十九世紀中葉，所謂之「警察權」，與現時一般人對警察之理解不同，原則上是指賦予「維持公共安寧、秩序與安全」等一切「防禦危害」（Gefahrenabwehr）行為而言（注一九），更包括所謂「福祉警察」（Wohlfahrtspolizei）（注二〇），是以當時必要性原則之適用範圍，並非單純限於今日意義之警察權行為，更及於其他行政行為，而成為行政法之一般原則（注二一）。

　　直至一八八二年七月十四日普魯士高等法院在著名之「十字架山」（Kreuzbergurteil）一案之判決中（注二二），對警察機關援用為「促進福祉」而訂定之建築禁令，以未得法律授權，不得為不必要措施為由，判決該命令無效。從該判決中，除確立自由法治國家之理念，而將警察權力由擴張性質之「促進福祉」推回法定之「防禦危害」外，更發展出兩個對警察權極具影響之原則——法律保留原則及必要性原則（注二三）。

注一八：G.H.V. Berg, *Handbuch der Deutschen Policeyrechts*. 2. Aufl. Hannover 1802. SS. 89～91; Dazu Jokobs, a.a.O. S.97. 轉引自陳新民，前揭注二文，頁二五六。

注一九：如一八五〇年三月十一日公布之「普魯士警察行政法」，陳新民，前揭注二文，頁二五六。

注二〇：林錫堯，前揭注八文，第二版。

注二一：參考田村悅一，前揭書，頁二二八～二二九。引自林錫堯，前揭注八文，第二版。

注二二：本案因柏林市郊有一座「十字架山」，該山上建有一勝利紀念碑，柏林警方為使全市市民仰首即可看見此令人鼓舞之紀念碑，遂以警察有「促進社會福祉」之權力與職責，公布一條「建築命令」，規定今後該山區附近居民建築房屋之高度，有一定之限制，不得阻礙柏林市民眺望紀念碑之視線，原告不服，此訴訟於焉展開。Pr. OVG 9, 353ff. 引自陳新民，前揭注二文，頁二五六以下（注一八九）。

注二三：L. Hirschberg, Der Grundsatz der Verhältnismäβigkeit, 1981, S.3. 引自蔡震榮，前揭注七文，頁五〇。陳新民，前揭注二文，頁二五七。

　　德國行政法大師 Otto Mayer 於一八九五年出版之「德國行政法」第一冊即主張「警察權力不可違反『比例原則』」，惟此之「比例原則」實指「必要性」而言（注二四）；氏進而於一九二三年同書第三版中，論及「警察權力之界限」時，具體主張，逾越「必要限度」即屬違法之「濫權」（Machtüberschreitung）（注二五）。O. Mayer 雖已開啓運用「必要性原則」來限制行政（警察）權力之契機，惟仍屬理論雛形，繼之而起對必要性原則有更仔細闡述者爲 F. Fleiner，氏於一九一一年出版之「德國行政法體系」一書中，除提出一句膾炙人口之名言「警察不可以砲擊雀」外（Die Polizei soll nicht mit Kanonen auf Spatzen schieβen）（注二六），並表示對違反警察商業法令之商店，若警察可使用其他「較溫和手段」來處置者，即不可使用「吊銷執照」之方式。其認爲最嚴厲之手段僅能供作最不得已時刻使用之「最後手段」（ultima ratio）。Fleiner 更主張警察對人權之限制旣然不可「逾越絕對之必要限度」（das absolut erforderliche Maβ），警察機關於個案時，有無遵守此「限度」，則可由行政法院予以審查（注二七）。

　　W. Jellinek 於其一九一三年之「法律、法律適用及目的性衡量」鉅著中，對警察權力行使之界限，有極深入之探討，氏主張警察權之行使，不可有「侵害性」（Schädlichkeit）、「不足性」、「過度性」，且不得違反「妥當性」（目的性）。其中不可「過度性」之概念與現行「必要性」原

注二四：陳新民，前揭注二文，頁二五七。蔡震榮，前揭注七文，頁五〇。

注二五：氏認爲涉及違規責任時，倘能區分責任，則不可累及他人，故不可「將稗子與小麥一起拔除」（Unkraut mit dem Weizen ausraufen）。Otto Mayer, *Deutsches Verwaltungsrecht*, Bd. I. 3 Aufl. 1923, S.223. 引自陳新民，前揭注二文，頁二五七～二五八。

注二六：因僅須使用鳥槍即可達到目的，使用大砲便超過該「必要」限度。

注二七：F. Fleiner, *Institutionen des Deutschen Verwaltungsrechts*, 8. Aufl. 1928, S.404f, FN. 59～61. 引自陳新民，前揭注二文，頁二五八～二五九。

則相符，其重點如下（注二八）：

第一、若以標的、當事人、空間及時間上之關係，認定已超過警察意欲防衛之利益時，即屬權力之「過度」（注二九）。

第二、若其他方法亦可同時達成目的時，警察即不可行使「禁止權」，即應以負擔性處分代替禁止性處分（注三○）。

第三、若僅單純行使禁令為已足時，不得再加諸人民積極行為之「要求」（Gebot）（注三一）。

第四、若警察同時有幾個方法可達成目的時，則相對人得擁有「選擇權」，讓人民自行選擇侵害最小之措施。

二、法制之肯定

在第一次世界大戰前，德國公法學者努力鑽研下所確立現代意義之必要性原則，仍僅限於警察權方面，其在行政法院之實務界與學術界獲得肯定，惟於實證法方面，仍未獲採納。直至戰後之威瑪共和時代，一九三一年六月一日公布之「普魯士警察行政法」中規定，警察處分必須具有「必要性」方屬合法（第十四條第一項及第四十一條第一項參照），同時於第四十一條第二項對必要性予以定義：「若有多種方法足以維護公共安全或秩序，或有效地防禦對公共安全或秩序有危害之危險，則警察機關得選擇其中一種。惟警察機關應盡可能選擇對關係人與一般大眾

注二八：W. Jellinek, Gesetz, Gesetzesanwendung und Zwecksmäβigkeitser-wägung, 1913, S.291ff.引自陳新民，前揭注二文，頁二六○～二六一。

注二九：氏舉普魯士高等行政法院之判決以資佐證，例如有傾倒之虞之圍牆，若人民僅拆除其上半部，則無傾倒之虞時，則不必全部拆除。同注二八。

注三○：例如在靠近森林處，提出建築焚化爐之聲請，不可逕予拒絕，僅須要求同時裝置救火設備即已足。同注二八。

注三一：例如某一屠宰場不合規定，警方可禁止店主繼續使用，惟不得要求店主另行建造新屠宰場。同前注。

造成損害最小之方法爲之」。同時該法亦准許人民可以聲請警察採用對
其損害最小之方法（注三二）。此一立法例，如同以後德國各邦相同法律之
「母法」般，而廣被採納。

基本法制定以後，一九五○年黑森邦（Hessen）之「直接強制法」
第四條規定：「行政直接強制應選擇對當事人及公衆損害最小之方法爲
之，且不得與行爲之結果明顯地不合比例」。其後，一九五三年之「聯邦
行政執行法」第九條第二項亦有類似之規定（注三三）。

三、必要性原則之全面展開

威瑪共和時代以後，必要性原則雖在法制上有長足之進展，惟仍僅
侷限於規範行政行爲之領域，並未及於其他國家行爲，直至一九五八年
聯邦憲法法院於「藥房案」（Apothekenurteil）之判決中，有關必要性
原則之部分，認爲爲達到「禁止大量生產藥物」之目標，而對藥商之生
產採行「允許生產到某銷售限度」，或採行「對藥物製造業者給予勸告」
之手段，相對於「令藥商提出其藥物供應之擔保」而言，並非「同樣有
效」之手段，故前二者之採行，不符合「必要性原則」（注三四）；同時正
式承認必要原則具有憲法位階，並得作爲檢證國家行爲是否合憲之基準
（Maβstab），是其在有關侵害憲法上基本權利之問題點上，更具有突
破性之意義（注三五）。自此以後，必要性原則實已進入全面展開適用之成
熟期矣。

注三二：有關該等法條之譯文，請參閱朱武獻，前揭注四文，頁二五。
注三三：請參閱蔡震榮，前揭注七文，頁五二；朱武獻，前揭注四文，頁二六；陳
　　　　新民，前揭注二文，頁二六四。
注三四：本案例見 BVerfGE 17, 245. 引自王金龍，前揭文，頁六三。
注三五：曾錦源，公法上比例原則之研究，輔仁大學法律學研究所碩士論文，七十
　　　　七年七月，頁五。葉俊榮，前揭文，頁八二。

〔肆〕必要性原則在其他主要法治國家之實踐

一、美國

於美國，法院判決亦常表彰出必要性原則之思想，有稱爲「最不激烈手段原則」(the least drastic measures)，或稱「最小限制手段原則」(least restrictive means test)（注三六）。何爾姆斯大法官曾謂：「沒有一個文明政府，會使其人民所受之犧牲，超過其予人民之協助。」該原則無論名稱如何，均在表彰政府之侵害行爲不得逾越憲法所容許之範圍，或面對特定目的，若有同等效用之手段足供役使，應選擇對人民自由權利侵害最小者爲之，尤其在政府訂立有關限制人民言論、宗敎、集會結社、旅行及其他自由之法案時，法院常審究有無其他更緩和之措施足供採行以追求同一目的（注三七）。

國會及州立法機關已將此原則融入法律之中，「運輸部法」(the Department of Transportation Act) 及「聯邦補助公路法」(the Federal-Aid Highway Act) 即爲明證。兩者均禁止運輸部長動用聯邦基金，以通過公園之方式建造公路，除非「無其他可行及愼重之方案」，並且必須提出「所有可能之計畫，以使公園之損害減少到最低」(注三八)。

注三六：George A. Bermann, *American Journal of Comparative Law*, Vol. 26, Supplement, 1978, pp.415～432.法治斌譯，載於憲政時代，一四卷二期，七十八年一月，頁四五。曾錦源，前揭文，頁三二。

注三七：Gug M. Struve, *The Less-Restrictive Alternative Principle and Economic Due Process*, Harv. L. R.80, 1967, p.1465.引自葉俊榮，前揭文，頁八四。

注三八：G. A. Bermann, ibid. 法治斌譯，前揭文，頁四六。

在憲法中，法院顯然已為自己創設了一「最不激烈手段之原則」，早期最高法院係於 Schneider v. State 一案中引用此一標準，認為：不得全面禁止在公共走道散發印刷品，而應使用其他較有限制之方式，以清除街道上之紙屑。

二、法國

法國行政法上雖無一般之必要性原則，惟於多處領域，尤其基本權利之領域，必要性原則仍扮演著相當重要之角色。而該原則適用之核心是：人民自由之限制不得超過維護公益所必要之程度（注三九）。

行政法院（Couseil d' Etat）之判決中表現必要性原則者，不乏其例。例如於一九三三年 Benjamin 一案中，最高行政法院撤銷市長禁止文學演講會之命令，理由之一即在當時情況下，市長有其他手段可以維持公共秩序，並無採取禁止手段之必要。次如於一九五三年之一個判決中，行政法院撤銷市長所為「集市上之流動商販須具有對第三人傷害保險之保險單」之命令，並認為「為保護公共安全，此項規定對進行危險表演之藝人而言係必要的，對於販賣糖果和花卉之商販而言則是過分的」（注四〇）。

三、日本

日本之必要性原則與德國同，係肇始於規範警察權行使之原則，認為警察依法限制人民之自由權利時，須採用排除社會上危害所必要，且為最小限度之手段（注四一）。警察之取締如逾越維持治安所必要之程度

注三九：葉俊榮著，前揭文，頁八四。
注四〇：王名揚，法國行政法，中國政法大學出版社，一九八九年五月一版，頁四五七。
注四一：美濃部達吉，行政法Ⅰ，岩波全書，昭和九年四月一日，頁一九三。

者，即構成違法，應予撤銷（注四二）。其後逐漸擴展範圍至其他行政法領域，今更與該國憲法第十三條後段相結合，而被認爲：其措施或手段必須係達成目的所必要之最小限度者（注四三）。

於實證法上，明示此原則之旨趣者所在多有，如該國警察法第二條第二項，警察官職務執行法第一條第二項、第五條及第七條，道路交通法第七十七條第二項第三款及第九十一條，國稅徵收法第四十八條第一項等（注四四）。

另外，於司法實務上亦不乏其例，例如京都市公安條例，緣其以近於一般限制之程度，廣泛以集會、集體遊行等爲取締對象者，違反憲法第二十一條。其判決理由略謂：「依憲法第十二、十三條規定之旨趣而言，所謂基本人權，應認並非絕對無限制，應隨時依公共福祉原則而加以調整，惟其於公共福祉限制基本人權，應在眞正不得已之情形下，止於「必要之限度」，於基本人權加以廣泛限制，係屬不可。」（注四五）其中「止於必要之限度」即與必要性原則之概念相符。

〔伍〕必要性原則之理論基礎與法律上之地位

注四二：田上穰治，行政作用における比例原則，收錄於行政法講座六卷，昭和四十一年，頁二。

注四三：日本國憲法第十三條：「凡國民應以作爲個人而受尊重。對於國民生命、自由及追求幸福之權利，於不違反公共福祉之限度內，在立法及其他國政上，有予以最大尊重之必要。」請參閱川上宏二郎著，行政法上之比例原則，原載於行政法の爭點，昭和五十五年，ジュリスト增刊，黃如流譯，載於司法週刊，三七八期，七十七年八月十日，第二版。

注四四：同注四三。

注四五：事件番號不明，昭和二十六年十月二十六日京都地判，裁判所時報，九四號，頁三。引自日本國憲法判例譯本第一輯，司法院秘書處編輯，七十三年六月，頁一一五～一一七。

一、必要性原則之理論基礎

關於必要性原則之理論基礎，在德國學界係一爭議不絕之課題，大致可分成二大派別（注四六）：

㈠成文根源派

主張「成文根源派」者，認為必要性原則可直接由德國基本法中之條文推導出來。例如德國聯邦普通法院即認為，其可由基本法第十九條第二項之「核心保障」原則導出（注四七）。又如學者 G. Dürig 主張由基本法第一條之「人類尊嚴不可侵犯」條款，可推衍出此約束人權限制之原則（注四八）。

上述主張直接由憲法條文產生「必要性原則」之見解，並不易獲得共鳴，其原因在於德國之基本法內，實無「必要性原則」之明文規定，故勢必須由「非成文」之方式求得之。

㈡非成文根源派

早在 Otto Mayer 時代，其已就必要性原則之理論基礎主張，該原則係基於「自然法」（von der naturrechtlichen Grundlage）之要求，對人權之侵犯不可「過度」（注四九）。現今德國學界大多仍將必要性原則認係「法治國原則」之一部分（注五〇）。另有學者認為必要性原則並非法

注四六：參照陳新民，前揭注二文，頁二五〇以下。

注四七：BGHSt/4, 375/376, 385, 392; Gentz, a.a.O. S.1601. 引自同注四六文。

注四八：G. Dürig, Der Grundsatz von der Menschenwürde, AöR 81, 117. 引自注四六文。

注四九：Otto Mayer, a.a.O. S.223. 引自同注四六文。

注五〇：Alfred Katz, Grundkurs im öffentlichen Recht I, 1987, SS.275～290. 基本權之限制，林錫堯譯，載於法學叢刊，三〇卷四期，七十四年十月，頁六五。P.Lerche, Übermaβ und Verfassungsrecht, 1961, Schnapp, Jus, 1983, S.850 . 引自李震山，西德警察法上之比例原則與裁量原則，載於警政學報，九期，七十五年六月，頁四。

治國原則之下位概念，毋寧認其如平等原則般，同爲憲法上獨立之原則，與法治國原則彼此互不相屬，亦無位階之高低（注五一）；更有主張必要性原則具有基本權之性格，又屬依法行政原則之一部分，而可導出請求依法行政之基本權（注五二）。

就前述學界之爭論，聯邦憲法法院之見解，則認爲必要性原則係淵源於「法治國家理念」及「基本人權之本質」之最基本法律原則（注五三）。

必要性原則即使並未於憲法之人權條款中被明言提及，惟自各個人權之「本質」應可包含此一「內在之原則」。故必要性原則不應被視爲基本權之一，毋寧係一法秩序之最根本原則，乃法治國家原則由「自身」（von Haus aus）產生之最高規範（注五四）。

二、必要性原則之法律上地位

必要性原則是否導源於法治國原則固有爭論，惟其萌芽於警察法，於一般行政法領域發展，迨及至「藥房案」經聯邦憲法法院判決承認其具有憲法位階之地位，且得爲檢證所有國家行爲是否合憲之標準，則已爲大多數學者贊同。然而，在德國學界仍有反對、抨擊將此一理念提昇至憲法位階，其中尤以 Eb. Schmidt、Ernst Forsthoff、Peters 爲代表，歸納其反對理由如下（注五五）：

注五一：Eberhard Grabitz, Der Grundsatz der Verhältnismäβigkeit in der Rechtsprechungen des Bundesverfassungsgerichts, AöR, Bd. 98, 1973, S.569. 引自葉俊榮，前揭文，頁八二。

注五二：詳見田村悦一，前揭書，頁二三一～二三四。引自林錫堯，前揭注八文，第二版。

注五三：Wolff/Bachhof, *Verwaltungsrecht* I, 9 Aufl. 1974, S.179. 引自前注文。

注五四：陳新民，前揭注二文，頁二五二。

注五五：陳新民，前揭注二文，頁二七九～二八○。另參閱蔡震榮，前揭注七文，頁五三。

第一、認爲必要性原則並無一定之標準，易流於「主觀」、「反理智」之後果，使其他同屬憲法之理念——如平等權、法安定性及確定性原則遭受傷害；同時，倘法官濫用此一原則，將構成必要性原則之「暴力統治」。

第二、此種規範層次之提昇無異一種「本質之突變」（Qualität-sumschlag）；另一方面，憲法法院可運用此原則於個案中糾正法律，惟此原則卻被法院視爲「得爲」，而非「當爲」條款，可用也可不用，法確定性及可預見性皆遭到破壞矣。尤其立法者擁有廣泛之立法形成自由權，基於權力分立及民主政治原則，由司法（憲法法院）以必要性原則來限制立法活動而具有優越地位，係不恰當的。

實則，上述針對必要性原則具有憲法位階之指摘，並不獨存在於此，其他憲法上之一般原理原則，例如平等原則、民主原理、法治國等憲法原則，因其抽象之特性，而多屬不確定之憲法概念，倘未適時、適當加以援用，皆可能導致各種不妥之結果，尤其不可以這些理由即否定必要性原則在保障基本人權上所具有更大之積極作用。根本之道，似仍將寄望於職司「憲法維護者」之憲法法院，由法院之判決，日積月累，就必要性原則逐漸演繹成一些較清晰之概念指標，則或可因此袪除其不確定性之缺憾，而爲絕大多數學者所接受（注五六）。

〔陸〕必要性原則之適用範圍

必要性原則屬於憲法位階之原則，已如前述，是以得檢證所有之國家行爲，作爲國家行爲是否合憲之判斷標準，以下就針對必要性原則規範國家立法行爲、司法審判及行政行爲之範圍加以探討。

注五六：陳新民，前揭注二文，頁二八〇～二八一。朱武獻，前揭注四文，頁二六。

一、必要性原則對立法行為之規制

德國基本法第二十條第三項前段規定，立法權應受憲法之限制，是以倘立法違反具有憲法位階之必要性原則，該法規範即屬違憲。亦即當法規範作為足以限制或侵害人民基本權利之手段，其並非最小之侵害，而另有其他侵害較小或副作用較少但仍能達到相同效果之手段可供選擇者，該法規範將因違反「必要性原則」而被評價為違憲。

以刑事法為例，刑罰具有最後手段（ultima ratio）之特質，立法上只有在所有之制裁手段，均無法有效制止不法行為時，始可考慮動用刑罰手段（注五七）。縱使不得已採取刑罰手段，亦應與罪責相當，輕重之間不可隨意撥彈（注五八），否則在貫徹必要原則之情形，皆有可能構成違憲。

值得注意者，以必要性原則審查法規範是否違憲時，究係以憲法法院於「裁決」該法律時之一切「客觀之證據及資料」為基準（客觀說），採取「事後審查」方式，決定立法者對立法措施之實施效果是否作了「錯誤的預測」；抑應以立法者於「立法」時可能之認知與預測者為審查基準（主觀說），即採取「溯及審查」方式，裁決該法律是否違反「必要性」原則。早期德國聯邦憲法法院承認立法者就立法措施實施效果之預測享有廣泛之「預測餘地」，故應以立法當時立法者可能之認知與判斷為審查基準（注五九）。此種偏向以立法者當時「主觀」或當時係「正確推斷」為標準之態度，顯然過度維護「立法裁量權」，而無法充分滿足保障人權之要求，故德國聯邦憲法法院在近年之「核能電廠案」（Kalkarentschei-

---

注五七：林山田，使用刑罰或秩序罰的立法考量，收錄於，行政不法行為制裁規定之研究〔行政秩序罰法草案〕，行政院經建會健全經社法規工作小組，七十九年五月，頁二一。

注五八：葉俊榮，前揭文，頁八二。

注五九：盛子龍，前揭文，頁六六。陳新民，前揭注二文，頁二六八。

dung）中，即肯定法院可以「事後發展」情形來決定法律是否違憲（注六〇）。

　　於憲法「權力分立」原則之下，似應肯認立法者擁有相當程度之「形成自由」，倘法規範是否符合「必要性原則」，可隨時由法院否決，則忽略了立法者應向選民負責之政治意義。惟爲使法院之審查權得以正確行使俾保障人民基本權利，德國學者 R. Stettner 提出一種折衷看法，將立法者之「不當預期」分爲兩種：一種係於立法時即屬「明顯錯誤」之考量者，稱爲「錯誤預期」（Falschprognose），乃立法者基於錯誤之資料、認識所作之決定。法院得直接否認該法律之「合憲性」。另一種則是立法者當時之考量完全無誤，不過物換星移，使立法者非可預料之後果發生（如副作用），稱爲「預期失誤」（Fehlprognose）。對此種立法者當時並無錯誤之法律，憲法法院僅得課以「限期改進」之義務，不得逕宣告法律違憲。上述見解爲德國聯邦憲法法院徘徊於保障基本權與立法自治二憲法價值間之難題，提供了一個值得參考之解決方向（注六一）。

二、必要性原則對司法審判之規制

　　司法審判之行使亦受到必要性原則之節制，是以法律雖授權審判者對合乎構成要件之犯罪事實，於一定刑罰範圍內有「司法裁量」之餘地，惟裁量行使之結果應符合「必要性」，注意所科刑罰是否在能達到相同嚇阻或教育效果下，對被告損害最小之方法。例如甲因連日饑餓難耐，而搶奪路人麵包食之，法院卻處以搶奪罪之最高刑期是。

三、必要性原則對行政行爲之規制

注六〇：陳新民，前揭注二文，頁二六九。
注六一：陳新民，前揭注二文，頁二六九～二七一。盛子龍，前揭文，頁八三。

　　一般而言行政機關係依立法機關制定之法律執行其職務（注六二），惟其亦經常同時，基於法律之授權而行使裁量權。至於適用必要性原則爲審查之前提則是，有多數可達成同一目的之多數手段可供選擇，亦即於行政機關行使裁量權時，針對其裁量之決定加以檢驗，是以於覊束行政之場合，嚴格法定原則之拘束，自無必要性原則適用之可能。無怪乎有學者謂必要性原則在行政法上之適用，最重要者即係關於行政裁量之問題，無論係行政立法或基於法律授權之行政處分與事實行爲，必要性原則均能發揮其作用（注六三）。

　　法律劃定之裁量範圍，僅係裁量權行使之最大範圍，表示無論面對任何具體個案，均不得逾越之，且必要性原則僅於目的與手段均在授權範圍內時，方有適用之餘地。而此一範圍於適用必要性原則時，有被限縮的可能。例如依法律規定，行政機關爲追求 A 目的，得採用 a、b、c、d 四種手段，今面對 X 個案，主管機關爲達 A 目的，無論 c 或 d 手段均無法完成，則裁量限縮至 a、b；又如明顯地以 a 手段對人民、社會乃至國家之損害最小，則裁量範圍即減少至僅得採用 a 手段（注六四）。

　　必要性原則係限制國家行爲侵犯人民基本權利之憲法原則，故於行政行爲之領域裡，除覊束行政外，裁量行政中所有侵害性之行政行爲，舉凡行政處分附款之界限（注六五）、行政秩序罰、行政上強制執行（注六六）、徵收國稅（注六七）、即時強制、行政調查、規制之行政指導（注六八）、

注六二：有關依法行政原理之學說、法制及現代意義，詳請參閱城仲模，論依法行政之原理，收錄於氏著前揭注五書，頁一～一六。

注六三：林錫堯，前揭注八文，第二版；曾錦源，前揭文，頁二二。

注六四：葉俊榮，前揭文，頁八九。

注六五：田中二郎，新版行政法（上卷），昭和五十七年十一月三十日，弘文堂，頁一二九～一三〇。田中館照橘，セミナー行政法（増補版）——學說、判例と中心に一，自治日報社，昭和五十三年五月二十日八版，頁一〇二。

注六六：葉俊榮，前揭文，頁八九～九一。

注六七：朱武獻，稅法溯及效力禁止之理由，載於稅務論壇，二六七期，頁六七。

注六八：川上宏二郎著，黃如流譯，前揭文，第二版。

公用徵收（注六九）等法律行爲與事實行爲，皆應有其適用。至於在給付行政範圍有無必要性原則之適用，則非無疑義。實則，給付行政之授益行爲，自其反面觀之，即屬予相對人以外之公衆（納稅人）不利益；同時，給付行政並非表示在可能之範圍內多予給付，而係必須於必要之範圍內始得給與，效果不佳之給付，應予禁止。例如補助金之給付，依一般見解認爲，限於非依借貸不能達其同一目的時，始得爲之（注七〇）。我國學者城仲模氏亦主張給付行政應踏實遵守必要性原則，頗值贊同（注七一）。

必要性原則旣然具有憲法之位階，其在行政法學中所扮演之角色，自可以一般法律原則視之，就行政機關裁量權之行使，審查其是否違背必要性原則即屬法律審查，倘裁量違反必要性原則，而造成相對人須忍受多餘而不必要之損害者，即屬行政裁量權之濫用，構成行政違法之效果，被害人除得提起行政爭訟（訴願、行政訴訟）外，如受有其他損害，尚得請求國家賠償，以資塡補（注七二）。

〔柒〕必要性原則在我國法上之實踐

一、學說與法制

我國學界對必要性原則之發展，與德國極爲類似，早期亦侷限於警察權行使之界限部分（注七三），嗣後經由學者逐步介紹外國之學理（注七

注六九：Fritz Ossenbühl 原著，國家責任法，一九八三年三版，蔡麗照譯，法務
　　　　部印行，頁二三一。
注七〇：同前注六三。
注七一：城仲模，前揭注一文，頁七〇。
注七二：廖義男，行政法論集(1)國家賠償法，八十二年七月修訂版，頁四六～五〇。
注七三：請參閱林紀東，行政法各論，五十八年八月初版，頁二四～二五。

四），而漸漸成型：要求在多種適合達成目的之手段之間，應擇其侵害個人自由權利最小者爲之，否則，即非必要（注七五）。

必要性原則係強調目的與手段之合理聯結關係，因高尙之目的永遠無法正當化卑鄙之手段，即使在冠冕堂皇之目的下，亦應運用「必要」之手段，不得「不擇手段」，否則無論所追求之目的多麼重要、急迫，於法秩序下僅能得到「非難」之判斷（注七六）。

於民主法治國家，爲保障人權之實現，可借助必要性原則加以檢視。諸如可限制立法者濫用「重罰」之方式，適度修正「治亂世用重典」之重刑法律文化，改採「愼行原則」（注七七）。討論對某種社會利益有重大危害之犯行（如販毒），如以有期徒刑或無期徒刑制裁即可達到立法目的，是否可避免以「死刑」加諸犯人之上？甚至是唯一死刑（注七八）。

惟須注意者，審查立法行爲是否違反必要性原則時，除應尊重立法者之立法裁量權（形成自由）外，尚須確保人民基本權利，已如前述，是以無可否認者，立法當時完全無誤之考量，可能因人物、時空之主、客觀因素之移異，產生所謂「預期失誤」而違反「必要性原則」之情形。例如大法官會議第一九四號解釋謂：「動員戡亂時期肅清煙毒條例第五條第一項規定：販賣毒品者，處死刑。立法固嚴，惟係於戡亂時期，爲肅清煙毒，以維護國家安全及社會秩序之必要而制定，與憲法第二十三條並無牴觸，亦無牴觸憲法第七條之可言」，本號解釋是否妥適固毋論，自其推論合憲之理由觀之，實乃於當時處於「戡亂時期」，故立法雖嚴，

注七四：如城仲模氏於民國六十六年，論法國及德國行政法之特徵一文中，首先引進禁止越量裁處原則（即比例原則）之概念，收錄於氏著前揭書，頁四〇。

注七五：請參閱廖義男，企業與經濟法，國立臺灣大學法學叢書（十八），六十九年四月初版，頁一五四。

注七六：葉俊榮，前揭文，頁八八。

注七七：林山田，前揭文，頁二一。

注七八：陳新民，前揭注二文，頁二四一。

惟仍符合必要性原則。反面推論，目前既已宣告終止動員戡亂時期，則上述唯一死刑之嚴峻立法是否仍有存在之「必要性」，即有重新加以檢討之餘地。

至於必要性原則在我國法制上之實踐，最早可溯及行憲前，民國十九年公布之「土地法」第二百零八條，規定「國家因左列公共事業之需要，……得徵收私有土地，但徵收之範圍，應以其事業所需者爲限」，即係明示「必要性原則」之條文。民國二十四年公布之「土地法施行法」第四十九條規定得更具體：「徵收土地於不妨礙徵收目的之範圍內，應就損失最少之地方爲之，並應儘量避免耕地」，顯係「最小侵害原則」之實踐。另在民國二十二年公布之「警械使用條例」第五條，「警察人員使用警械，應基於急迫需要爲之，不得逾越必要程度，並應事先警告……」，第八條「警察人員使用警械時，如非情況急迫，應注意勿傷及其人致命之部位……」等，在在顯示我國行憲前之行政法內，已有「必要性原則」之出現。惟與德國發展歷程稍異者，我國之「必要性原則」，非萌芽於警察法令，卻早現於「土地法」內，實乃我國於當時之政治現狀，特別重視「土地政策」之故（注七九）。

在我國討論必要性原則，勢必須討論我國憲法第二十三條之規定：「以上各條列舉之自由權利，除爲防止妨礙他人自由、避免緊急危難、維持社會秩序，增進公共利益所必要者外，不得以法律限制之」，本條規定於此值得研究者有二：

第一、基本權利僅能「限制」，不得「剝奪」：顯見制憲者已就侵害人民基本權利之手段作一重要之判斷，即以限制手段爲已足，無庸採取剝奪之手段；換言之，僅能對基本權利行使之範圍或形式加以拘束，不得對其享有加以禁止，或對其內容本質加以侵害，使其喪失原有之功能

注七九：陳新民，前揭注二文，頁二六五～二六六。

與作用。就此而言，應屬必要性原則之具體發揮（注八〇）。

第二、須爲達成該四項公益條款（目的）所「必要」者，方得對基本權利加以限制：此之「必要」，是否即指「必要性原則」？學者意見不一：

㈠單純字面探討說

或謂：「必要二字是指限制程度不得超過必要的範圍外」（注八一）；有稱：「所謂必要性不是僅指事實上之必要，而係兼指各方面之必要，尤其是法律上之必要……」（注八二）。

㈡必要性原則說

有從德國歷史演變過程觀之，而認屬必要性原則者（注八三）；或謂：「有無在必要限度內，亦即有無遵守最小侵害原則及最後手段原則」（注八四）。

㈢比例原則說

或謂：「比例原則，就是目的與手段要成比例，不能爲達到一個很小的利益，讓人民遭受很大的損失。……憲法第二十三條規定之『必要』即是其限制之界限」（注八五）；或直接明示憲法第二十三條之「必要程序」，即憲法學上之比例原則（注八六）。

注八〇：葉俊榮，前揭文，頁八五。

注八一：薩孟武，中華民國憲法概念，五十四年三月再版，頁九五。

注八二：林東昌，我國憲法上人身自由之保障及其界限，臺灣大學法律學研究所碩士論文，六十八年六月，頁二〇〇。

注八三：蔡震榮，前揭注七文，頁七一。

注八四：陳新民，憲法基本權利及「對第三者效力」理論，載於政大法學評論，三一期，七十四年六月，頁一〇七。

注八五：翁岳生，依法行政之原則，收錄於臺北市議會學術講座專輯㈡，第十九次學術講座，七十二年十二月，頁一六二。

注八六：朱武獻，前揭注四文，頁二九；廖義男，前揭書，頁一五四；許宗力，對基本權利對國庫行爲之限制，載於輔仁法學，七期，七十七年一月，頁二二二；陳新民，前揭注二文，頁二五三；陳敏，憲法之租稅概念及其課徵限制，載於政大法學評論，二四期，七十年，頁五二。葉俊榮，前揭文，頁八五。

　　關於前述爭論，自今日眼光觀之，似已無問題，蓋早期國內學者尚未熟悉必要性原則或比例原則之思想，故無法從此一方向加以論述。至於採必要性原則說者，係自我國制憲時之外國學理、立法例以觀，比例原則皆尚未達成熟之階段，反而必要性原則之發展已頗具成就，故認憲法第二十三條之「必要」即係「必要性原則」之表徵。而採比例原則者，則係基於現今學理，欲於憲法第二十三條架構一套完整之限制國家行為侵害基本人權之理論體系，俾使我國憲法體系對於保障人權「理網」，完整無縫（注八七）。惟無論採必要性原則說或比例原則說，皆足以證明我國憲法第二十三條之「必要」，確具有「必要性原則」之意涵。基此，必要性原則於我國當然具有憲法位階之地位，其理論基礎即係自憲法第二十三條法文中推導而出，應無疑義。

　　行憲後，於行政法中規定必要性原則者，亦所在多有，如民國三十六年公布之「電業法」第五十三條，「前三條所定各事項，應選擇其無損害或損害最小之處所及方法為之……」，民國六十四年公布之「鐵路法」第六十一條第三項，「前兩項之修改、拆除或砍伐、修剪，應擇其損害最少之處所或方法為之……」，凡此皆為必要性原則之具體明證。最近幾年之立法，不僅承認必要性原則，甚至將廣義比例原則之概念於法律中成文化，例如民國七十七年公布之「集會遊行法」第二十六條明定「集會遊行之不予許可、限制或命令解散，應公平合理考量人民集會、遊行權利與其他法益間之均衡維護，以適當方法為之，不得逾越所欲達成目的之必要限度」，即已明白融入比例性原則及必要性原則之概念；民國八十年公布之「社會秩序維護法」第十九條第二項更進一步明示廣義比例原則：「勒令歇業或停止營業之裁處，應符合比例原則」。此外，目前仍處於草案階段之「行政執行法重行修正草案」第三條及行政院經建會版

注八七：陳新民，前揭注二文，頁二五四。

之「行政程序法草案」(注八八) 第七條，亦都已明確將必要性原則列入，故欲謂必要性原則已於我國法制上生根，料非過論。

二、實務

㈠行政法院裁判

必要性原則在我國行政法院裁判之運用，似尚在萌芽階段。因適用之法規本身含有必要性原則之規定，行政法院加以詮釋引用者，不乏其例，如四十七年判字第二六號判例：「建築物有妨礙都市計劃者，市縣主管機關得令其修改或停止使用，必要時得令其拆除，固為建築法第三十一條第一款所規定，但建築物是否有拆除之必要，應依客觀情事以為認定，不容任意率斷。若無拆除之必要而令其拆除，即非合法。」(注八九)

另於無法規依據時，行政法院以比例原則作為一般法律原則而適用者，為例較少。例如七十一年判字第八一一號判決：「按行政裁量之行使，倘有違背法令、誤認事實、違反目的、違反平等原則或比例原則等情形之一者，揆諸行政訴訟法第一條第二項之規定，仍不失為違法。」(注九〇)

㈡大法官會議解釋

大法官會議早期所作之解釋，少見其針對憲法第二十三條所表彰之「必要性原則」加以闡述，即使提及「必要」二字，亦屬一語帶過，並未就其內涵、標準加以說明，例如釋字第一〇五號解釋中「……係為憲

注八八：該草案係由行政院經濟建設委員會健全經社法規小組委託，國立臺灣大學法律學研究所執行，於民國七十九年十二月提出。惟於民國八十二年十月由法務部所提出之「行政程序法草案」，則並無相關原理原則之規定，料係因其無待明文，且恐有掛一漏萬之虞所致。

注八九：吳庚，行政法之理論與實用，八十二年七月增訂版，頁五五～五六。

注九〇：陳新民，行政法學總論，八十一年一月三版，頁六三。

法第二十三條所定必要情形……尚難謂爲違憲」；次如釋字第一○六號
解釋「……難有具體標準，然應以達成該法所定任務之必要者爲其限
度」；又如釋字第一七九號解釋，鄭玉波大法官所提之不同意見書謂
「……所謂必要，即憲法第二十三條所定之『爲防止妨礙他人自由，避
免緊急危難，維持社會秩序，或增進公共利益所必要者』是……」；再如
釋字第二○○號解釋謂：「寺廟登記規則第十一條撤換寺廟管理人之規
定，就募建寺廟言，與監督寺廟條例第十一條立法意旨相符，乃爲保護
寺廟財產，增進公共利益所必要……」。

　　關於上述大法官會議解釋及不同意見書，或有認爲已部分表達比例
原則之思想（注九一），惟本文認爲倘僅因上揭數語即認有比例原則思想
之表現，未免略嫌武斷，蓋其既未明確指明何者方屬必要，何者並非必
要，此與憲法第二十三條之曖昧用語何殊？大法官會議未藉此個案，就
憲法第二十三條所揭櫫之精神而爲具體判斷，卻反而一再用類似於憲法
第二十三條之用語以搪塞疑問，此不啻以問答問也（注九二）。

　　迄今已作成之大法官會議解釋，將憲法第二十三條闡釋最詳亦最符
合必要性原則之意涵者，當推以釋字第二二四號解釋爲首之一系列與稅
法有關之解釋。釋字第二二四號解釋謂：「稅捐稽徵法關於申請複查，
以繳納一定稅款或提供相當擔保爲條件之規定，使未能繳納或提供相當
擔保之人，喪失行政救濟之機會，係對人民訴願及訴訟權所爲不必要之
限制，且同法又因而規定，申請複查者，須於行政救濟程序確定後始予

注九一：例如葉俊榮氏，援引釋字第一○六號解釋作爲比例原則思想之具體表現
　　　　者，請參閱氏著，前揭文，頁八六。又如朱武獻氏，認爲釋字第一七九號
　　　　解釋中鄭玉波大法官所提之不同意見書已爲憲法第二十三條提供一較爲
　　　　具體之衡量標準，請參閱氏著，前揭注四文，頁三一；另王金龍氏更認該
　　　　不同意見書之內涵頗有與「相當性原則（即比例原則）」相通之處，而認爲
　　　　係我國實務上採用「相當性原則」之精神爲解釋憲法依據之最大突破，詳
　　　　見氏著，前揭文，頁八七～八九。
注九二：王金龍，前揭文，頁九○。

強制執行，對於未經行政救濟程序者，亦有欠公平，與憲法第七條、第十六條、第十九條之意旨有所不符……。」

該解釋系爭條文使有資力之人享有行政救濟之利益，惟對於無資力者，則喪失行政救濟之機會，故釋字第二二四號解釋認爲此等規定「有欠公平，與憲法……第十六條……之意旨有所不符」。按國家如爲確保稅收，以免影響已定之預算計劃，妨礙公共事務之遂行，則僅須賦予課稅處分以執行力，規定稅捐行政救濟之提起，不影響課稅處分之執行，即可達到確保財政收入之目的。故稅捐複查以先繳納部分稅款爲手段，而犧牲部分人民之行政救濟權利，以達確保財政收入之目的，亦嫌目的與手段顯不相當，並非維持社會秩序或增進公共利益所必要之唯一侵害人民權益最輕之手段（注九三），亦即違反憲法第二三條所揭示之「必要性原則」。

與釋字第二二四號解釋意旨相同者，尚有釋字第二八八號解釋及釋字第三二一號解釋。釋字第二八八號解釋，係針對民國七十九年一月二十四日修正前之貨物稅條例第二十條第三項「受處分人提出抗告時，應先向該管稅務稽徵機關提繳應繳納罰鍰或其沒入貨價之同額保證金，或覓具殷實商保」之規定，認其「使未能依此規定辦理之受處分人喪失抗告機會，係對人民訴訟權所爲不必要之限制，與憲法第十六條保障人民訴訟權之意旨有所牴觸」。而釋字第三二一號解釋，則係針對民國七十九年六月二十九日修正公布之關稅法第二十三條之規定，認其「使納稅義務人未能按海關核定稅款於期限內全數繳納或提供相當擔保者，喪失行政救濟之機會，係對人民訴訟權所爲不必要之限制，與憲法第十六條保障人民訴訟權之意旨有所牴觸」。此二號解釋，除因其解釋之範圍，僅及於法律對訴訟權（包括抗告權）設限之合憲性爭議，因此，並未如同釋

注九三：陳清秀，稅捐行政救濟制度之合憲性問題——從釋字第二二四號解釋談起，植根雜誌，四卷五期，七十七年五月二十日，頁四。

字第二二四號解釋般，併就「停止執行」是否違反平等原則加以審查之外，關於其解釋意旨、推論之法理基礎等，殆皆與釋字第二二四號解釋相同，應毋庸置疑。

值得注意者，釋字第二一一號解釋之對象與釋字第二二四號解釋之對象相較之下，前者（即海關緝私條例第四十九條）被認爲係爲增進公共利益所必要，後者（稅捐稽徵法第三十五條至第三十八條第一項）則被認爲係對人民訴訟權所爲不必要之限制。同樣係對人民訴訟權之限制，二者之差別，純就法條文義觀之，係在「得」與「應」兩字之差，縱然如此，對於無力繳納稅款或罰款之人民而言，參酌釋字第二二四號解釋之同一法理（必要性原則），二者皆係對訴訟權不必要之限制，僅其程度略有不同耳。是以釋字第二一一號解釋中，劉鐵錚大法官提出之「不同意見書」，頗值贊同：「人民有訴願及訴訟之權，爲憲法第十六條直接保障之權利，其訴願權及訴訟權之行使，雖必須依法律之規定，但該項規定如涉及限制人民上項權利之行使時，必須以憲法第二十三條爲根據。故所限制者，如非爲維持社會秩序或增進公共利益，固不得加以規定；縱令與維持社會秩序或增進公共利益有關，但非以限制爲必要時，亦不得加以規定，否則，人民之基本權利，均得以法律作非屬必要之限制，自非憲法直接保障人民權利之本旨……。」此證諸嗣後作成之釋字第二二八及三二一等二號解釋，益爲顯然。

綜上所述，針對法律有條件地限制人民訴願權或訴訟權之行使，吾人似可基於釋字第二二四、二八八及三二一號等三號解釋，歸納出一判斷該法律合憲性之標準：即以達成法律所欲追求之目的爲前提，法律所採取限制人民權利之手段，是否爲對人民權利侵害最輕微之唯一手段。如係肯定，則該法律符合必要性原則；反之，如另有其他對人民權益侵害較小之手段，則自應否認其合憲性。此一標準，亦可與外國之學理相契合。基於此一標準，用以檢視我國之相關稅法，發現迄今仍存在甚多

違憲之規定,例如房屋稅法第十三條第一項、契稅條例第二十一條第一項與第三十一條第五項、印花稅法第二十七條第二項、貨物稅條例第二十條第三項、證券交易條例第十四條第四項及使用牌照稅法第三十六條第五項等。雖然大法官會議解釋之效力,僅及於個案之法律,惟行政及立法機關,亦應自人民權益之保障出發,儘速修改上述與大法官會議所宣示之法理不合之法律。

最近,大法官會議針對民國六十年一月修正公布之貨物稅條例第十八條第一項,關於同條項第十二款,應貼於包件上或容器上之完稅或免稅證照,不遵規定實貼者,不問有無漏稅事實,該處比照所漏稅額二倍至十倍罰鍰之規定,作成釋字第三三九號解釋,認其「顯已逾越處罰之必要程度,不符憲法保障人民權益之意旨」,並宣告其與財政部六十六年十二月二十日臺財稅字第三八五七二號函釋「凡未按規定貼查驗證者,不再問其有無漏稅,均應按該條文規定以漏稅論處」,均應不再援用。查此解釋之理由,係以上開法條固為防止逃漏稅款,以達核實課徵之目的,惟租稅秩序罰,有行為罰與漏稅罰之分,如無漏稅之事實,而對單純違反租稅法上作為或不作為之義務者,亦比照所漏稅額處罰,顯已逾越處罰之必要程度,並非對人民財產權侵害最輕微之唯一手段。蓋對單純違反租稅法上作為或不作為之義務者,似無庸處罰,如須處罰(即所謂「行為罰」),亦應另立較漏稅罰為輕之處罰標準,方不致「過度」而違反「必要性原則」。

〔捌〕 結論

時代之思潮,逐漸由本世紀初期盛行之「團體主義」,過渡到儘可能地保障人民之基本權利。人權之重視,幾乎成為各國政府戮力以求之鵠的。我國自接受西方法治不過七十餘年,實施憲政也稍過四十載,目前

憲法內之人權理念及制度，優於或稍遜於外國法制者，參差互見，惟可藉法學解釋及司法實務，加以擴張、更新其意義，並賦予新內容，以補不足。

　　早期必要性原則之概念並不清晰，外國學者間往往從「自然法」、「法治國原則」及「基本人權之本質」等抽象概念探究其根源與內涵，亦有自成文法之觀點加以論述，故於法理學上具有相當之爭議。惟於我國憲法第二十三條明定必要性原則之情形下，此問題即較無爭議。

　　必要性原則固係於國家追求公益目的時，為節制公權力「過度」侵害人民基本權而發，是以適用該原則時應同時兼顧公益（目的之達成）與私益（最小之侵害）。又以必要性原則檢視國家公權力行為時，除立法行為外，無論司法審判或具體行政措施，皆在追求「個案正義」，應視個別情況（Einzelfall）之不同而異其結果，尤其須注意各國之時空、人物、時代背景、民族情感甚至歷史等因素所造成之影響，例如柏林圍牆之應建與應拆，動員戡亂時期之宣告開始與終止等皆然。基此，於追求個案正義時，公益與私益間之權衡輒因仁智互見而不同，故在檢視手段是否符合「必要性」時，應儘量避免獨任制，而採合議程序追求「應然」，並在程序上儘可能舉行民意調查、公聽會以匯集多數意見，使所決定採用之手段更具「必要性」。

　　必要性原則既係於個別情況下，避免國家公權力對人民基本權利作不「必要」的侵害，同時該原則尚可能因主、客觀因素之變遷而為相異之認定，故欲具體明確地說明「必要性原則」之正確內容，於各領域之適用範圍及其界線恐非易事。目前，唯有透過法院之判決、判例，行政機關之行政先例及各有權機關之解釋例等具體個案，參酌我國現今之國情，配合學說演繹出一套判斷基準，用以釐清「必要性原則」之概念與適用範圍。

　　必要性原則在我國雖早已在部分行政法規中存在，惟似仍無法形成

行政法上之一般原則，遑論成爲具有憲法位階之原則。尤其職司憲法解釋及審判之「憲法維護者」——大法官會議，早期並未針對必要性原則則爲深入闡釋，甚至誤用該一原則（如釋字第二一一號解釋），短短一年半時間卻又相繼作出幾乎完全相左之解釋（釋字第二二四、二八八、三二一等號解釋），正應驗德國學者 Eb. Schmidt 及 E. Forsthoff 所言，使「法律安定性」、「確定性」原則受到傷害。所幸，此一逆轉係將必要性原則導入符合法治國家正義理念之正確抉擇，與其爲求安定而因循錯誤，此一積極之變更見解，毋寧係更符合「必要性原則」之合憲作爲！尤其難能可貴者，自上述逆轉後之解釋意旨中，提供吾人一較具體之「必要性原則」判斷標準：即以達成法律所欲追求之目的爲前提，法律所採取限制人民權利之手段，是否對人民權利侵害最輕微之唯一手段。大法官會議並繼續基於此一標準審查法令作成解釋（如釋字第三三九號解釋）。

與大法官會議所扮演之「火車頭」角色相較之下，行政機關與立法機關則相對顯得被動消極。輒見大法官會議解釋宣告某法律違憲或不再適用後，才見行政機關將該特定法律修正草案送請立法院審議，行政機關或立法院主動依解釋意旨，通盤檢討修正相關類似法律之情形，則未嘗見，此非但阻礙我國法學之進步，對人民權利之保障更係一大斲傷，是期待甚深！

英國行政法上之合理原則

林惠瑜

英國行政法上之合理原則

〔壹〕前言

在英國，迄二十世紀初年止，行政法（administrative law）一辭仍未見於英國法學敎科書及法院判決文，但此絕不意謂類似於大陸法系之行政法原理或原則不存在於英國。司法審查制度在英國源遠流長，自然正義（natural justice）原則更是美國憲法第五修正案（1791年）及第十四修正案（1867年）之正當法律程序（due process of law）之根源。至於行政裁量濫用（abuse of discretion）原則更遠可追溯十六世紀之 Rocke's 案之判決（注一）。

本世紀以來，英國行政法學更蓬勃發展，行政法不僅不再被誤認爲係保障行政機關之特權，甚且，如英國行政法學大師 Wade 所述，行政法乃是保護國民、控制政府權力、防止政府濫用權力之法（The primary purpose of administrative law, therefore, is to keep the powers of government within their legal bounds, so as to protect the citizen against their abuse）。法院透過司法審查之手段，不斷擴張其審查之範圍，充實演繹司法審查之各種原則，從程序瑕疵之審查及於裁量決定實

注一： (1598) 5 Co. Rep. 99b. 轉引自 H.W.R. Wade *Administrative Law* (Oxford: Clarendon, 5th ed., 1982, reprinted 1984), at p. 353, n.29.

質是否公平合理之審查（注二）。時至今日，英國法院對於裁量權濫用法理之闡釋堪稱足與歐陸德法諸國並駕齊驅。

在 Dicey 之法律主治原則之下，裁量權之存在一度被認爲有違法律前平等之理念（注三），蓋法律之前，政府之行政行爲與人民之行爲同視，何獨能豁免於法院之審查？但此種疑慮早已如過往之雲煙。其主要之關鍵，厥在於法院加強其對於政府裁量權利濫用之控制，而其控制之手段，即係透過合理原則（The principle of reasonableness）以檢視行政裁量權之行使是否逾越權限。

合理原則之發展起源甚早，可追溯至一五九八年之 Rooke's 案例、一六八九年之人權法案（The Bill of Right）及其他同時期之判決（注四）。但其飛躍之進展則自一九四八年之 Wednesbury 案例始。在該案中，法官根據合理原則，擴張司法審查之權限，自程序之審查及於實質之審查。自該案例以後，法院對於行政行爲之審查已如德國之比例原則一般，及於行政處分實質上是否顯著不合理之判斷，而與法國行政法之發展異曲同工（注五）。抑有進者，在一九六八年 Padfield 案例又發展出

注二：英國傳統之司法審查原則原來僅及於程序之瑕疵，但自一九四八年 Wednesbury 案進行實質之審查以後，歷經四十年之發展，司法審查之內涵已大幅變遷，詳見 G.L. Peiris, "Wednesbury Unreasonableness: The Expanding Canvas" ［1987］ *The Cambridge Law Journal*, 53-82; 有關 Wednesbury 之判決見本文〔叁〕。

注三：A.V. Dicey, *Introduction to the Study of the Law of the Constitution* (London : Sweet & Maxwell, 10th ed. with introduction by E.C.S. Wade, 1959), p.202, 引自 Wade supra.

注四：詳見本文〔貳〕。

注五：法國行政法之判例雖不使用比例原則或合理原則之名辭，但此兩原則之精神在法國行政法院（Conseil d'Etat）之法官而言，如該院法官 Guy Braibant 所指出，乃是普通常識（common sense）而已，相關之判決汗牛充棟，其衡量之標準，已非如德國法上係以「利益」與「損害」評比，而更及於「成本及效益」（cost and benefit）間之比較。詳見 Jeffrey L.Jowell, "Proportionality : Neither Novel Nor Dangdrous"，收載於 J.L. Jowell & D.

要求行政機關行使裁量權之行政介入請求權，一九八五年之 G.C.H.Q.
案（注六），更進一步確立對非屬法律所定權限之國王特權（prerogative
powers ，或稱爲 common law powers）（注七）爲審查之權力，並對
合理原則之內涵詳加演繹，橫跨程序與實體，立論精闢。是以該合理原
則之演進，不啻代表英國近百年來之行政法發展史中最重要之一頁，而
其前後理論之變遷，內含之精義之演繹，在在均值吾國之理論界及實務
界之參考，是乃引起本文寫作之動機。

　　在英國案例法（Case Law）體系下，其研究方法與以羅馬法爲主之
市民法（Civil Law System）體系迥然有別。是故，本文根據案例法體
系之特殊性而採用特別之研究方法，針對特定之法律問題（legal sub-
ject）尋找出具有權威性之先驅案例（leading case）加以研讀分析，以
合理原則發展之各個時期之重要權威先驅案例爲研究重點，並以歷史研
究法爲基礎，探索合理原則之早期發展及意義，凡此均欲從歷史之軌跡
中歸結合理原則未來之發展，以作爲司法對行政裁量控制之參考。

〔貳〕合理原則之早期發展及意義

　　Oliver 所編 *New Directions in Judicial Review*（London：Stevens,
1988), pp. 54-56.
注六：此即 Council of Civil Service Unions v. Minister for the Civil Service
　　　[1985] 1 A.C. 374 案例之簡稱。蓋因該案所涉及者即爲英國政府通訊總部
　　　Government Communication Headquarters（G.C.H.Q.）之公務員，詳
　　　見本文〔伍〕。
注七：英國行政法上，政府之權力可來自於國會立法之授權，稱之爲法定權力（stat-
　　　utory power），又可來自於國王之特權，此種權力不須有法律之根據，有別
　　　於法定權力，所以又被稱爲習慣法上之權力（common law power）。後一
　　　種之權力乃國王權力之殘餘，包括軍事權等，原本不爲司法審查效力所及，
　　　詳見本文〔伍〕。

一、十八世紀前之合理原則

合理原則在英國法起源甚早，在十六世紀時即已有合理原則之判決。一五九八年之 Rooke's Case（注八）首開其端。水利委員會（The Commissioner of Sewers）於修復泰晤士河（Thames）之河堤後，僅對原告 Rooke 課徵修護費，而未對所有因修護河堤免除淹水危險而因之獲益之全部附近土地所有人公平課徵費用，Rooke 因之提起訴訟，主張所有因堤防未修護而將蒙受危險之附近土地所有人均應公平負擔此修護費用，要不能僅因惟有原告之土地緊鄰河流即令原告個人負擔所有之工程開支。

法院審理結果，判決原告勝訴，法官 Coke 判決稱：雖然法律已授與水利委員會裁量權以決定修護費用課徵之對象及數額，但此裁量程序仍應依據法律及合乎理性；裁量乃是一種科學，用以區分眞實與虛假、正確與錯誤、實體與影像、公平與僞裝，不容行政機關依彼等之自由意志及個人好惡決定之。依 Wade 之見解，此爲合理原則發展之濫觴（注九）。

在一六〇九年之 Hetley v. Boyer 案（注一〇）判決中，法院對裁量權之審查基準又有新的發展。被告等均爲英國 Northampton 郡水利委員會之委員。該委員會命村莊及原告 William Hetley 負擔堤防修護費用。Hetley 不服，請求法院發移審令（certiorari）爲司法審查。法院判決稱：法律雖規定費用負擔之決定委諸委員會之裁量（left to their discretion），但委員會未依 Rooke's Case 案例之意旨，將相關之費用比例地分由受益之住民（inhabitant）各別負擔，反由整個村莊及原告負擔，

注八：(1598) 5 Co. Rep.99b.

注九：H.W.R. Wade *Administrative Law*（Oxford: Clarendon Press.6th ed., 1988), p.395.

注一〇：(1614) Cro. Jac. 337(Coke C.J.).

其處分係基於「惡意」（malice）而作成，自屬違法而應廢棄。

　　一六四七年之 Estwick v. City of London （注一一）案中，法院又重申其對裁量權之控制。緣倫敦市政府取消原告 Estwick 之市府顧問之職位， Estwick 因之提起訴訟，聲請回復原狀（restitution）。倫敦市政府主張市政府得任意（at pleasure）取消原告之職務。法院判決原告勝訴，法官 Bacon 判決稱：「倫敦市政府雖有裁量權得以作成處分，但此裁量必須「合理」（sound），倘有違反，法院有權予以改正（redress）」。

　　至一六五○年止，如上所述，雖有若干案例建立裁量得由法院審查之基本原則，其審查行政行為時之基準有時係視處分有無具備理由而定，有時則分別用「malice」「sound」「justice」等字辭為判別之基礎，其意義雖與合理原則之「合理」（reasonable）大致相同，但尚未直接使用「合理」一辭。

　　首次使用「合理」之判例為 R. v. Commissioners of Fens 案（注一二）。在該案中，法院應原告律師之請求，頒發覆審令、審查 Fens 水利委員會（The Commissioners of Sewer of Fens）所進行之程序，其所持之理由僅為：該委員會顯然以不合理之程序（proceeded unreasonably）為行政處分，法院因之有權審查其是否逾越權限。

二、十八世紀後之合理原則

　　十九世紀後，更多之判決使用合理原則以做為司法審查之基礎。至二十世紀初，合理原則已發展至相當成熟之程度。在一八九○年之 R. v. St. Pancras Vestry 案（注一三），法官 Esher 已明白採用「不相關考慮

注一一：(1647)　Stype 42.
注一二：(1666) 2 Kebie, 44, citing from Wade, supra note 9, at p.396.
注一三：(1890) 24 QBD 371. citing from Wade, supra at p.411.

原則」（irrelevant consideration doctrine）做為司法審查之基礎，判決稱：「行政機關必須公正考量申請案，不應考慮法律上所不應考量之事項。假如行政機關在行使裁量權時已考慮不該考慮之因素，則此裁量為違法無效」（注一四）。

第二年之 Westminster Corporation v. London and North Western Railway Company 一案（注一五），是有關倫敦市政府依一八九一年公共衛生法第四十四條執行其法定權力（statutory powers），以設置公共衛生設備時，法院是否有權干預之爭執。法官 Macnaghten 判決稱：「依法律賦與法定權力之公共團體（public body）於執行其權力時，必須注意不能逾越其權力或濫用其權力（not to exceed or abuse its powers），此原則在英國法已根深蒂固。換言之，該公共團體必須限制其自身在法律授權範圍界限內行使其權力；其必須以最大誠意行使之（must act in good faith）；其亦必須合理行使之（act reasonably）。而 good faith （bona fide）一辭，並明白表示其與「合理」同義。另外，法官在本案中亦明文稱：如當事人假借設置公共衛生設備之機會達到設置地下道（subway）之目的，則為惡意（bad faith）而構成逾越權限（注一六）。此種對於不合法動機（illegitimate motives）之重視，為二年後之 R. v. Brighton Cpn. ex p. Shoosmith（注一七）所沿用。

在一九二五年之 Robert v. Hopwood 案（注一八），法官對合理原則有更細緻之闡釋。緣依據一八五五年英國國會通過之市政管理法第六十二條（Section 62 of the Metropolis Management Act, 1855）之

注一四：Ibid. at 375, citing from Wade, Ibid.at p. 411, n.14.
注一五：〔1905〕A.C. 426,430.
注一六：有關不合法動機在本案之討論，詳見 Wade, supra note 9, at p.440.
注一七：(1907)96 LT 762. 相關討論見 Wade, Ibid.
注一八：〔1925〕A.C. 578.

規定，市政府有權在必要範圍內僱用員工，並有權發給市政府認為合適
（as the Council thinks fit）之薪資。又依一八七五年之公共衛生法
（The Public Health Act）第二百四十七條第七項之規定，地區審計
員（district auditor）如發現地方政府開支違反法令，必須制止並追回
溢付款。一九二二年三月 Poplar 市政府為員工薪資數額與審計員發生
爭議，審計員不同意超額開支，認為違反法令，市政府則認為係屬裁量
權之範圍，並無逾越權限。最高法院則判決稱：「法律所授與市政府之
裁量權（discretion）必須合理地行使（must be exercised reason-
ably），同時，市府受僱人薪資之決定必須參考既存之勞動條件（exist-
ing labour conditions），如恣意（arbitrary）而為，將逾越裁量之範
圍。又市府之合乎法定目的（lawful object）之開支（expenditure）
如係如此過分（so excessive）以致構成非法，審查員即應予制止。」（注
一九）。

　　最高法院法官在本案中對合理原則之精髓有深入之闡釋，法官
Sumner 指稱：“as he thinks fit”一辭包含「誠實」（honesty）及「合
理」（reasonableness），而若恣意行使此裁量權則是「惡意」（bad
faith），換言之，惡意可包含不誠實及不合理（注二〇）；在決定裁量是否
合理時有甚多因素應考量，例如行政裁量者是否已疏忽（disregard）應
予考量之因素以致裁量不合理（注二一）。法官 Wrenbury 判決稱：被賦
與裁量權之人行使裁量權時，必須基於「合理理由」（reasonable
grounds）為之。裁量權之授與並未賦與其為所欲為之權力，裁量權行使
之際，必須以理性（reason）為基礎，合理（reasonably）行使（注二二）。

注一九：譯自 Ibid.at p. 578 判決文。
注二〇：Ibid. at p.604.
注二一：Ibid, at pp.607-608.
注二二：Ibid. at p.613.

一九二六年之 Short v. Poole Corporation 案（注二三）乃爲早期合理原則重要案例。緣學校校長因教員之頭髮爲紅色而將之免職。法院判決稱：此行政處分已考慮不相干因素（extraneous matter），違反合理原則而無效。

合理原則發展至此已達相當成熟之程度。合理原則之合理乃指「誠實」「公平」「善意」；反之，如爲「不合理」則以惡意（bad faith; malice）、「不公平」「未具理性」「未考慮相關因素」「考慮不相關因素」稱之。惟無論如何，在基本上，合理原則僅指行政機關作成裁量決定時，程序上之瑕疵而已，而未及行政決定實質之良窳（merits）。此正是英國行政法上司法審查之最重要之歷史特徵，此程序審查之自我限制直至一九四八年之 Wednesbury 案方才改變。

〔叁〕合理原則與司法之實質審查

—— 先驅判例 Associated Picture House Ltd. v. Wednesbury Corporation 〔1948〕 1 K.B. 223

一、傳統之迷思——司法審查僅限於程序之瑕疵

如上所述，迄二十世紀上半葉止，經由法院案例之發展，逾越權限之內容已呈現多樣化，範圍涵蓋甚廣。例如違反自然正義（natural justice）原則之瑕疵、未考慮相關因素之瑕疵、考慮不相關因素之瑕疵（例如教師因其頭髮爲紅色而被解僱）、法律錯誤或事實錯誤之瑕疵等等，其中，合理原則已成爲司法審查時決定行政行爲是否逾越權限或濫用權力之最重要審查原則。

注二三： 〔1926〕 Ch. 66, 90, 91, 引自 *Associated Provincial Pictures House Ltd. v. Wednesbury Corporation* 〔1948〕 1 K.B. 223, 229, n.1.

　　然則，至此時止，法院於運用合理原則以審查行政行爲之裁量是否逾越權限之際，仍遵守傳統之分界，僅注意裁量程序（proceeding）是否違法而構成逾越權限並影響裁量之有效性。直至一九四八年 Associated Picture House Ltd. v. Wednesbury Corporation（注二四）判決後才開始有遽幅之變遷。

二、Wednesbury 案件之事實及系爭之重點

　　一九三二年星期日娛樂法將於星期日開放使用電影院合法化，並授權核發執照的主管機關於核發准演執照之同時得附加「其認爲適當」（as the authority think fit）的限制條件。本案原告公司是座落史塔夫郡（Stafford shire）Gaumont 電影院的經營權人，被告則是依據一九〇九年電影法有權核發演執照的主管機關。原告公司向被告機關提出申請，請求被告機關核准於星期日開放使用 Gaumont 電影院放映電影，被告審核結果准許原告在星期日放映電影，但附有下列條件：十五歲以下之孩童，不論是否由成人陪同，均不准入場。原告因而起訴請求法院宣告此項附加條件是不合理且逾越權限的。一審法官 Henn Collins J. 採用 Harman v. Butt 的判決理由，駁回原告之訴。原告不服，向高等法院提出上訴。

　　本案系爭重點在於：根據一九三二年星期日娛樂法，核發執照的主管機關於核准星期日放映電影的同時，有權附加「依其認爲適當」的限制條件，此種附加限制條件的權限是否毫無限制？

三、法官之判決理由

　　法官 Greene M.R. 認爲：行政機關行使裁量權時必須遵守幾項法律原則，只要行政機關裁量權的行使是在這些法律原則的框框（four

注二四：〔1948〕 1 K.B.223.

corners）之內，法院即不得加以質疑。然則，這些法律原則爲何？一般公認，裁量權必須眞正地被行使，設若授與裁量權的法案明示或默示某些因素必須列入考慮，則行政機關在行使裁量權時就必須注意這些應考慮的因素；相反地，設若系爭事項的本質及法案的解釋清楚地顯示，某些情事與系爭問題並不相關，則行政機關在行使裁量權時，就必須排除這些不相關的因素。本席無法確信這些原則可否以統一的名稱加以描述？這些原則包括惡意（bad faith）、不誠實（dishonesty）、忽視公共政策（disregard of public policy）等等，即使這些原則無從以統一的名稱加以歸納，至少，這些原則的內涵有極大部分是相互重疊的。例如，在本案中，我們已經聽到「不合理」（unreasonable）一字的多種含義。

法院有權檢視主管機關的行政處分有無考慮應考慮的因素，或排除不相關的因素，如果此問題之答案有利於主管機關，我們可以初步認定，該主管機關的行政處分是在法律的授權範圍內，儘管如此，該行政處分仍有可能是任何有理性之人均不可能做如此之裁量，此時，本席認爲法院可以加以干預，但是，法院並非居於上級行政機關的地位，推翻下級行政機關的處分，而是審查主管機關行使裁量權有無逾越授權範圍而違反法律。國會就系爭事項之所以授與被告機關裁量權，是因國會認爲以被告機關的智識及經驗就系爭事項而爲的行政處分是值得信賴的，本案中，無人敢言孩童的福利及身心健康非主管機關應列入考慮之因素。從而，上訴無理由，應予駁回。

四、Wednesbury 判決之意義及影響

本判決對合理原則之闡釋可說言簡意賅，但意義深遠，影響重大。在本案中，法院未能發現行政機關有程序上之瑕疵，依傳統態度，法院應能駁回原告之訴。但法官 Greene 提出進一步之理論，法院對於行政處分之審查，不但有形式（程序）之審查，且有實質之審查。法院在爲此

種實質審查時，秉持「荒謬」（absurdity）一辭之精神，在其後不同案例中有不同之描述。例如，法官 Denning 稱合理原則為「如此之錯誤（wrong）以致任何理性之人均不可能理性地採取同樣之觀點」（注二五）。同樣地，法官 Diplock 則將 Wednesbury's unreasonableness 歸類稱為「irrationality」，並稱此原則為「自邏輯法則或道德標準觀察，其行政決定是如此粗暴（outrageous），以致於任何理性之人均不可能達到相同之結果」（注二六），其意義均大致相同。

依本文之見解，英國合理原則自 Wednesbury 案之後，其內涵大致可包含如下之內容：

⑴行政機關行使裁量權作成行政決定時，將不相關之因素納入考慮（taking irrelevant consideration into account in the exercise of a power）；

⑵行政機關行使裁量權作成行政決定時，未將相關之因素納入考慮（failing to take relevant considerations into account in the exercise of a power）；

⑶行政機關行使裁量權時，以非法律所授與之目的或不正當之動機作成行政決定（an exercise of a power for an improper purpose or motives other than a purpose for which the power is conferred）；

⑷行政機關以惡意或不誠實行使裁量權（an exercise of a discretionary power in bad faith or malice or dishonesty）；

注二五："so wrong that no reasonable person could sensibly take that view"，引自 *Secretary of State for Education and Science v. Tameside Metropolitan Borough Council* [1977] A.C. 1014, 1026.

注二六："so outrageous in its defiance of logic or of accepted moral standards that no sensible person who have applied his mind to the question to be decided could have arrived at it"，引自 *Council of Civil Service Unions v. Minister for the Civil Service* [1985] A.C. at 410.

(5)行政機關行使裁量權時，忽視公共政策（an exercise of a discretionary power disregarding of public policy）；

(6)行政機關行使裁量權時，忽視市民法律上期待（an exercise of a discretionary power disregarding citizen's legitimate expectation）；

(7)行政機關行使裁量權時，違反禁反言原則（例如違背契約或承諾）（an exercise of a discretionary power that constitutes breach of estoppel, such as the breach of contract or breach of representation）；

(8)行政機關行使裁量權時，其行使是如此之不合理（或荒謬、恣意、不公平、錯誤、過分），以致於任何具有理性之人均不可能如此行使（an exercise of discretionary power that is so unreasonable (absurd, arbitrary, unfair, wrong, unsound, excessive)that no sensible person could have so exercised the power）。

於是，傳統英國行政法上司法審查之範圍得以因可實質審查之故而大幅擴充。雖有人認為 Wednesbury 之合理概念已侵害了行政機關之裁量空間，而就行政決定之妥當與否得以恣意干涉，模糊了政治責任與法律責任之分界。另方面，新的審查權使法院得以自行解釋法之目的，亦易腐蝕了傳統立法優越之基本原則（The principle of legislative supremacy）（注二七）。

但是，贊成 Wednesbury 案所提出之「不合理」新內涵者更多。依

注二七：批評者不少，例如 R.B. Stewan, "Reformation of Administrative Law" (1975) 88 Harv. L.R. 1669, citing from Peiris. supra note 2, at 53, n.4; Jeffrey Jowell and Another Lester, "Beyond Wednesbury : Substantive Principle of Administrative Law" (1987) *Public Law* 368.

彼等之看法，固然，法官之審查權因之擴張，但因法官之自制（self-restraint），已大大地減少司法權與立法權或司法權與行政權衝突之可能。事實上，後續之案例顯示，法官已獲得共識，所謂「不合理」，其精義並非在當法官發現行政決定不合理或有錯誤（wrong）時即可干預，而是須考慮「是否不合理之程度已達到荒謬之程度以致於任何理性之人均不會持同樣之觀點」。故此種不合理之程度不僅非屬輕微，而且必須非常顯著，其情形正如大陸法之比例原則一般，並非利益與損害間不成比例即可認違反該原則，而必須顯著失去均衡方可干預（注二八）。在 Re Westiminster City Council 案（注二九），最高法院法官 Bridge of Harwich 及 Templeman 即分別在闡釋其對於 Wednesbury's unreasonableness 之觀點，強調：法官為司法審查時，其任務與決定行政處分之政治智慧（political wisdom）之高下無關，亦無涉於處分內容之妥適與不妥適（propriety or impropriety），法官之任務係在決定該行政決定恣意（arbitrariness）之程度，是否已達到 Lord Greene 在 Wednesbury 案件中所稱不合理之程度（注三〇），其見解足可為一般之代表。

　　然則，合理原則發展至此，其最大瑕疵不在於定義之模糊，而在於對行政機關怠於行使其權限時，合理原則尚未能予以規範，換言之，合理原則對於行政介入請求權或公務員怠於行使其裁量權限，尚未能發揮其作用。此情形直到 Padfield 案才逐漸改變。

注二八：Peiris, supra note 2, at 53.
注二九： [1986] 2 W.L.R. 807, citing from Peiris, supra note 2, at 75, n.31.
注三〇： Ibid. at p.813, per Lord Bridge of Harwich; at p.830, per Lord Templeman.

〔肆〕裁量權不行使與合理原則之違反

—— 先驅判例 Padfield v. Minister Agriculture, Fisheries and Food ［1968］ A.C. 997.

一、傳統之迷思——裁量權不行使與公共義務原則 （public duty rule）

傳統上，合理原則僅限適用於行政上積極行為（action or feasance）之審查，亦即當行政機關行使法律所授與之裁量權並採取行動時，合理原則方有適用之餘地。至於行政機關怠於行使其裁量權，或裁量結果決定不作為，則合理原則原並無適用之餘地。蓋依據英美法（普通法）一般原理，如欲主張過失之損害賠償（Negligence），原告必須證明被告對之有注意義務（duty of care）（注三一）。在行政法上行政機關之不作為（omission, nonfeasance）之情形，英國如美國（注三二）一般，均採用「公共義務原則」而否定對國民個別之法律上作為義務。基於此種公共義務原則之運用，無論在英國行政法之理論及實務，以往均否認人民對政府裁量權限之行使有行政介入請求權，從而當政府怠於行使裁量權時人民自不得請求損害賠償，此種狀況自一九六八年 Padfield 判決後開始改變。

二、Padfield 案件之事實及系爭之重點

注三一：有關 duty of care 在 negligence 之重要性之一般討論，見 B.A. Hepple & M.H. Matthews, Torts：*Cases and Materials* (London: Butterworths, 3rd ed., 1985), pp.29-84.

注三二：美國行政法上廣泛採取「公共義務原則」（public duty rule）以否定行政機關或其公務員對一般市民個別之法律作為義務。

　　根據一九五八年農業行銷法之規定，農民必須將其生產的牛奶售予牛奶行銷董事會，而由牛奶行銷董事會決定售價。董事會將轄區英格蘭及威爾斯劃分爲十一個區域，再依各區域運費成本之不同而核定其牛奶之售價，然此售價是數年前運費尚低之時核定的，東南區的農民一直力爭應該增加差額，但未爲董事會同意通過，他們只好請求農漁業食品部部長依據一九五八年農業行銷法第十九條之規定指示成立調查委員會審查他們的提案。惟部長認爲應由牛奶行銷董事會自行決定較爲適宜，因之決定置之不理。農民爲此提起本件訴訟。

　　本案系爭之重點在於：部長可否對前開請願案置之不理？亦即部長是否有真正自由而不受限制之裁量權，得以任意拒絕將該請願案提交調查委員會，以致調查委員會無從爲系爭問題舉行聽證會？更無從予以救濟？

三、Padfield 判決理由

　　在上訴法院，法官 Diplock 及 Russell L. JJ. 二人判決 Padfield 敗訴，但 Denning 法官獨持異議，提出不同意見書，其意見擲地有聲。

　　法官 Denning 認爲：國會制定一九五八年農業行銷法的目的在提供農民請願可以利用的方法即調查委員會，該委員會是獨立於牛奶行銷董事會之外的權責機關。每一個值得調查委員會調查的請願案都應該提交調查委員會，部長無權恣意擅斷的拒絕將請願案提交調查委員會，更不得基於不相關的因素作爲拒絕的理由。雖然部長拒絕提交調查委員會的行爲是一種行政行爲而非司法行爲，但這並不表示部長可以不論對錯，恣意而爲，亦不因此即不受法院的司法審查。本席認爲妥善的行政行爲應是將農民的請願案提交調查委員會，由其決定應否賠償農民的損失，這也正是國會設立調查委員會的目的，部長不得違背此立法目的，也不能不附正當理由拒絕將請願案提交調查委員會。

最高法院審理結果，多數贊同 Denning 之看法，撤銷上訴法院之判決，判決 Padfield 等人勝訴，Reid 法官提出主要法律意見。法官 Reid 認爲：是否有裁量權並不是問題，重點在於裁量權的行使不得違反法案的立法目的。在本案中，「設若部長在任何狀況下如此指示」(If the Minister in any case so directs) 之用語固表示部長有某種程度的裁量權，但是就裁量權的本質及範圍並無明確的規定，這就必須探求立法的眞諦，從而，本案中部長並未依法適當的行使裁量權，本席判決農業部長應將該請願案交予調查委員會調查。

四、Padfield 判決之意義及影響

在英國行政法上，如本文第三章所述，法律所授與行政機關之裁量權，固以使用「客觀語言」(objective language) (注三三) 居多，但亦經常使用甚多之「主觀語言」(subjective language) (注三四)。例如「如部長滿意」(if the minister is satisfied) (注三五)；「對委員會似乎是」(if it appears to the board that) (注三六)；「如部長認爲適合」(if the Minister thinks fit) 等均是，本案中所使用之「如部長指示」(if the Minister directs) 亦然，屬主觀語言之一種。當條文使用主觀語言時，

注三三：參閱 Wade supra at pp. 407～408.

注三四：有關 subjective language 之討論，見 Wade, supra at pp.393-394.

注三五：Section 68 of the Education Act 1944 provided that "the Minister, if 'satisfied' that any local education authority has acted or intended to act 'unreasonably' with respect to the exercise any power conferred by the Act...may.., give such discretion as to the exercise of the power...as appear to him to be expedient." see Wade, supra, at p. 255.

注三六：例如在 Estate and Trust Agencied Ltd. v. Singapore Improvement Trust [1973] A.C. 898 之案中，系爭之條文即有 "Whenever it appears to the Board that a house was unfit for human habitation" 之字句，see Wade, supra. at p. 255.

立法者之意圖很明顯，無非在授與部長或委員會排他的或獨一的判斷權，以判斷行政裁量權之條件是否已成熟。此種得以便宜行使之權力乃在於提高行政機關之效率，但如裁量之行使如 Wednesbury 案例所示其結果顯屬荒謬時，或有其他程序上之瑕疵，法院自得撤銷之。惟如行政機關拒絕行使裁量權，人民是否有權要求其行使則有疑問。自行政部門之觀點言，既稱裁量權爲一種「權力」（power），則當無行使裁量之法律「義務」（duty）。

如前所述，英國傳統上均採「公共義務原則」而否定對國民個別之法律上作爲義務。所謂「公共義務原則」（The public duty rule），如同法官 Atkin 所闡釋（注三七），乃指當法律（statute）賦與行政機關權限或遜課予法律義務（statutory duty）時，行政機關雖有依法作爲之義務，惟此義務乃係對國家（state）或公衆（public）所負之義務，並非對國民個人所負之義務，國民個人要難因此即謂已取得要求行政機關作爲之權利，亦不能因行政機關怠於行使其權力即取得損害賠償請求權。故在 Dawson v. Bingley Urban Council 案之判決中（注三八），法官 Vaughan Williams 宣稱：行政機關單純之法定義務之不作爲不構成起訴之原因（the mere omission of a public authority to perform a statutory duty was not actionable）。

但此種推論或前提（preposition）在 Padfield 案中遭到清楚且有力之批判。法官 Reid 指出：部長在本案中之考慮很明顯地是基於錯誤之理由（plainly a bad reason）；部長有權力但應更有義務正確行使裁量權以實現系爭法律之政策（the policy of the Act）。法官 Denning 及 Reid 均主張此種由主觀語言所賦與之裁量權之行使與否並非不受拘

注三七：East Suffolk Rivers Catchment Board v. Kent　[1941] A.C. 74, 88, H.L. per Lord Atkin.
注三八：[1911]　2 K.B. 149.

束（not unfettered），乃有積極行使之法律義務。

　　Padfield 判決之重大貢獻即在於此裁量義務或作爲義務之確立。經由此判決，英國行政法學終於發展出類似大陸法系之「行政介入請求權」。兩法系發展殊途而同歸，於承認人民有行政介入請求權或無瑕疵裁量請求權之前，在理論上均面臨共同之難題。裁量權之行使既係機關法定權限之行使，自大陸法之觀點言，人民所承受之利益者原不過是如 George Jellinek 所描述之「反射利益」（Reflexwirkung）（注三九）；自英美法之觀點言，行政機關所負者不外是對抽象之公眾所負之「公共義務」（public duty），則個人如何能主張行政機關有對其適當行使其裁量權之權利？又縱已證明國民在系爭案件中有此請求權，但法律或普通法既授與決策者有效果裁量（大陸法）或主觀裁量（普通法）之權限，則又如何說明在特定情況下，決策者已實質逾越權限（或濫用權力）而違法？Padfield 案之判決一舉克服「公共義務原則」理論之障礙，使合理原則能適用於裁量權不行使之情形，迎頭趕上大陸法系，往後之類似案件（注四〇）即循此軌跡而發展，故本判決實具有劃時代之意義。

〔伍〕合理原則內涵之擴張

—— 先驅判例 Council of Civil Service Unions v. Minister for the Civil Service ［1985］ 1 A.C. 374.

注三九：此理論爲 George Jellinek 於一八九二年提出，有關反射利益與公權區別之起源及其作用，詳見 George Jellinek, System der subjektiven öffentlichen Rechte (Freiburg I.B. : Mohr, 1892), esp. Allgemeiner Teil VI: *Reflexrecht und subjektives Recht*, pp. 54-67; (Tübingen: Mohr, 2nd ed., 1905) , pp. 67-81.

注四〇：See Anns v. Merton London Borough Council ［1978］ A.C. 728; Secretary of State for Education and Science v. Tameside Metropolitan Borough Council ［1977］ A.C. 1014，引自 Wade, supra p. 359, note 51.

一、傳統之迷思——司法審查不及於國王特權

國王特權（The prerogative powers of the King）乃是英國法上非常特有之現象。其由普通法（common law）所創造及控制，但是由國會以法律明文修正（modified）或縮減（abridged）之。大致上，所謂國王特權乃指：條約之簽立（The making of treaties）、外交政策之指導擬定（to conduct foreign policy）、宣戰與媾和（making peace and war）、國土之保衛（The defence of realm）、特赦之特權（The prerogative of mercy）（注四一），其中部分與法國或日本行政法上免於司法審查之統治行為（acte de Gouvernement; act of state）相當（注四二）。在法國或日本，統治行為被認為在性質上是法院所不能審查的，而與裁量權是否絕對自由毫無關係。在英國，傳統亦認為在國王特權之情形，普通法已賦與國王（及其任命之內閣大臣）眞正自由之裁量權，而其裁量權之行使法院無法審查（注四三）。

本案 G.C.H.Q.在英國公法史上之重大意義即在擴大司法審查之範圍，使合理原則之適用範圍及於傳統所不及之國王特權。

二、G.C.H.Q. 案件之事實及系爭之重點

政府通訊總部（Government　Communication　Headquaters;　GCHQ）是外國聯邦部之下的一個公共服務分支機構，其主要的功能在

注四一：For the details of prerogative powers, see David M. Walker, *The Oxford Companion to Law* (Oxford: Clarendon Press, 1980), pp. 982 ～983；Wade, supra pp. 240～242.

注四二：法國行政法院常援用統治行為理論做為拒絕審查外交關係（例如有關法國與他國條約之簽訂）或與國會關係爭議之法理基礎，認為行政法院對之並無審查權。

注四三：Bl. Comm. 250, 252. 引自 Wade, supra, at p.391, n. 17.

於確保英國軍事及官方通訊的安全以及提供政府機密的情報，而與國家安全息息相關。該部之員工均被允許，事實上是被鼓勵，參加全國總工會（national trade unions），直到本案發生時，在政府與全國總工會間有一行之有年的慣例，即任何關於僱傭條件的改變必經過事前協商。一九八四年一月二十五日，外國聯邦部州務卿在未經過事前協商的情形下，於英國下議院（The House of Commons）宣布，政府決定頒布新的服務條件並立即生效，條件的內容是政府通訊總部員工不得再參加全國總工會，只能加入分部員工協會（The Departmental Staff Association）。該部的六個工會及個人員工為此提本訴，主張被告違反程序上之義務，亦即未於行使權力前，公平地徵詢利害關係人。

本案系爭之重點是，法院的司法審查權限可否基於程序不合法的理由審查該命令，特別是：(1)該命令的法源是國王特權（royal prerogative），而非成文法；(2)該命令事關國家安全。

三、G.C.H.Q. 判決理由

法官 Fraser of Tullybelton 稱：本席認為公務員之行政行為不能因其法源係普通法（common law）而非成文法即可豁免於司法審查。誠然立法者——即元首或國會，經常授權委任某人或某機關，委任授權的範圍則視授權之法源而定，但不論委任授權的法源為何，本席認為「通常」均適用於司法審查以確保不致發生權利濫用的情形，之所以用「通常」二字是考慮到在不涉及國家安全的前提之下。

此外，很清楚地，員工並沒有要求事先協商的法律上權利（legal right），但本席認為，即使主張享有利益或特權之人並無法律上的權利得以享受此利益或特權，在私法上伊有合理的期待享受此利益或特權時，在公法上，法院即以司法審查的方式保護該合理的期待。因此，依本席之見，若本案不涉及國家安全的問題，原告有合法的期待，部長在

頒布命令前，與原告進行事前協商。

　　本案中，被告證明事前協商有引發政府通訊總部騷動之虞。因此認為被告是基於國家安全的考慮拒絕事前協商，而國家安全之重要性應優於原告合理的期待，是故原告之訴應予駁回。

四、G.C.H.Q. 判決之意義及其影響

　　在本案中，法院認為國家對公務員之任命乃屬公法上國王之特權，法官 Fraser 並承認未有明顯之理由可以使國王特權豁免於司法之審查，其他法官 Brightman, Scarman、Diplock 及 Roskill 亦均持同樣肯定之見解。法官 Scarman 即稱：「本席認為司法審查制度已發展至得以審查國王特權之階段。法院應以過去審查法定權限（statutory power）所發展出之各種行政法原則以審查國王之特權」（注四四）。法官更明白指出：「法院在行使司法審查權審查國王特權時，本席未發現任何更重要之理由足以將合理原則排除於審查之基準之外」（I see no a priory reason to rule out irrationality as a ground for judicial review of a ministerial decision taken in the exercise of prerogative powers）（注四五），自此，合理原則可以適用於國王特權之審查乃告確立。

　　本案另一層重要意義在於為合理原則之內涵開拓更重要之空間。確立「程序之不適當」（procedural impropriety）得做為司法審查之基準。依法官 Diplock 之看法，程序不適當包括有自然正義程序（即公平聽證及反偏見原則）之違反及「法律上期待」（legitimate expectation）之違反，並且包括行政訴願機關（administrative tribunal）違反內部之

注四四：[1984]　3 W.L.R. at p.1193.
注四五：*Council of Civil Service v. Minister for the Civil Service* [1985] 1 A.C. 374, at 411, per Lord Diplock.

行政規則（procedural rule）。此所謂法律上期待，乃包含於合理原則範圍內，不僅如 G.C.H.Q. 案中所指之解僱前事先諮詢之程序上期待，根據 Patrick Elias 及 G.L. Peiris 等人之看法，尚且包括實質上某種利益或特權之期待（注四六），例如，在 O'Reilly v. Mackman（注四七）案中，受刑人依監獄規則第五條第二項得有三分之一刑期之減免，此種減免既已構成普遍運作之狀況（general practice），而形成一般受刑人之共同認知，則受刑人自因此有「法律上期待」（legitimate expectation），違反此種期待則構成司法得以審查其行政行為是否合於合理原則之原因（注四八）。

最後，本案影響英國行政法深遠的即是法官 Diplock 正式引進比例原則進入英國行政法，宣稱比例原則可為英國司法審查之基礎，為傳統合理原則注入大陸法之精神。但英國行政法多年來雖未有比例原則之名，惟如同法國一般，卻早有比例原則適用之實。蓋依法官 Greene 所述，合理原則之所謂不合理既可用以廣泛描述所有一切本不應為之事，則其內涵當然包括比例原則自毋待贅述。在 Wheeler v. Leicester City Council（注四九）案中，法官 Roskill 認為市政府僅因該英國橄欖球俱樂部(rugby club)未制止其隊員參加被抵制之南非比賽即撤銷其執照，其所用之手段（means）與所追求之法律目的（legitimate objective）間顯失公平（注五〇）。

注四六：G.L. Peiris supra, at pp. 66-70.
注四七：［1982］3 W.L.R. 1096.
注四八：有關判決文詳見 J. Beatson and M.H.Matthews. *Administrative Law*,supra at pp.324～325.
注四九：［1985］A.C. 1052(C.A.)
注五〇：引自 Jowell & Oliver, supra at p.61.

〔陸〕結論

　　英國法學之發展大抵偏重於私法，但其行政法之發展亦有很長之歷史，自然正義之概念即其一端，而現代意義之行政法直至十七世紀後半葉方始發展（注五一）。一六八八年英國暴發歷史上有名之大革命（The Revolution of 1688），國會獲勝，The Privy Council 之權力大幅縮減，相對地，普通法法院（common law court）系統之 The Court of King's Bench 開始取得行政機關之行政行為之審查權，是為英國近代司法審查制度之濫觴（注五二）。自此以後，英國普通法院系統對於行政法各種原則之發展突飛猛進，越權原則（The Doctrine of Ultra Vires）之內涵益趨精緻。

　　迄二十世紀初，現代行政國家（The modern administrative state）之雛形形成。福利國家（welfare state）之概念被普遍接受，而產生了所謂「行政國家」（administrative state）（注五三）。此福利國家或行政國家之概念，依學者 Wade 之分析，可溯自一九一一年之「國家保險法」（The National Insurance Act）、一九二○年「教育法」（The Education Act）、一九○八年「撫卹金法」（The Pension Act）、一九○九年「房屋及市鎮計劃法」（The Housing and Town Planning Act）

注五一：H.W.R. Wade *Administrative Law* (Oxford: Clarendon Press, 6th ed., 1988), p.15

注五二：有關英國司法審查制度之歷史，詳見 S.A. De Smith, *Judicial Review of Administrative Action* (London: Stevens, 4th ed., by J.M. Evans, 1980), chapter 1: The place of judicial review in administrative law.

注五三：此行政國家之觀念類似於法國在本世紀初興起之「公務」概念及德國之給付國家之概念。有關行政國家一詞之詳細解說，見 Wade supra note 51, at pp.3-4.

（注五四）。此後數十年間，國會大舉立法，從社會保險至家庭津貼、失業救濟，對人民之照顧可說從搖籃至墳墓。行政部門權限因之大為擴張，濫用之機會日多，相對地，司法之任務加重，學者 Wade 因之將行政法定義為「保護人民使免於行政機關濫用其權力之法」。然則，政府機關如何濫用權限？一言以蔽之，最可能之場合莫過於「裁量權」(discretionary power) 行使之際。是以裁量權行使之界線及審查之原則乃成為行政法研究之核心，合理原則乃因之而逐漸發展，並係近年來為英國行政法注入最旺盛之原動力及生命力之法律原則之一 (The principle of reasonableness has become one of the most active and conspicuous among the doctrines which have vitalised administrative law in recent years) （注五五）。

如前所述，在英國傳統上，法官只能審查形成行政處分時是否符合程序之標準 (procedural standard) （注五六），即法官 Diplock 在 G. C.H.Q. 案中所稱之「程序不當」(procedural impropriety)（注五七），而不能干預此決定妥當與否，但一九四八年之 Wednesbury 案改變一切，在合理原則之下，法院之審查從形式之程序及於實質之審查，英國行政法自此跨越了一大步。儘管如此，但就國家怠於行使其裁量權部分，比諸德國，早在一九二一年雪橇事件 (Rodefall) 之判決已確立行政介入請求權（注五八），英國行政法之發展仍稍嫌落後，一九六八年之 Padfield 案改變此情形，法院首度以判決確認：當法規以主觀語言之方式授與行政機關裁量權時，該裁量權之行使乃行政機關對各個人民所負之法

注五四：以上各法律之立法經緯，參見 Wade, supra at pp.3-4.
注五五：Wade, supra at p.398.
注五六：G.L. Peiris supra p.53.
注五七：有關 G.C.H.Q. 案例詳見本文〔伍〕。
注五八：詳見原田尚彥，行政責任と國民の權利，弘文堂，昭和五十年初版，頁六○～六一。

律上義務，從而利害關係人得以經由訴訟主張對於行政機關有行政介入
請求權。其後，G.C.H.Q.案確立司法審查得及於傳統上法院所不能干預
之國王特權，並正式承認比例原則得以做爲司法審查之原則，至此，合
理原則之內涵深度，歷經各案例之演進，可包含下述經常可互爲替代之
概念：

(1)不適當之動機或目的（improper motives or purposes）；

(2)考慮不相關之因素（acting upon irrelevant considerations or
taking into extraneous matters）；

(3)未考慮相關因素（failing to take account of relevant consider-
ations）；

(4)非理性（irrationality）；

(5)荒謬（absurdity）；

(6)惡意（bad faith 、malice）

(7)不誠實（dishonesty）；

(8)恣意（arbitrariness）；

(9)剛愎（perversity）（**注五九**）；

(10)反復（caprice）；

(11)過分（outrageous）；

(12)禁反言（estoppel）之違反；

(13)忽視公共政策（disregard of public policy）；

(14)法律期待之違反（violation of legitimate expectation）；

(15)違反比例原則（violation of proportionality）；

(16)法律解釋錯誤（to direct himself improperly in law）。

英國行政法之合理原則，擴張司法審查之權限，自程序之審查及於

注五九：Weinburger v. Inglis ［1919］ A.C. 606, citing from Peiris, supra at
56,n.27.

實質之審查，自政府之積極行爲及於消極行爲，比諸我國對比例原則之適用之案例仍係鳳毛麟角之情形（注六〇），英國行政法在此領域之進步可謂與德法並駕齊驅，各擅勝場，足堪爲我國借鏡。

注六〇：我國憲法第二十三條雖係有關比例原則之規定，但尚無援用比例原則而宣告法律無效之解釋。第一〇六號解釋有提及債權之行使及履行債務應以達成國家總動員法所定任務之必要者爲其限度，但並未宣告該法之制定違反比例原則，相關之解釋另見釋字第一九四號。

析論禁止恣意原則

張錕盛

析論禁止恣意原則

〔壹〕前言

　　一七七六年七月四日公布的美國獨立宣言中稱：「我們認爲所有的人，都是平等的，它們由天生授與某種不可讓與之權利，這種權利，是生命、自由，和幸福之追求，這是極明顯的眞理」以此揭櫫了「基本人權」保障之理念，而其中「平等」被視爲一切基本人權之基礎，亦即必須所有之國民不論男女、種族、宗敎，在法律上一律平等，而後自由權利和其他權利之保障，始得普遍與徹底（注一）。

　　各國憲法，如美國憲法修正案第十四條規定：「任何州均不得對其管轄範圍內的任何人，否認法律的平等保護」，德國基本法第三條第一項：「法律之前人人平等」，日本憲法第十四條第一項規定：「任何國民在法律上一律平等，其在政治上、經濟上或社會上之關係，不因人種、信仰、性別、社會身份或門第而有差別」，我國憲法第七條規定：「中華民國人民無分男女、宗敎、種族、階級、黨派，在法律上一律平等」，均尚不足以闡明「平等」之意義。至於通常我們對「平等」的了解，乃承襲亞理斯多德「平均正義」和「分配正義」的理念，亦即是「相同的事

注一：請參閱林紀東，福利國家與基本人權，憲政思潮，二期，五十七年四月，頁二七～二八。

物爲相同的處理，不同事物即爲不同處理」之原始意義（注二）。至其何者爲同，何者爲異與乎同異之標準何在，殊有爭議。德國從 G. Leibholz 提出禁止恣意（Willkürverbot）的公式後，聯邦憲法法院即依此展拓出廣泛的判決（注三）。此公式雖遭致其無法賦予平等原則實質內涵之批評，卻提供了一個審查國家行爲是否合法、合憲的原則，而獨立成爲一個重要的原理原則，亦即「禁止恣意」原則。

本文亦即就此原則從平等原則適用之演變探求其始源，而描述其概念，進而探討其審查之基準。而後就其於國家行爲之審查上，亦即在立法、行政及司法上如何適用加以陳明，期使此原則得以落實於我國法制之上。

〔貳〕平等原則適用之演變

如前言所述，「禁止恣意」原則乃係由「平等原則」所衍生出之概念，故在探討此原則時，不得不就「平等原則適用」之演變，抑或「平等權之演變」予以描述，以探求其始源。

傳統對平等權的認知，係指「在法律之前，人人平等」，亦即平等權僅適用於「法律執行」之上，亦即「法律適用之平等(Rechtsanwendungsgleichheit)」。而這種平等原則之概念，要求執行法律之機關——行政及司法機關——，不能因該法律所規範對象之差異，而異其規範之標準。使得法律適用之平等成爲「法律遵循之平等 (Rechtsbefolgungsgleichheit)」。而此種「形式意義」之平等，只要求若社會有甲之情形發生，符合乙之規定，則應有丙之法律結果產生。如此，「平等」已被「合法」所

注二：劉得寬，法與正義，收於氏著，民法諸問題與展望，民國六十九年，頁五三三以下。

注三：BVerfGE 4, 144, 155; 50, 177, 186;51, 295, 300; 60, 10, 42.

涵蓋，而顯得較不重要（注四）。且此種見解，除助長了法律的權威外，並不能展現平等原則在憲法上的地位（注五）。

　　而也由於此種「形式意義」的平等之缺陷，德國學者在受到美國及瑞士憲法學理及司法判決之影響及衝擊，復又基於威瑪憲法異於以往憲法之特性，開始將平等原則之拘束對象，由原本「法律適用之平等」轉而對「立法者」亦有其適用。此種見解，在1925年兩位德國學者 G. Leibholz 及 Aldag 分別出版之「法律之前的平等（*Gleichheit vor dem Gesetz*）」論著下拉開序幕，可說是平等權的「意義轉變（Bedeutungswandel）」。在此理論下，法院擁有審查法律有無違反平等原則之權限。因此，我們稱此種平等原則，不僅是法律適用之平等原則，同時也是「法律制定之平等（Rechtsetzungsgleichheit）」。而這種見解之根據可求之於德國基本法第一條第三項的規定：「下述基本權利視同直接有效的法，拘束立法、行政、司法權」（注六）。

　　由於「平等原則」涵義之演變，「平等」已非原本「合於形式意義法律」所得以涵蓋，尤其在法院得以審查立法是否違反「平等原則」時，「平等原則」之審查標準便成為學者及憲法法院努力之方向，「禁止恣意」原則，便在此種要求下，成為了「平等原則」審查的基準。

〔參〕禁止恣意原則之概念

一、「禁止恣意」之意涵

　　德國聯邦憲法法院將基本法第三條第一項解釋為「禁止恣意」之原

注四：陳新民，平等權的憲法意義，憲法基本權利之基礎理論（上），頁四九八。
注五：邵子平節譯，平等及合法原則，憲政思潮，五期，五十八年一月，頁一四六
　　　～一四七。
注六：參照陳新民，前揭文，頁五○二～五○三。

則而建立下述著名公式：「如果一個法律上之區別對待或相同對待不能有一個合乎理性、得自事物本質或其他事理上可使人明白之理由，簡單地說，如果該規定被認爲恣意時，則違反「平等原則」。

　　所謂恣意，依其字義可解釋爲 WILL 和 KÜR 二部分，在此我們可以發現隨意（freies Belieben）及「缺乏準則之力（Machtohne Mabstab)」這兩個主觀及客觀之要求（注七）。然而聯邦憲法法院在使用恣意這個法律概念時，卻偏離了此用法。依其判決，恣意的認定並不包含主觀的責任非難（Schuldvorwurf），而是意謂著相應於其所欲規範之事實情況，在客觀的意義下，一個措施事實上和明白的不適當性（Unangemessenheit），也就是規範本身對被規範的對象而言，具有事實的和明白的不適當性（注八）。就行政而言，根據禁止恣意原則，行政官署之任何措施與該措施所處理之事實狀態之間，必須保持適度的（angemessen）之關係。由此可知，禁止恣意原則，並不是指禁止故意的恣意行爲，而是禁止任何客觀上違法憲法基本精神及事物本質之行爲（注九）。

　　而所謂「恣意」，即與「欠缺合理的、充份的實質上的理由」同義。也就是並未依照「事物的本質」及「實質正義」所爲之行爲。

二、禁止恣意之審查標準

　　關於國家行爲是否構成恣意，德國聯邦憲法法院原則上係以「事物本質」以及「正義」爲其審查之準則。而何謂「事物本質」殊值探討，以下即對此二概念論之。

注七：Vgl. R. Zuck, Was ist Willkür, MDR 9／1986, S. 723ff. 轉引自盛子龍，西德基本法上平等原則之研究，憲政時代，一三卷三期，七十七年一月，頁六五。

注八：Christian Starck，基本權利的解釋與影響作用，許宗力譯，法與國家權力，頁四九六～四九七。

注九：林錫堯，行政法之一般法律原則（上），財稅人員進修月刊，六五期，頁一五。

㈠以「事物本質（Natur der Sache）」爲審查標準

1.「事物本質」之意涵

探討「事物本質」得從其字義上「事物」、「本質」來解析，前者乃指「事物狀態」之存在，而後者則涉及「價值判斷」。因此，我們從學者間的各種闡述，可以認爲「事物本質」乃是由社會生活關係中就事物之性質所分析出之法律上重要的特徵，而這種特徵乃屬「理所當然」者，將此類特徵作爲法律規範之要素，即爲「事物之本質」（注一〇）。亦即將「現實上的存有（Sache）」加以「評價」使之成爲「法律規範」之要素。因此，有學者即認爲在方法二元論下，「事物之本質」乃是「當爲」和「存在」之橋樑（注一一），而爲「規範」與「現實」之連接點（注一二）。

2.事物本質之具體分析

如前所述，「事物的本質」乃由「事物」與「本質」二者結合。而所謂「事物」乃係指受法律規範之客體所包括之「物」和「人」。此所指之「物」包括了「自然事實」，「法律關係之既存模式（Vorformen der Rechtsverhaltnisse）」以及「受法律規範之法律關係」等（注一三），凡足以成爲法律規範之客體，亦即有受法律評價之意義者，皆屬之。如「自然事實」中，「地球之轉動」對於「期日」、「期間」之計算有其價值；電話的發明，使發話人與受話人間於締約時意思表示之解釋產生疑問，

注一〇：Vgl. G. Radbruch, Die Natur der Sache als juristische Denkform, in: Festschr. Zu Ehren von Rudolf Lann, 1984, S. 9f; Maihofer, Die Natur der Sache, in: SRSP, 1958, S. 152f; G. Stratenwerth, Das rechtstheoretische Problem der Natur der Sache, 1957, S. 17. 25 轉引自高文琦，事物本質之概念及在法學上之地位，臺灣大學碩士論文，七十九年六月，頁一〜二四。

注一一：G. Stratenwerth, a.a.o.S. 17, 25. 引自同注一〇。

注一二：Barata, Juristische Analogie und Natur der Sache，引自高文琦，前揭文，頁二。

注一三：G. Redbruch, Die Natur der Sache, S. 10f. 引自同注一〇。

即具有法律評價之意義。而「法律關係之既存模式」中,「習慣」、「傳統」、「風俗」、「慣例」、「受道德所規範之生活關係」、「尚未成形之習慣法、交易類型」、「被國民唾棄之反社會行為」等皆屬之。此種「物」涉及了「價值觀念」、「社會角色」、「具體的秩序」及「制度」(注一四),其對於「法律規範」、「法律評價」多所影響。至於此所指之「受法律規範之法律關係」乃指受法律規範之人類社會生活中所有的關係、關聯及制度、如買賣、租賃或刑法上之犯罪類型等是。而所謂受法律規範之「人」,包括其「生物學上之特徵」如男女之別,「心理上之特徵」如行為能力、意思能力、責任能力等,「社會上之特徵」如商人、軍人、公務員等身分,皆是各種受法律評價之「人」的特徵。

至於「本質」,係指本身之「秩序」、「法則」、「法律上之重要性質」而作為吾人判斷客觀化及事物邏輯之基準者。因此,「本質」有其「恆久性」、「客觀性」,係經由對客體之經驗觀察加之以精神理解之判斷所得之特徵群。有學者稱這種「本質」乃客體之性質及其意涵 (Sinngehalt) (注一五)。

3.德國聯邦憲法法院之實踐

德國聯邦憲法法院很多判決,都使用了「事物本質」或「本質的」的概念。如一九四〇年十二月十五日對「所得稅及法人所得稅法」案之判決(注一六)。其認「立法者之受平等原則拘束意味著,被選擇作為法律規定之構成要件,必須是適當的 (sachgemaβ),亦即根據法律所欲規範之生活關係 (lebensverhaltnisse) 的種類 (art) 所產生之觀點,這生活關係意旨上亦不能被恣意地處理;另一方面,構成法規範的構成要件

注一四:O. Bauweg, Zu einer Lehre von der Natur der Sache, 1963, S. 45f. 引自同注一〇。
注一五:Vgl. H. Henkel, *Rechtsphilosophie*, 3. Aufl., S. 375. 引自同注一〇。
注一六:BVerfGE 29, 402 (411f.) 引自李惠宗,論平等權拘束立法之原理,憲政時代,一四卷二期,民國七十七年十月,頁一四以下。

本身必須具有同質性（gleichartig）並且是合理的。平等原則是否或在
何種程度內容許對特定情事秩序加以區別，應依現存的事物範圍之本旨
而定（注一七）。」在此判決中，「生活關係」的「特性」即所謂之「事物」
的「本質」。而一九五七年一月二十三日關於「聯邦選舉法」之判決則更
具體的說明：「平等原則並不要求立法者無條件地平等地處理每個人及
其重要之社會團體，而仍容許透過客觀的衡量（sachliche Erwägun-
gen）合理地加以區別（Differenzierung），平等原則是否或在何種程度
內容許對於特定情事秩序加以區別，應依現存事物範圍（Sachbereich）
的本質而定。對於事物範圍的選擇則依「歷史的發展」及「基本法民主
平等的基礎」而定，即每個國民和其他國民一樣，都應該能夠依個人意
志決定何人依其意願可為國民之代表（Volksvertreter），故基本上這一
張選票對選舉結果所能產生的法律影響應與他人相同。基本法所創造之
自由的民主基本秩序，每個國民在選舉權實現的平等評價是國家秩序本
質之基礎。因此，選票對數字及結果價值之重要性，不能基於教育、宗
教、財產、階級、種族或性別而予以區分；同樣亦不能基於選舉人自己
決定的政治意見而被差別待遇。因為，依基本法第二十一條第一項，政
黨的任務正是在參與人民政治意見的形成，故憲法所保障之自由的建
立，基本上亦是選舉自由發展；亦即所有政黨全部的平等權必要時始受
拘束。對於國家生活有危害的政黨僅能夠依基本法第二十一條第二項，
加以排除。」（注一八）其所謂選舉的「事物」範圍，以「歷史發展」、「基
本法民主平等的基礎」為其根據，即與前揭「法律關係之既存模式」及

注一七：BVerfGE 6, 85（91f.）引自同注一六。
注一八：基本法第二十一條第一項：「政黨應參與人民意見之形成。政黨得自由組
　　　　成。其內部組織須符合民主原則，政黨須公開說明其經費來源。」第二項
　　　　「政黨依其目的及其黨員之行為，意圖損害或廢除自由、民主之基本秩序
　　　　或意圖危害德意志聯邦共和國之存在者，為違憲。其有無違憲問題，由聯
　　　　邦憲法法院決定之。」

「受法律規範之法律關係」相若，而以此「透過客觀衡量」合理地加以區別，即與「容許以及何種程度內容許對於特定情事秩序加以區別」，即所謂「事物」的客觀性質及意涵，亦即與「事物」的「本質」相符。

4.小結

我國司法院大法官會議並未直接以「事物本質」作爲審查標準，但究其所述之內涵，實有考量「事物本質」作成之適例，如釋字第一七九號之解釋理由書中所述：「……次按憲法第七條所稱中華民國人民無分男女、宗教、種族、階級、黨派，在法律上一律平等，並非不許法律基於人民之年齡、職業、經濟狀況及彼此間之特別關係等情事，而爲合理之不同規定。……」故若欲有差別待遇，仍須在客觀的「自然事實」、「法律的既存模式」及「受法律規範之法律關係」值得被法律作不一樣之評價始稱得上「合理」，而始非「恣意」。又如釋字第一八七號述及特別權力關係時，於其解釋理由書中指出：「……按憲法第十六條所謂人民有訴願及訴訟之權，乃指人民於其權利受侵害時，有提起訴願或訴訟之權利，受理訴願機關或受理訴訟法院亦有依法審查決定或裁判之義務而言。「此項權利，因其具有公務員身分而有所差別」，如公務員關於其職務之執行，有遵守法律，服從長官所發命令之義務，除長官所發之命令顯然違背法令或超出其監督範圍外，下屬公務員縱有不服，亦僅得向該長官陳述意見，要無援引訴願法提起訴願之餘地。……」此號解釋以「公務員身分」作爲「差別待遇」之依樣，亦即以受法律規範的「人」之社會上特徵；所作的價值衡量爲其依據。而釋字第二二一號之解釋亦指出：「憲法第七條所定之平等權，係指爲保障人民在法律上地位之實質平等，並不限制法律授權主管機關，斟酌具體案件「事實上差異」及「立法目的」；而爲合理之不同處置。……」此中，「事實上之差異」亦即「事物本質」上之差異。又釋字第二○五號對於「退除役軍人轉任公務人員考試」以「因應事實上之特殊需要」及「舉辦考試之目的」在於安置退

除役官兵就業爲由，作爲差別待遇。以相對之客體——「考試」——而言，並非究其「事物本質」上之差異爲其依據，這種純粹以「合目的」之考量，殊不足採，而與平等原則之本意相去甚遠。

㈡以正義作爲審查之標準

德國學說及判例在探討「禁止恣意」時，常有引用「以正義思想爲取向之觀察方法」或以「支配社會之一般正義觀」作爲其審查標準。在此之「正義思想」、「一般正義觀」之內涵如何？由於「正義」之定義在學說上多所分歧，以下僅就較常被使用之觀察方法作介紹：

1.「形式正義」與「實質正義」

前者不外爲法之理念，而且以力爲後盾而求貫徹其理念上之方向。後者，則將道德上之善吸收於正義的形式之中，因而轉化爲法的正義（注一九）。就「形式正義」言，有學者指出，其係所有正義概念的唯一共通要素。這種正義存在於對所有屬於同一本質之範疇的成員給予平等的對待，就其『準則』，我們能加以公式化的唯一要求，即爲該準則非出於恣意，並須具有正當的理由說明它係從某特定的規範體系推論出來」。而這種「形式正義」下之「準則」必須「正當」且「合理」。此所指之「正當」乃指與「確認體系的價值有關之事物及去除一切恣意的事物」。而「合理」則指「以普遍性爲目標，亦即對整個『屬於同一本質之範疇的成員』有效」（注二〇）。由此，我們可以對「形式正義」有一基礎的了解：在一個具有普遍性的規則下，任何具備該項規則所定條件的人，皆被不偏不頗地適用。亦即「相同事物爲相同之處理」。「實質正義」乃在於「實質

注一九：洪遜欣，法理學，三民書局，七十一年十二月，頁二七〇；韓忠謨，法學緒論，頁一二七。

注二〇：L. Perelman, Dela Justice (1949)，*The Idea of Justice und the Problem of Argument*，(English ed. 1963)，頁六〇。轉引自楊日然、耿雲卿、蘇永欽、焦興鎧、陳適庸合譯，法理學（*Legal Theory*），(W. Friedmann 著) 司法院印行，七十三年六月，頁二五～二七。

的規則」（法律）本身是否在公平上有其特殊價值，亦即在判斷「符合形式正義的條件」下之規則是否眞正符合「正義」上，其所扮演的乃是一個「實質」公平之角色。此所指之「實質公平」即在使每一個人各得其分。亦即「不同的事物爲不同之處理」。

2.「平均正義」與「分配正義」

前者，係基於嚴格平等之原理，即依照算術的比例，確定各個人之利益與不利益之應得分。其目的在要求各人基於平等的立足點而受待遇，係有鑒於人格地位俱係同等，從而機會也應該均等（注二一）。後者，係基於比例平等之原則，即依照幾何學之比例，確定各個人之利益或不利益之應得分。其目的在因人的秉賦不同，智愚各異，有才智過人者，貢獻特多，有愚蠢不肖者，貽害社會者，若不問各人之成就而一律同樣對待，轉非事理之平，所以社會對於個人，在申明賞罰進賢退不肖之際，又須按照各人之成就而以其所值者歸之，殆屬理之當然。「平均正義」與「分配正義」乃相輔而行。在立法上，遵守「分配正義」，使「相同之事物作相同之處理，不同之事物作不同之處理」。而後，在法的適用（即執行）上，則遵循「平均正義」使一個相同案件，得一體適用相同之法律（注二二）。

3.「法律正義」與「社會正義」

所謂「法律正義」是指關於總體社會（Gesamtgesellschaft）與其構成員，尤其關於國家與國民相互關係之法價值理念。此「法律正義」之適用對象，係指總體社會（尤其國家）之業已成文化之共通善。故受法律正義支配者，係奠定總體社會尤其國家之「實證法」上共通善之基礎，並實行此種共通要求的基本義務，以及爲履行該項義務所必要之一切義務，其中尤以國家機關與國民所應遵守之義務爲最重要。此「實施

注二一：洪遜欣，前揭書，頁二七五；韓忠謨，前揭書，頁一三三。
注二二：同注二一。

共通要求之基本義務」即指立法機關應制定鞏固實證法上共通善之基礎
之必要法規；而「履行該項義務所必要之一切義務」則指其他國家機關
應妥善行使職權之義務。此種「法律正義」即一般所稱之「一般正義」
（注二三）。而「社會正義」係關於社會經濟勞動共同體，應對於各協同體
或其構成員，按照彼等之協同部分，分配因其勞務協同所得生產之法價
值，故「社會正義」的適用對象，係關於勞動共同體，應對於勞動協同
者比例分配生產之共通善。此種勞動共同體之「分配義務」及社會「協
同義務」本身乃係基於「自然法」而生，故又稱「自然正義」。與「法律
正義」不同。而其基於「實證法」或「自然法」之不同，亦即自然正義
重視所謂「法律規範」，乃是基於人類自然本性客觀存在之共通善。也因
此，法律正義又被稱為「相對正義」或「客觀正義」。自然正義則被稱為
「絕對正義」或「主觀正義」。

　　4.小結

　　「正義」乃係一多義之概念，若以其作為「禁止恣意」審查之標準，
則或可因司法對立法者理智決定之尊重而放棄其審查功能；或可因司法
者自為主觀判斷之藉口，而使之成為專斷者。而且「正義」究係主張係
「法律正義」或「自然正義」，則皆非妥適，蓋「法律正義」往往流於「立
法取向」亦即純粹合目的性考量；「自然正義」則雖具指導法律之功能，
卻給予司法者主觀判斷之藉口。於此，倘就「正義」為審查標準，則亞
里斯多德之「分配正義」及「平均正義」則提供較佳判斷基礎，有其參
考價值，尚值得參酌。然就「分配正義」仍須究其「事物之本質」如何
而為判斷。故本文以為，德國學說及判例，尤其聯邦憲法法院將「事物
之本質」與「正義」作為審查標準時，無論將之並列如「如果存在事物

注二三：參閱洪遜欣，前揭書，頁二七八～二七九；韓忠謨，前揭書，頁一九六；
　　　　Dennis Lloyd, *The Idea of Law* 張茂柏譯，法律的理念，頁一〇五～
　　　　一二五。

本身的法以及社會之基礎之一般正義被忽略時，平等原則即被違反」（注二四）。或以「正義」爲事物本質之評價標準如「平等原則並未使立法者負有義務，在所有情況下將不同之事物爲不同之對待。具有決定性的毋寧是根據以正義爲取向的觀察方法，該事實上之差異性在各個被列爲考慮的牽連上是否如此具有意義，以致於立法者在規範時必須加以重視。在此，正義似乎又成爲決定那些事物之本質以及在如何範圍內是具有意義的評價標準。」而或是以事物本質爲正義之基礎如「如立法者採取之特別規定顯然地不是取向於正義思想，也就是說，如果無法發現合理之考慮，是違反平等原則的。」「正義」似乎不宜作爲首先審查之利刃，而僅能作爲在「事物本質」或「事物本質」不易釐清時的補充之理論依據。

〔肆〕「禁止恣意」在法制上之運用

上述就「禁止恣意」之始源、意涵及其審查標準予以抒明，其主要原因係針對「禁止恣意」雖已非審查「平等原則」之唯一標準，卻得以獨立作爲立法是否違憲，行政是否違法、違憲之判斷依據及獨立的原理原則。故「禁止恣意」在國家行爲中應如何適用，有其研究之必要，以下即就「禁止恣意」原則在國家行爲之適用上作概要性之說明。

一、「禁止恣意」原則對立法行爲之要求

「禁止恣意」作爲「平等原則」審查之標準，其主要目的即是針對「立法不平等」之違憲審查來的。故當立法者未審究其「事物之本質」而使規範本身相對於被規範之對象具有事實的且明顯的不適當性時，我們得認其違反「禁止恣意」原則，亦即違反「平等原則」。而這種「事物本質」亦即規範立法者的一種既存的認識，亦即就將來欲制定之法律已

注二四：參閱盛子龍，前揭文，頁六六。

有被規範之「事物」在法律觀念上的特徵，應作爲立法時決定「構成要件」或「法律效果」的前提認識。如立法者未將之納入「構成要件」或「法律效果」，在「事物本質」上並缺乏値得信服的合理的差別待遇之理由時，即可認爲，此時之「法律」已違反了「禁止恣意」暨「平等原則」而違憲（注二五）。

二、「禁止恣意」原則對行政行爲之要求

㈠對須經法律授權之行政行爲而言

1.立法未授與裁量權時

在立法者未賦予行政主體就某一特定行政行爲有裁量權時，一個「合法」的行政處分，亦即依據「合憲」法律規定所爲之「行政處分」實已符合了「禁止恣意」原則。然而就「不確定法律概念」部分行政機關爲判斷時，仍應考慮依「事物本質」是否得作不同之認定，亦即其對具體事件所爲之「合理差別待遇」須具有令人信服之理由。而此判斷餘地之空間，亦可由「行政先例」或「經驗法則」探究之（注二六）。

2.立法授與裁量權時

當行政機關被賦予裁量權時，其並非得「自由裁量」而係應爲「合於義務的裁量」。而此合於義務的裁量即必須依其準據和目標作正確的而非「恣意」的裁度推量（注二七）。此外，爲裁量時，對於「行政先例」與具體個案本質上是否相同，亦應探究之（注二八）。而單純個案中對於

注二五：參閱許宗力譯，前揭文，頁一九；邵子平節譯，前揭文，頁一四七～一四八。

注二六：參閱林錫堯，不確定法律概念之正確適用，財稅人員進修月刊，一二一期，頁一三～一四。

注二七：參閱翁岳生，論不確定法律概念與行政裁量之關係，載於氏著行政法與現代法治國家，一九七六年，頁四○。

注二八：參閱林錫堯譯，行政裁量，財稅人員進修月刊，四七期，頁一九～二○。

「不能理解的對事物之謬誤而引起之恣意」亦被視爲違法之裁量（注二九）。

㈡對不須經法律授權之行政行爲而言

行政主體所爲之行政行爲其不須經法律授權者，可分爲二類：一是行政主體之內部行爲；一是給付行政之部分。前者乃屬內部法之範疇，本無對外效力。但「禁止恣意」原則，對於同爲同一狀態下，是否得作不同之待遇，實有探討餘地。筆者以爲，雖屬內部法之法律關係，但其內部法之效力，禁止恣意應得作爲規律組織內部關係之一大利器。且若主管長官對於某一內部之指示，亦能作合理且令人信服之說明，其內部法之範疇，當非一「法治國家」的黑森林，且對於行政效率及下屬之士氣皆有所幫助。然如何在司法上救濟，則有其困難性，仍待解決。而「給付行政」在 Forsthoff 教授提出「生活照顧」之觀念後，行政的任務在於無限制之給付。亦即國家對於公平及社會適切的分配機會具有形成之義務（注三〇）。而也因行政任務之改變，行政主體所採取之手段，已不限於往昔高權的行政行爲，行政主體在非法律保留之範圍內，得選擇其他形式之手段，如事實行爲，公法上契約，及私法形式以達成其行政目的。而此時，「禁止恣意」原則，實有使給付平均分配於所有具相同條件之人，此亦是避免行政主體專擅或和企業掛鉤之防線。故「禁止恣意」在追求實質平等的價值上，並不隨著國家理念之改變而減損，反而更有助於「正義」之追求。

三、「禁止恣意」對於司法行爲之要求

㈠普通法院及行政法院

注二九：翁岳生、前揭文，頁二〇。
注三〇：參閱涂朝興，行政私法之研究，政大碩士論文，七十九年六月，頁五～九。

由於「司法」乃係「對於當前具體個案就法律及其精神的正確認識，經邏輯且獨立判斷，而後適用法律的審判作用（注三一）」故其具有「對法律之認識」及「獨立判斷」之特色，此所以法院審判須記載判決「理由」（民事訴訟法第二百二十六條、刑事訴訟法第二百二十三條），違反者，得爲上訴第三審之理由（民事訴訟法第四百六十九條第六款，刑事訴訟法第三百七十九條第十四款）。又「判決理由與主文矛盾」亦爲上訴第三審或再審之事由（民事訴訟法第四百六十九條第六款、第四百六十九條第二款，刑事訴訟法第三百七十九條第十四款、行政訴訟法第二十八條第二款）。故「禁止恣意」在具體訴訟條文中已有規定。至於「先例」是否有其拘束力，因司法乃獨立審判和行政一體之性質略有不同，故只要法官依據法律並合理地敍明判決作合理差別之理由，即非違法。亦即不得以違反「先例」而認其「適用法規顯有錯誤」。

㈡**大法官會議**

由於大法官會議乃有「憲法維護者」之尊稱，而憲法對於基本權利之保障尤爲重要。又如前所述「平等」乃是自由權利之基礎，故大法官會議對於「平等原則」應予以「維護」。而依歷來大法官會議之解釋除釋字二二四號外，關於是否得作合理的差別待遇上，似乎皆放棄其「維護」憲法基本權利之責任，而以「立法者之理智決定」作爲合憲理由，如釋字二〇五號中對於「軍官」與「士官」之差別待遇，咸以「因應事實上之特殊需要」及「依應安置退除役官兵就業之特定目的」爲由作「差別待遇」，而未論究其在「事物本質」上是否有所不同，而爲合憲與否之判斷。若依此例，則平等原則亦將成爲一「空虛的平等」而任由立法者得「恣意」地作不平等之處置。故身爲「憲法維護者」之大法官們，實應就立法是否「恣意」亦即有無依循「事物本質」和「正義」之思想而作

注三一：城仲模，行政法專輯㈠，臺北市政府公務人員訓練中心印，七十九年六月，頁三二。

「相同事物作相同處理，不同事物作不同處理」之立法及審查。尤其在今日，議員常有大企業或財團之支持，甚至營黨派之私而爲不當之立法，則司法作爲客觀的第三者爲判斷之際，尤應確實依「禁止恣意」原則審查立法行爲。

〔伍〕 結 論

當平等原則其適用範圍由「法律適用上之平等」演變爲「法律制定之平等」時，「禁止恣意」成了平等原則之審查標準。而此原則也因平等原則之審查標準的多元發展，而獨立成爲一個重要的原理原則。且因其係針對「法律制定之平等」的要求所衍生之原則，足見其在法位階理論上應具有憲法位階，亦即爲同時拘束立法、行政、司法各國家行爲之憲法上之原理原則。此原則在促使任何國家行爲皆應尊重「事物本質」。此種要求，對於國家不論在法制上、實際運作上均極重要。

尤其在移植外國法制及國家爲第一次行爲時，禁止恣意原則之作用甚爲明顯，蓋因其彌補了「平等原則」須有兩個以上的個案得以比較之缺陷，而逕就其立法及行爲在事實上是否具有明白的不適當性加以審查。此亦是「禁止恣意」原則之最大特點所在。我國對於「禁止恣意」之探討十分有限，不論在實務上抑或是法制上均有待努力。如前述大法官會議解釋，以「立法者之理智決定」作爲解釋合憲之理由者比比皆是，是其尚未能以「事物之本質」作爲合憲與否之審查，亦即未以「禁止恣意」原則爲審查標準。而立法制定之際研擬草案之學者多嚮往其所聽聞之外國法制，故於法案草擬之時，常忽略吾國社會制度發展之現況（包括政治、經濟、宗教、道德倫理……等）而逕以外國之制度直接移植於本國，故在具體實施時多有波折。「禁止恣意」原則在立法上可督促草案擬定者及立法者對於吾國之社會環境應基於「事物之本質」而爲不同之

參酌，並借助外國成功之法制，制定出合乎我國需要之法制。

　　因此，「禁止恣意」原則，不論在任何國家行爲皆具其重要性，其係一維護人民憲法上之基本權利之重要原則。

析論不當聯結禁止原則

趙義德

〔壹〕前言

〔貳〕不當聯結禁止原則之概念

〔參〕不當聯結禁止原則之法理根據

一、法治國原則

二、法律保留原則

三、比例原則

四、禁止恣意原則

五、合理原則

〔肆〕不當聯結禁止原則之法位階

一、憲法原則

二、行政法上一般法律原則

〔伍〕不當聯結禁止原則之型態及其適用之領域

一、不當聯結禁止原則之型態

㈠目的與手段之合理聯結

析論不當聯結禁止原則

〔壹〕前言

在現代民主法治國家，大部分的行政行爲係由法律、命令及自治法規予以規範。因此，行政機關爲行政行爲追求一定的行政目的時，必須遵守法律、命令及自治法規之規定。然而有一些行政法上的原理原則並非由實定法加以規定，而是由其他行政法上的基本原則或自憲法推論而來，不當聯結禁止原則（Kopplungsverbot）即是一例（注一）。此種原理原則行政機關亦須加以遵守，否則即可能構成違法。通常行政機關爲行政行爲對人民發生效力時，往往課人民一定之義務或負擔，抑或造成人民其他之不利益，此固爲追求一定之行政目的使然，但對人民造成不利益所採取之手段，必須與行政機關所追求之目的間有合理之聯結關係存在，以維護人民之基本權利，並使人民能心悅誠服地接受行政行爲之拘束，此種目的與手段間有合理的聯結關係，即爲不當聯結禁止原則具體之表現。此外，行政機關在特定的情況下對人民負擔一定之給付義務，而可要求人民爲相對之給付，在此種情況下，行政機關要求之對待給付，必須與其所負之給付義務間在實質上相對稱，此亦爲不當聯結禁止原則之實質內涵。可見行政機關爲行政行爲，必須常常考慮是否符合不當聯

注一：參閱林錫堯，論行政法之一般法律原則（上），載於財稅人員進修月刊，六五
　　　期，頁一四。

結禁止原則，蓋此原則亦為行政行為合法化及合理化之基本要求。故本文擬從此原則之法理根據、法律性質、型態及適用領域與在我國運用之情形稍加析論，俾對此原則有進一步之瞭解。

〔貳〕不當聯結禁止原則之概念

不當聯結禁止原則亦有稱實質關聯性之要求（das Gebot der Bezüglichkeit）（注二）、相關性之要求（注三）、或不正對待給付之禁止（注四）。不過以不當聯結禁止原則稱之較能表現其內涵。所謂「聯結」，通常乃指行政機關要求人民受一定之不利益，並以之結合於行政機關之一定作為或義務者而言。不當聯結禁止原則所禁止者，不是上述所有之聯結，而是沒有事理上關聯（sachlicher Zusammenhang）的聯結（注五）。亦即行政行為與人民之給付間無實質內在關聯者，則不得互相聯結（即不得互相有依存關係）（注六），例如，自治團體不得將其供給自來水給予人民之事，與要求人民出售一定之不動產給自治團體之事互相聯結。又如對建築計畫之許可，倘建築人不能提供充分之停車場所，固得要求其給付金錢，俾供建築公用停車場所而為聯結，但不得要求建築人給付金錢改善市公園或學校教室。此原則最主要之目的在防止行政機關以職務上本應執行之事項，作為討價還價之對象，亦即禁止行政機關利用其優勢之地位，將應執行之事項作商業化之運用。據此，不當聯結禁

注二：同注一。

注三：吳庚著，行政法之理論與實用，民國八十一年九月版，頁五四。

注四：吳庚，論行政契約之基本問題，載於臺大法學論叢，七卷，二期，頁一三一。

注五：Vgl. Hans J, Wollff／Otto Bachof, *Verwaltungsrecht* I, 9. Auflage, 1974, § 30 II, S, 180. 轉引自葉俊榮，行政裁量與司法審查，國立臺灣大學法律研究所碩士論文，民國七十四年六月，頁二○二。

注六：參閱林錫堯，論行政法之一般法律原則（下），載於財稅人員進修月刊，六六期，頁一三。

止原則之概念，其最主要之涵義在於要求行政機關追求一定行政目的之同時，須認眞考慮對相對人之侵害，是否合理妥當，以保障人民憲法上之基本權利。

〔叁〕不當聯結禁止原則之法理根據

不當聯結禁止原則旣爲行政機關應遵守之重要原則，如其於法律有明文規定時，自可援用而無問題，然若無相關法律明文規定，尤其涉及行政機關爲裁量處分享有相當自由決定空間時，行政機關能否拿捏得當，作出妥當之裁量，則令人憂心。此時，當可尋求不當聯結禁止原則之法理根據，鞏固其基礎，讓行政機關明白此一原則其來有自，在運作時多所考量。

按不當聯結禁止原則乃直接從比例原則，間接從法治國原則導出（注七），又不當聯結禁止原則亦禁止行政機關率斷而爲行政行爲，故亦出自於禁止恣意原則（das　Willkürverbot）（注八），此外，不當聯結禁止原則經常反應在限制人民基本權利上，則依我國憲法第二十三條規定應有法律依據，因此，依法行政原則中之法律保留原則（Vorbehalt　des　Gesetzes）亦爲其法律淵源；在英美法上，更以合理原則來說明不當聯結禁止原則（注九），故此亦爲其重要之法理根據。諸多根據中法治國原則爲上位概念，其他原則應屬其具體內涵，惟特別重視而列出之，以下試從其位階高低順序分別說明之：

一、法治國原則

注七：葉俊榮，前揭碩士論文，頁二〇二。
注八：同注六。
注九：葉俊榮，前揭碩士論文，頁二〇六。

法治國一詞出自德文（Rechtsstaat），法治國顧名思義，國家必須依法而治，國家一切組織與行政都必須以客觀而公開的法規範爲其統治權行使的基礎；一個法治國應該具備下面幾個重要之原則：⑴立憲政體原則，⑵權力分立原則，⑶依法行政原則，⑷基本權利的尊重原則。由這四大原則還可衍生出許多其他的分支原則，不當聯結禁止原則即是，因它符合依法行政之原理及基本權利之尊重。可見法治國亦爲不當聯結禁止原則之理論基礎所在（注一〇）。

二、法律保留原則

依德國學者 Otto Mayer 之見解，認爲依法行政原則之概念包含三要素，即：⑴法律的法規範創造力原則，⑵法律優位原則，⑶法律保留原則（注一一）。可知法律保留原則乃依法行政原則重要之內容，意謂行政機關爲特定行政行爲須有法律之授權基礎，也就是說，行政機關不能夠有爲此等行爲之自由，必須法律授與其行爲之合法性後方可爲之，此乃積極要求特定行政行爲須有法律授權爲基礎，使法律成爲行政權控制之手段。而對於依法行政原則，法律保留無異成爲其核心要素。且特別從法律授權觀察，不當聯結禁止原則強調行政行爲與人民所負給付或不利益間，須有實質的內在關聯，否則不得互相聯結。人民是否有履行給付或忍受不利益之義務，即涉及法律保留原則（注一二），行政機關無法律授權而擅課人民義務或不利益，常造成不當之聯結，因此，法律保留原則

注一〇：關於法治國家內容，參見陳新民著，行政法學總論，民國八十年一月版，頁一四以下，及陳新民譯，法治國家論，載於憲政思潮，七三期，頁一〇三以下。

注一一：參閱城仲模，論依法行政之原理，收錄於氏著，行政法之基礎理論，民國七十七年八月版，三民書局，頁五；及陳新民，前揭書，頁五一。

注一二：黃明絹，公法契約之研究，國立臺灣大學法律研究所碩士論文，民國七十四年六月，頁一二四。

實亦可延伸出不當聯結禁止原則，作爲行政機關爲行政行爲而與人民產生關聯之合法化基礎。

三、比例原則（注一三）

所謂比例原則有廣狹兩義之分，狹義之比例原則指禁止爲達成預見之結果而採取不成比例之措施，換言之，比例原則要求動機、目的及程度之間均成一合理之關係，此合理的關係即與不當聯結禁止原則之概念相通；而廣義之比例原則包括三個不同層次，即：

㈠**妥當性原則**（Geeignetheit）

指行政機關所採取之限制手段須適當及有助於所追求目的之達成，如果經由一措施或手段之幫助，使得或幫助所欲追求之成果或目的達成，那麼此一措施或手段相對於該目的或成果即是妥當的。此種目的與手段間之妥當關係，亦爲不當聯結禁止原則所追求之目標。

㈡**必要性原則**（Erforderlichkeit）

一個符合妥當性之手段尙必須合乎必要性，可稱爲最少侵害原則；行政機關針對同一目的，而面臨多種適合之手段可供採擇時，應選擇對人民損害最少之手段，此種必要性原則在求儘量減少人民之損害，此與不當聯結禁止原則之須考慮人民侵害大小之內涵不謀而合。

㈢**比例性原則**（Propotionalität）

一個妥當且必要之措施最後還必須合乎比例性，所謂比例性原則，乃指行政機關追求一定之目的所採取之手段的強度，不得與所欲達成之目的不成比例，亦即必因該限制手段所造成之侵害，不得逾越所欲追求

注一三：關於比例原則學說及論著敍述頗多，本文參考了陳新民，論憲法人民基本權利的限制，載於政大法律評論，三六期，頁一五八以下；葉俊榮，論比例原則與行政裁量，載於憲政時代，一一卷三期，頁八○以下；及曾錦源，公法上比例原則之研究，私立輔仁大學法律研究所碩士論文，民國七十七年七月。

之成果。此比例性原則亦有稱爲相關性之要求者，即如同行政機關爲行政行爲負有義務時，其要求相對人之對待給付必須實質上相對稱，此種對待給付間具有實質上關聯，爲不當聯結禁止原則之基本要求。

由上可知，不當聯結禁止原則實由比例原則延伸而來，比例原則自屬不當聯結禁止原則之重要法理依據。

四、禁止恣意原則

禁止恣意原則係公法上重要原則之一，對行政而言，基於禁止恣意原則，行政機關僅得基於實質觀點而爲決定與行爲，且行政機關之任何措施，與該措施所處理之事實狀態間，必須保持適度之關係。禁止恣意原則不只禁止故意的恣意行爲，而且禁止任何客觀上違反憲法上基本精神及事物本質之行爲，據此，所謂恣意，與「欠缺合理的、充分的實質上理由」同義。例如，行政機關爲裁量決定時，有意或疏忽而未斟酌重要觀點者；或於行政程序中，對不知法律而將遭受重大不利益之人民，依法律有防止或減少不利益之可能，而未予以指示者，均屬恣意的行爲。行政機關之恣意行爲常造成對人民所爲之不利益負擔或給付與行政行爲間欠缺合理的聯結關係，違反不當聯結禁止原則，可見禁止恣意之要求實與禁止不當聯結之要求有密切關係，而成爲其重要之法理根據。

五、合理原則

英美法中雖在學說上尚未形成不當聯結禁止原則之概念，但法院之判決中仍深富此種思想，尤其是在有關都市及土地計畫問題上爲然，地方計畫機關依法得附加其所認爲適當之條件，而爲建築申請之許可，法院認此等條件應公平合理地與所核准之事項相關聯，否則無效(注一四)。

注一四：轉引自葉俊榮，前揭碩士論文，頁二〇五、二〇六。

此種有關政府必須公平合理地行使裁量權附加條件之規定，其最高的法源爲美國憲法第五修正案規定：「非經正當法律程序，不得剝奪任何人的生命、自由或財產」，而美國何姆斯大法官曾說過：「沒有一個文明的政府，會使人民所受的犧牲，超過其予人民之協助。」政府爲達某種行政目的，必須採用公平合理之手段（**注一五**），英美法雖以合理原則處理不當聯結之問題，但其內涵實與大陸法，尤其是德國法上不當聯結禁止原則並無二致，因而合理原則便可成爲不當聯結禁止原則之重要法理根據。

〔肆〕不當聯結禁止原則之法位階

不當聯結禁止原則之法位階如何值得探討，蓋藉此得以明瞭其重要性及其適用之範圍。本文擬分別探討，其是否具有憲法原則之位階，是否爲行政法之一般法律原則（**注一六**）。惟學說對此探討不多，尙難窺其全貌。

一、憲法原則

憲法原則是指受憲法承認，具有憲法位階的法律原則，內容包括：(1)憲法明文規定之法律原則，如我憲法第七條規定之平等原則；(2)基於

注一五：參閱法治斌譯，比例原則，原文刊載於美國比較法學評論，載於憲政時代，四卷三期，頁二七。

注一六：關於「一般法律原則」之用語，各不盡相同，有稱爲「行政法理」者，如劉淸景編，城仲模審定，最新行政法規判例解釋決議全集（七十四年）一書，三民書局總經銷；有稱爲「條理」者，林紀東著，行政法一書，民國七十七年三月版，頁八五；我國行政法院判決多以「一般法理」稱之，如行政法院民五十二年判字第三四五號判決、判字第三五二號判決、及七十年判字第九七五號判決。

憲法規定所引申出的法律原則，如依法行政原則（注一七）、及罪刑法定原則（注一八）；⑶憲法本身未明文規定，但爲整部憲法之基本原理者，如五權分治、平等相維之憲政體制（注一九）。由此可知憲法原則有二大特性：⑴是法律原則，⑵具有憲法位階之效力。

至於不當聯結禁止原則是否屬憲法原則，有關文獻討論不多，而從憲法條文中亦難看出究竟，惟本文仍肯定之，認爲不當聯結禁止原則係具有憲法位階之一般法律原則，理由如下：

1.就作爲不當聯結禁止原則法理根據之比例原則、法治國原則及依法行政原則，通說皆已肯定其爲憲法原則，由此導出的不當聯結禁止原則亦屬憲法原則無疑。

2.就我國憲法第二十三條規定看，即使具有「防止妨礙他人自由、避免緊急危難、維持社會秩序或增進公共利益」之理由，尚不得驟然以法律限制人民之自由權利，而必須加上具有必要性，不可作不必要的限制，此種不必要限制禁止之原則，實亦含有不當聯結禁止原則之內涵，由此當可推論不當聯結禁止原則爲憲法原則。

3.如後所述，不當聯結禁止原則對立法行爲亦有規範作用，其具有基本規範的性質，立法行爲不可牴觸之，使不當聯結禁止原則具有憲法層次之效力。

4.學說亦認爲不當聯結禁止原則係自憲法推論而來，故通常具有憲法層次的效力（注二〇）。

注一七：我國憲法雖未明定依法行政原則，但基於憲法第六十二條及第一七二條，可推論出法律優先原則，另外第二十三條已承認法律保留原則。請參考張瓊文，從法治國家思想之演變論依法行政原則，國立政治大學法律研究所碩士論文，民國六十九年六月，頁二三一。

注一八：罪刑法定主義原則只規定於刑法第一條，憲法並無明文，但我國憲法第八條所稱之「法定程序」，應寓含罪刑法定主義原則在內。

注一九：參照司法院大法官會議釋字第三號及第一七五號解釋。

注二〇：同注一及注六。

二、行政法上一般法律原則

何謂行政法上一般法律原則，尚無一致概念大致言之，係指能適用於所有行政法領域上之一般法律原則。這些法律原則發展的歷史長短不一，其通常附屬於學說和法院之判決逐漸發展形成，主要目的在補充法規之欠缺或調和適用實定法規時所產生的僵化現象，故其具有三個特點（注二一）：(1)一般性：指得適用於所有的行政領域；(2)抽象性：指內容抽象，適用時須進一步具體化；(3)倫理性：指內容包含倫理的價值色彩，但不能與憲法上之價值判斷相牴觸。

不當聯結禁止原則是否為行政法上之一般法律原則，本文對此持肯定見解，理由如下：

1.不當聯結禁止原則如後所述，得適用於所有的行政領域，具備一般性的特點。

2.不當聯結禁止原則之內容係抽象性的規定，其所使用之合理關聯、事理上關聯或相當性的概念，於適用時尚須進一步具體化，故其具有抽象性的特點。

3.不當聯結禁止原則不以法律有明文規定時始得適用，在欠缺實定法明文時亦可作為補充或調和適用之標準。

4.作為不當聯結禁止原則法理根據之比例原則、依法行政原則，通說均已肯定其為行政法上之一般法律原則，那麼由此推論而來的不當聯結禁止原則當亦屬行政法上之一般法律原則。

綜上說明，不當聯結禁止原則不僅是憲法原則，為立法行為應遵循之依據，更是行政法上之一般法律原則，可適用於所有行政領域，其重要性可得而知。

注二一：轉引自林合民，公法上信賴保護原則，國立台灣大學法律研究所碩士論文，民國七十四年六月，頁五五及頁五六。

〔伍〕不當聯結禁止原則之型態及其適用之領域

一、不當聯結禁止原則之型態

行政機關與人民間權利義務關係，在何種情況下始有正當之聯結，何種情況下爲不當之聯結，其判斷之標準可從許多方面去探討，本文以爲以下四種型態可作爲較重要之判斷依據，分別說明如下：

㈠目的與手段之合理聯結（注二二）

行政機關追求一定之行政目的，其所可採行之手段可能有數個，此時應擇與目的之達成有合理聯結之手段。所謂合理聯結，不外爲比例原則中之妥當性、必要性及比例性之貫徹，如此才有助於目的之達成。爲何必須強調目的與手段間之合理聯結關係？乃因高尚的目的，永遠無法將卑鄙的手段正當化，而在冠冕堂皇的目的下，應運用合理的手段，不可「不擇手段」，否則無論所追求之目的有多麼重要、急迫，整個行爲在法律秩序下只能得到非難的判斷。在一個民主法治的國家裡，「手段價值的尊重」，往往比「目的價值的尊重」來得重要（注二三）。行政機關於爲行政行爲之際，若能明乎此愼擇手段，使目的與手段間獲得合理的聯結，方符合不當聯結禁止原則之眞諦。

㈡對待給付間實質上關聯

關於此種型態，表現在公法契約中（öffentlich-rechtlicher Vertrag）行政機關與人民間互負對待給付關係上。所謂公法契約，或稱行

注二二：參閱葉俊榮，前揭碩士論文，頁一七二，及前揭論文（注一三），頁八八。
注二三：參閱徐佳士，手段比目的重要，載於聯合報，「建立社會價值標準」系列專題，民國七十二年三月十二日，第三版。李華煦「人生淺譚」專欄，愼擇手段（上）、（中）、（下），載於司法週刊，一五四～一五六期。

政契約，是指雙方當事人之意思表示一致，所締結之發生行政法上效果的契約；其最常由行政機關與人民締結而成。行政機關與人民發生公法上效果的行為，固以行政處分為最常見，然亦非以此為限，若能邀得相對人之同意，亦不致損及行政法上公權力之性質。行政機關與人民間如因締結公法契約而各負對待給付之義務時，應使對待給付間立於某種均衡關係，以免人民在行政機關優勢壓力下，約定承擔不相當之給付義務，蒙受顯失公平之不利益，因而人民之給付應與行政機關之對待給付間具有實質上關聯存在，此亦為不當聯結禁止原則之具體表現，具有杜絕行政機關「出售公權力」及保護人民權益之雙重功能（**注二四**）。例如行政機關承諾核發興建超級市場之許可並免除人民建造停車場義務，而人民則承諾給付一定金額給行政機關供建造公用停車場之用，兩者可視為具有實質上關聯存在；反之，人民承諾給付之金錢如係充作殘障福利基金，就不具備實質上之關聯（**注二五**）。

㈢不相關因素考慮之禁止

　　行政機關作成一個行政決定，往往須考慮各種因素，以求決定之合理正當，然而行政決定若是根據不相關的因素而作成的，那麼此一決定便是牴觸不當聯結禁止之原則，而為違法之決定。例如德國聯邦行政法院在一九七六年七月二日的一個案例中指出，根據財政因素，拒絕一個退休的公務員發給津貼的請求是一個違法的決定。雖然依德國公務員法，國家機關根據公務員狀況，對於拒絕一個退休公務員關於退休金申請擁有完全的自由裁量權，但其應以發給該公務員退休金將對國家預算

注二四：經濟建設委員會法規研究報告1007，行政法之研究——行政程序法草案，由國立台灣大學受託研究，民國八十年十二月版，頁一二三。

注二五：關於對待給付間實質上關聯，另參閱黃異著，行政法總論，民國七十六年版，頁一一九；陳新民前揭書，頁二六七；徐瑞晃，公法契約之研究，國立中興大學法律研究所碩士論文，民國七十三年五月，頁六六；及黃明絹前揭碩士論文，頁一二四。

增加額外的負擔為理由，而本案中所謂財政因素範圍太廣，故拒絕發給該公務員退休金之決定是錯誤的，因其乃根據不相關的因素而作成。

㈣公益範圍內之聯結

行政機關為行政行為，通常追求一定之公益，不過公益為一不確定之概念，考慮公益之具體內容，須顧及各個社會的歷史背景及其價值觀，諸如經濟需求、經濟條件、文化狀況、社會道德等。而在民主法治的國家中，國家利益即是公益，唯獨立於人民之外的「國家利益」則不存在（注二六）。因此行政機關為行政行為追求公益時非當然即得損害人民之利益；因為人民之利益亦為公益保護之客體，故而行政決定可能侵害人民利益者，須仔細考量是否符合公益性，不可作與公益性無實質上關聯之決定，尤其不可誤用公益概念作為侵犯人民權益之手段。例如德國普魯士高等行政法院一九一四年曾有一判決：警察機關欲對其認為擾亂公共秩序、違反善良風俗之廣告牌實行審核制度，但依當時有效之出版法，不許這種審核制度存在，於是警察機關以維護公共交通之利益為理由採取審核措施（注二七）。此種措施係因誤認維護公共交通之利益與廣告牌審核制度有實質關聯存在，應屬違反不當聯結禁止原則，且違背公益之目的性，故應被法院撤銷。由此可見行政機關之行政目的與其對人民之損害之間是否有合理聯結，必須考慮是否屬於公益性範圍內之聯結，且不可誤用公益之概念，才能真正彰顯不當聯結禁止原則之內涵。

二、不當聯結禁止原則之適用領域

不當聯結禁止之原則最主要在附款的行政處分及公法契約兩大領

注二六：轉引自李建良，從公法學之觀點論公益之概念與原則，國立中興大學法律研究所碩士論文，民國七十六年六月，頁三四二及頁三四三。

注二七：案例事實引自翁岳生，論不確定法律概念與行政裁量之關係，收錄於氏著，行政法與現代法治國家中，民國七十六年六月版，頁五七。

域內發生作用，此爲最常見也較受重視的，至於在立法行爲領域、行政上強制執行領域、行政罰領域或其他行政領域是否可發揮其作用，則較少論及，以下分別說明之，以明不當聯結禁止原則適用之範圍：

㈠行政處分附款領域

行政處分之附款，是附隨在行政處分的主規範以外之規範條款，藉以補充、形成或限制主規範的內容。是以行政處分之附款是主要處分內容之附款，自亦是構成整個行政處分內容之一部分，並由同一行政機關所頒發。其基本原則應遵守法令之規定，並以受授權爲必要（注二八）。而行政處分應否附加附款由行政機關裁量定之，附款之種類通常分爲五種，即：期限、條件、負擔、負擔之保留及廢止之保留。

行政機關決定是否附加附款時，其最重要之考量原則，即附款必須與行政處分之作成有目的上的關聯及內容上的關聯（注二九）。行政機關爲行政處分固得附加附款，但不能以附款爲手段，追求額外之利益，是以附款之附加應與主行政處分有事理上的關聯，此即不當聯結禁止原則之適用。德國一九七六年行政手續法第三十六條第三項規定：「附款不得與行政處分之目的相牴觸」即基此本旨。因此，當人民申請核發建築許可時，苟因該許可之頒發將對大眾或行政機關造成一些花費，而此一花費責成申請人繳納一定金額之負擔即可消弭，則行政機關爲建築許可頒發之同時課以申請人繳納一定金額之負擔，並不違反不當聯結禁止原則；反之，若人民申請於住宅巷道裝設路燈，而主管機關責成申請人繳納該地區之消防基金，則有悖不當聯結禁止原則，因消防基金與裝設路燈兩事無事理上的關聯（注三〇）。又據報載，某國中學生家長投訴學校要

注二八：陳新民前揭書，頁二四九。

注二九：關於以目的關聯性來限制附款之內容，請參閱黃異，前揭書，頁一〇三及頁一〇四；黃錦棠，論行政處分之附款，國立台灣大學法律研究所碩士論文，民國七十四年六月，頁一一六及頁一一七。

注三〇：轉引自葉俊榮，前揭碩士論文，頁二〇五。

畢業生修課桌椅,不滿意還要賠償,否則扣留畢業證書,家長認為課桌椅並非專人專用,且學校也有修繕費用,如此做法甚不合理;學校則認為學生破壞公物賠償後才能離校,這是很合理的做法,也警告學生公物是不能破壞的(注三一)。然學校此種「不賠償破壞公物之費用,即扣留畢業證書」之做法,實有違不當聯結禁止原則,蓋其以賠償破壞公物之費用作為發給畢業證書之條件,此種條件之附加,與發給畢業證書間並無實質關聯存在。

以不當聯結禁止原則來規範行政處分之附款,將使附款之內容更趨合理妥當,提昇行政品質,可見不當聯結禁止原則,乃行政機關作成附附款行政處分時應遵守的重要原則之一。

㈡公法契約領域

行政機關固得選擇訂立公法契約以代替行政處分,然卻不能一味地藉人民的承諾而擴張其職權,或以人民之承諾正當化其違法行為(注三二),使原本非法的措施藉公法契約以達成目的。同時行政機關與人民訂立公法契約時,即便是雙務契約,仍不得任意要求人民提供一定之對待給付,俾防止行政機關假借雙務契約之便「出售公權力」,或憑其優勢使人民受不利益等弊端。因此行政契約之締結不得任由行政機關決定契約內容,人民的對待給付與行政機關之給付間必須具有相當之關係,避免人民被課予不必要及不相關之義務,並且人民之給付應於公法契約中明定其使用目的,此即為不當聯結禁止原則在公法契約適用之具體表現(注三三)。例如,依法對某土地原不得徵收,或者雖得徵收但須為鉅額之補償,行政機關乃以公法契約之方式,一方面允許所有人在該地上為某種

注三一:參閱民國八十二年六月二十七日聯合報,第十四版。
注三二:吳庚,行政契約之基本問題,載於台大法學論叢,七卷二期,頁一二七~一二八。
注三三:陳新民,前揭書,頁二六七;經濟建設委員會經社法規前揭研究報告,頁二五。另請參閱葉俊榮,前揭碩士論文,頁二〇三。

特種營業，一方面要求其捐贈土地，此種情形，行政機關為營業許可之
義務與人民捐贈土地之對待給付義務間，根本無事理上的聯結，因而違
反了不當聯結禁止原則，對此德國行政手續法第五十六條第一項規定：
「如（雙務）契約中約定，為一定之目的而為對待給付，且有助於官署
遂行其公務時，得締結第五十四條第二句公法契約，而使契約相對人對
官署負對待給付之義務，對待給付依全部情況應相當，且應與官署之契
約上義務有實質關係存在」（注三四），所謂對待給付義務間有實質關係存
在，即不當聯結禁止原則之體現。以此規定，驗證我國地方自治團體所
發生之實例：台北縣政府財力有限無以徵購公共設施保留地，於是採取
變通措施，報請省政府，希望將部分公共設施用地面積縮小，同意地主
無償捐出半數土地，而另一半土地變更為住宅區或商業區。細察此一構
想乃藉公法契約的行為型態，以遂行其目標。惟台北縣政府在契約中所
負之義務為將公共設施保留之一半變更為住宅區或商業區，而地主之對
待給付義務為捐出土地之一半，兩者間並無事理上的關聯，依不當聯結
禁止原則應屬違法（注三五）。

　　不當聯結禁止原則在公法契約之適用上應受特別重視，否則行政機
關將假借「承諾阻卻違法」之名義，嚴重侵害人民之權益，因此不當聯
結禁止原則成為檢視公法契約違法與否之重要指標。

㈢行政上強制執行領域

　　行政上強制執行亦稱為行政執行，乃人民不履行行政法上之義務
時，行政主體以強制手段使其履行或與已履行同一狀態之一種處分。詳
言之，行政機關為實現行政目的，基於權力作用，依法令或本於法令為
行政處分，以課人民以某特定公法上之義務，於義務人任意不履行其義

注三四：譯文請參閱翁岳生，前揭書，頁二八一、二八二。
注三五：轉引自葉俊榮，前揭碩士論文，頁二〇四。原案例載於聯合報，民國七十
　　　　四年四月七日，第六版。

務時，以其獨自之強制方法，就將來可能之不利益，予義務人以心理上之恫嚇，或予義務人以物理上之壓制，以逼使義務人履行或遵守其義務或使其實現與已履行義務同一狀態之行政作用（注三六）。

行政機關採取強制執行措施，將對人民的自由權利直接發生影響，故非有法令依據不得行之，最主要之法令依據則是行政執行法。根據行政執行法之規定，行政上強制執行之手段，主要可分間接與直接強制處分二種，此外尚可增列「即時強制」與「強制徵收」（給付義務之強制）二種措施（注三七）。而依行政執行法第二條規定，間接強制處分又分代執行與罰鍰二種；依同法第六條規定，直接強制處分又分對人之管束，對於物之扣留、使用、處分或限制其使用及對於家宅或其他處所之侵入三種。無論行政機關採取何種強制執行措施，其手段較其他行政行為更為激烈，對人民權益之侵犯更為嚴厲，因而在此領域，尤須注意手段與目的間是否合乎不當聯結禁止原則；倘無必要，應儘量避免採取強制執行措施，例如無行政執行法第七條所列各款情形，不可對人採取管束處分，否則即係對人身自由之重大侵害，行政機關對此種法定要件是否具備之考慮，其最重要之衡量原則，當屬不當聯結之禁止，如此才可使行政上強制執行措施更加合理妥適。

㈣行政罰領域

行政機關為貫徹法令之執行，及實現行政上的目的，得以行政主體之地位，對人民行使制裁權。人民在行政法法律關係上，負有守法及服從命令之義務，若違反義務，即應受制裁。由此可知，國家在行政法法律關係下擁有制裁權，不僅可對違反義務之人民採取強制措施，並得就

注三六：轉引自城仲模論，行政強制執行序說，收錄於同注一一書中，頁一八八～一八九。關於行政上強制執行之概念，另請參閱張家洋著，行政法，民國七十五年九月版，頁六三一～六三二；馬君碩著，中國行政法總論，民國七十三年二月版，頁三五九～三六○。

注三七：參閱張家洋，前揭書，頁六三四。

其違法行為予以各種處罰。此等在行政法上所規定之各種處罰，總稱為行政罰(注三八)。而行政罰之種類繁多，散見在各種行政法規，不勝枚舉。惟行政上一切處罰，無論其名稱如何，皆為影響人民權利義務之行為，應有法律作為處罰之依據，而且行政機關所採取的處罰手段，必須與違反義務之行為間有合理關聯存在，亦即其不得違反不當聯結禁止原則，否則其處罰即構成違法。例如，依據電業法第七十二條及自來水法第七十條之規定，用戶欠繳電費、水費，經限期催繳後仍不交付者，行政機關只能採取停止供電及供水措施，不得採取其他不合理的手段，迫使用戶繳納費用，如將用戶家人拘留、收押，或拆除房屋等，此種手段與違反義務之行為間即欠缺合理聯絡關係存在，非妥當之措施，影響人民權益至深且鉅。因此，不當聯結禁止原則在處罰之行政領域，成為檢視處罰手段合法與否之最重要的適用原則。

㈤其他行政作用領域

以上所述附附款行政處分領域及公法契約領域中，行政機關所為行政行為，大都以對人民給付為前提，即以給付行政領域為主要探討對象，只是在給予人民利益之同時，亦要求人民為一定之給付或受一定之不利益，進而要求人民之給付義務或所受不利益與行政機關之給付義務間，必須具備合理相當之關係，而有事理上的關聯，因而須特別重視不當聯結禁止原則之適用，以維護人民之權益。又不當聯結禁止原則，亦有稱為不正對待給付禁止之原則，依其字面涵義，似只適用於行政機關與人民間互負義務之行政領域上，此觀德國行政手續法只於行政處分之附款及公法契約領域中，明文揭示不當聯結禁止原則可明。但在行政上強制執行領域及行政罰領域上，因其對人民權益產生更鉅大之影響，經常造成直接且立即之侵犯，故而本文亦特標明應適用不當聯結禁止原則。除

注三八：參閱張家洋前揭書，頁六四三。

此之外,其他行政領域似無適用之餘地,然不當聯結禁止原則具有保障權益之功能,尤其是在干預行政領域,經常單純課人民以一定之義務或不利益,對人民權益之影響亦深且鉅,須適用不當聯結禁止原則;兩者,上述所謂目的與手段間合理聯結及不相關因素考慮禁止之原則,無論在何種行政作用領域,行政機關追求一定行政目的時,均須考慮其所採取之手段是否妥當,及作為行政行為之基礎因素是否相關,此為不當聯結禁止原則之涵義所在。最後依通說不當聯結禁止之原則於今已獨立成為行政法之一般法律原則,自當於各種行政領域皆有其適用,惟其於前四種領域適用機會較多而已。

㈥立法行為領域

現代民主法治國家為行政行為時,都必須有法規範為依據,此即依法行政之原則,雖依法行政原則於今觀之,不必再以法規為絕對前提,故「無法律則無行政」之原則已不復存在(注三九)。但行政機關所為之行政行為大多數仍須有法令為根據,而此之法令直接或間接由立法機關所訂立,因此立法機關之立法行為,對行政機關之措施具有決定性之影響,倘能訂定妥適之法律以供行政機關遵守,則於人民權益將有更多保障,據此,如果立法機關將不當聯結禁止原則作為一立法原則,於法律條文中預為規定,讓行政機關有明確遵循依據,則行政行為較不會牴觸此原則,因此不當聯結禁止原則雖於行政領域中較受重視,然於立法行為領域中亦應加以考慮,於法律條文中處處蘊藏不當聯結禁止原則之精神,便更能發揮不當聯結禁止原則之功能。

〔陸〕不當聯結禁止原則在我國運用之情形

注三九:關於依法行政原則之現代意義,請參閱城仲模前揭書,頁一一~一三。

　　不當聯結禁止原則雖已獨立爲一般法律原則，然其在我國運用之情形尙不普遍，亦未受到相當之重視，於我國實定法制上似未將其作爲立法原則而吸收於法律條文中，至於實務運作上因行政法院心態保守及「行政優越」的情勢，亦未對此原則妥善運用，故本文以下只能從實定法制上及實務運作上，略作探討，依稀找出不當聯結禁止原則在我國運用之情形。

一、實定法制運用上

　　現行法律中幾乎尙未將不當聯結禁止原則明定於法條以作爲行政機關遵循之依據，只有以下相關法律隱約蘊藏不當聯結禁止原則之內涵：

㈠集會遊行法

　　1.第十四條規定：「主管機關許可室外集會遊行時，得就下列事項爲必要限制，(1)關於維護重要地區、設施或建築物安全之事項，(2)關於防止妨礙政府機關公務之事項，(3)關於維持交通秩序或公共衛生之事項，(4)關於維持機關學校等公共場所安定之事項，(5)關於集會遊行之人數、時間、處所、路線之事項，(6)關於妨礙身分辨識之化裝事項」，基此規定，主管機關作成核准室外集會遊行之行政處分時，若欲附加附款爲上述之限制，必須考慮附款限制之內容，是否與核准處分間有合理關聯存在，如此才不會造成不當之限制，此即不當聯結禁止原則之精神所在。

　　2.第二十六條規定：「集會遊行不予許可、限制或命令解散，應公平合理考量人民集會遊行權利，與其他法益之均衡維護，以適當之方法爲之，不得逾越所欲達成目的之必要限度。」本條規定要求主管機關對集會遊行之不予許可、限制或命令，須考慮相關之因素，不得基於不相關因素而作決定，並且不得超越所欲達成目的之必要限度，此乃上述所謂目的與手段合理聯結及不相關因素考慮禁止之型態，具有不當聯結禁止原則之內涵。

(二)漁業法

第九條規定：「爲開發或保育水產資源，或爲公共利益之必要，主管機關於漁業經營之核准時，得加以限制或附以條件。」據此規定，所爲核准漁業經營之行政處分，僅得於「爲開發或保育水產資源，或爲公共利益之必要」的目的內，始得附加附款，此以目的來限制附款之內容，亦富有不當聯結禁止原則之內涵。

(三)經濟建設委員會行政程序法草案

有鑑於不當聯結禁止原則運用尚不普遍，該草案乃對此原則加以明文規定，惟爲免重覆卻未於該草案第一章第二節將之明定爲行政法之一般法律原則（注四〇）不免遺憾，然草案中將此原則於行政處分之附款及公法契約中明白規定，亦值欣慰。說明如下：

1.草案第六十一條第三項規定：「附款不得牴觸行政處分之目的，並應與該行政處分之目的具有正當合理之關聯。」此條項乃參考德國行政手續法第三十六條第三項而爲規定。行政機關雖有附款之裁量權，然其行使仍須遵守有關裁量行使之一切限制，尤其附款不得牴觸行政處分之目的，更必須與行政處分之目的具有正當合理之關聯，此即不當聯結禁止原則之考量。例如，附款得以排除原本使行政機關爲拒絕處分之事由，或得以創設使其爲同意處分之事由。同時，行政處分附款規定之事項亦必須在行政機關之權限範圍內，追求權限範圍外公益之附款，即與行政處分間缺乏正當合理之關聯（注四一）。

2.草案第八十六條第二項規定：「（雙務）契約中應限定人民所爲之給付須用於前項所稱之特定目的，其內容應與行政機關所負之對待給付相當，並有正當合理之關聯。」本條項乃參考德國行政手續法第五十六條第一項而規定，條文中所謂人民之給付與行政機關契約上之對待給付

注四〇：參閱經濟建設委員會經社法規前揭研究報告，頁五五〇。
注四一：參閱該條文之立法說明。

相當，乃比例原則之表現，意指兩者間從整個契約之經濟面觀察，至少應立於某種均衡之關係，如此不僅可避免行政機關爲圖利人民而「賤貨拋售公權力」，也可避免人民在行政機關優勢壓力下，約定承擔不相稱之給付義務，而蒙受顯失公平之不利益。而人民之給付與行政機關契約上對待給付有正當合理關聯，即是不當聯結禁止原則之表現，爲相當性要求之補強規定，具有杜絕行政機關「出售公權力」與保護人民權益之雙重功能（注四二）。

㈣法務部行政程序法草案

於民國八十二年十月提出，嗣後於民國八十三年再作修正，該草案在行政處分附附款及行政契約領域內運用不當聯結禁止原則，其內涵與經濟建設委員會行政程序法草案大同小異，分別說明如下：

1.草案第九十六條規定：「前條之附款，不得違背行政處分之目的，並應與該處分之目的，具有正當合理之關聯。」附款係對行政處分主要內容所爲之附加內容，具有便民、簡化行政程序以強化行政之功能（注四三）。依同草案第九十五條第一項規定：「行政機關作成行政處分有裁量權時，得爲附款。無裁量權者，以法律有明文規定或爲確保行政處分法定要件之履行而以該要件爲附款內容者爲限，始得爲之。」行政機關雖有附款之裁量權，惟其行使仍須遵守有關裁量權行使之一切限制，尤其附款內容不但不得違背行政處分之目的，更必須與行政處分之目的具有正當合理之關聯，行政機關不得假藉其附加附款之權限，任意要求相對人爲某種行爲或負擔某種義務，例如要求相對人爲與行政處分目的不相干之金錢給付。至於附款內容與行政處分目的是否具有正當合理之關聯，應就個案判斷之（注四四）。此即爲不當聯結禁止原則之適用。

注四二：參照經濟建設委員會經社法規前揭研究報告，頁三〇三。
注四三：參閱法務部印行之，行政程序法草案，民國八十三年四月版，頁一〇〇。
注四四：法務部前揭草案，頁一〇二之立法說明。

2.草案第一百四十條第一項第三款規定：「行政機關與人民締結行政契約，互負給付義務者，人民之給付與行政機關之給付應相當，並具有正當合理之關聯。」行政機關與人民締結雙務契約時，爲避免行政機關假藉雙務契約而損及公權力，或使居於劣勢地位之人民負擔不合理之義務，必須使人民之給付與行政機關之給付具有相當性而不失平衡，且使兩者間具有正當合理之關聯，也才不致使公權力淪爲商品，以換取人民之給付，致影響公權力之威信（**注四五**）。此亦爲不當聯結禁止原則之具體表現。

二、實務運作上

由於實務界心態保守，因此運用不當聯結禁止原則處理的案例並不多見，茲舉以下三例說明之：

1.行政法院七十五年判字第二〇八號判決：「依照台北市特定營業管理規則，經營舞廳、酒家等均屬特定營業，依該規則第五條第一項及第六項規定，經營此類營業每年均應繳納許可年費，作爲規費收入，而許可年費屬於行政行爲附款之一，於行政機關爲許可之處分時，附隨於主意思表示而課對方以特別義務之意思表示，與稅捐之性質不同。」（**注四六**）此訴訟乃由台北市數十家特種營業業者所提，其主張論點，認爲許可年費實屬稅捐，違反人民權利義務事項，應有法律規定適用法律保留原則，然行政法院認爲許可年費與稅捐之性質不同，判決業者敗訴。此種見解妥適否？尚有推論餘地，蓋許可年費乃法定之附款，縱與稅捐之性質不同，然仍須考量附款之內容是否與許可營業之目的間有正當合理關聯，許可年費過高，似不合理，應屬違反不當聯結禁止原則，業者倘由此論點主張，或有勝訴之可能。

注四五：法務部前揭草案，頁一四〇之立法說明。
注四六：轉引自吳庚，前揭書，頁二八五。

2.行政法院五十七年判字第一九八號判決之案例事實中原許可設立磚廠曾附有「如有損害附近農作物而不負賠償責任者，任由政府處分」之切結（注四七），此切結爲磚廠設立許可處分之附款，其內容不確定，而且任由政府處分可採取之措施範圍過廣，與許可處分所欲達成之目的間欠缺正當合理的關聯，當屬違反不當聯結禁止原則。

3.司法院大法官會議釋字第二二四號解釋，解釋文曰：「稅捐稽徵法關於申請復查，以繳納一定比例之稅款或提供相當擔保爲條件之規定，使未能繳納或提供相當擔保之人，喪失行政救濟之機會，係對人民訴願及訴訟權所爲不必要之限制，且同法又規定，申請復查者，須於行政救濟程序確定後始予強制執行，對於未經行政救濟程序者，亦有欠公平，與憲法第七條、第十六條及第十九條之意旨有所不符，均應自本解釋公佈之日起，至遲滿二年時失其效力……。」（注四八）。根據原稅捐稽徵法第三十五條至第三十八條第一項規定，申請復查者須繳納一定比例之稅款或提供相當擔保爲條件，不服復查決定者經提起行政救濟後，始得享有停止強制執行之利益。此種規定將稅捐稽徵機關爲復查之義務與人民繳納一定稅款或提供相當擔保之義務，作不正當之聯結，雖大法官會議認爲係與憲法第七條、第十六條及第十九條規定之意旨有所不符，然毋寧認爲此種規定所附條件與稅收之目的相牴觸，悖於不當聯結禁止原則。

〔柒〕結論

行政機關爲行政行爲追求一定行政目的時，固應遵守憲法、法令或

注四七：中華民國裁判彙編，行政法（十三），頁四八八。
注四八：稅捐稽徵法關於申請復查之不合理的規定，已經立法院修正並由總統於民國七十九年一月二十四日公布。

行政法上一般法律原則之規定，然行政法上一般法律原則發展至今，較常受行政機關重視者大概只有少數幾個，如比例原則、平等原則、誠實信用原則或信賴保護原則等等，而對於其他大部分法律原則都避而不用，不當聯結禁止原則即屬其一，故而在我國實定法制上及實務上，不當聯結禁止原則尚未發揮其糾正行政缺失及保障人民權益之功用。其實學說上已大致肯定不當聯結禁止原則爲行政法上之一般法律原則，且具有憲法層次的效力，如能採之大膽適用於所有行政領域，當可求行政目的與行政手段間有合理關聯，而予人民利益時，更可免遭「出售公權力」之譏，且在斟酌各種因素作成行政決定時，不致偏離正確方向，進而使追求公益之行政最終目的得以實現。

論行政自我拘束原則

林國彬

論行政自我拘束原則

〔壹〕前言

隨著國家類型的轉變，行政權亦隨時代而具有不同之功能、扮演不同的角色。西元一九三八年德國學者 Ernst Forsthoff 發表著名論文「行政之扮演給付的主體」(Die Verwaltung als Leistungstraeger)，以往向被認爲是「秩序的擔保者 (Ordnungsgarant)」的行政當局，乃轉而「本質上，當今的行政應係給付的主體 (Die Verwaltung, wurde jetzt auch wesentlich Leistungsträger)」(注一)，人民的生活乃與行政緊密結合。因此現今的行政乃具有積極、主動的特性，而行政機關的任務職能亦與之急驟呈幾何級數的成長，學者輒稱此現象爲「行政的肥胖症」(Hypertrophie der Verwaltung)，或「行政的擴張」(growth of administration) (注二)。

傳統的依法行政原則 (Der Grundsatz der gesetzmässigen Verwaltung) 係指依形式意義的法律行政，但現代意義的依法行政原理則指行政除須以形式法律爲根據外，尚須受實質法律 (如規章命令) 之支配；同時，亦應受到公益及行政目的 (Zweckmässigkeit)、誠信原則、行

注一：城仲模，四十年來之行政法，收於氏著，行政法之基礎理論，八十年十月增訂初版，頁八九九以下。

註二：同注一，頁九〇一。

政道德、法之一般原理原則及行政法院判例等之規範，故應從實質的法治主義來理解「依法行政(Rechtmässige Verwaltung)」的涵義(注三)。且在現代福利國家的觀念下，行政不必以法規爲絕對之前提，除法律或上級行政命令有明文禁止之規定外，基於行政之自動性及給付行政或助長行政 (Leistungsverwaltung od. Förderungsverwaltung) 之本質，國家作用中除去立法及司法（在我國尚應包括總統副總統及屬於治權作用之考試、監察）者外，均得爲行政作用之範疇，故「無法律則無行政」之原則，已不復存在（注四）。此由德國行政程序法 (VwVfG v. 25. 5. 1976, §43ff.) 觀之，無法律或命令，非不得爲行政，祇是行政處分應受行政目的及公序良俗之約束而已，亦得有實體法上之依據(注五)。

因此在福利國家（Wohlfahrtsstaat）給付行政 (Leistungsverwaltung) 的觀念下行政機關的行政事務既是如此龐雜，不可能凡事鉅細靡遺皆有明文規定，而在沒有成文法可茲依循時，法之一般原理原則又爲行政機關所應遵守之實質法規範之一，行政機關若於處理行政事務時違反一般法律原則之要求，而侵害人民之權利或利益，亦應構成違法，人民得依法請求救濟。而所謂一般法律原則乃是「超實證法 (überpositives Recht)」的，亦即其係先於實證法而存在之法規範。對於有完整法律規範體系的國家而言，一般法律原則的重要性已經降低；故一般法律原則對於實證法來說，係立於補充地位（注六）。

本文所欲探討者乃行政法上一般法律原則之一：行政自我拘束原則，由於國內對此問題尚乏專論，且學界對所謂「行政法上一般法律原則」究包含那些原則？而各原則間之關係若何？其彼此間若相衝突時或

注三：城仲模，論依法行政原理，收於氏著，前揭書，頁一二。
注四：同注三。
注五：同注三，頁八。
注六：黃異，行政法總論，八十年第四版，頁六九。

與成文法相衝突時(法律或命令與一般法律原則相違背時)之效果如何？並無定論。故本文僅就「行政自我拘束原則」加以討論，其餘之一般法律原則除非必要或相關聯否則並不加論述，合先敍明。

〔貳〕行政自我拘束原則之意義及其理論基礎

一、行政自我拘束原則之意義

所謂「行政自我拘束原則」指行政機關於作成行政處分時，對於相同或具有同一性的事件，如無正當理由，應受其「行政先例」或「行政慣例 (Verwaltungspraxis)」之拘束，而為處理，否則即違反平等原則，而構成違法(**注七**)。一般認為「行政自我拘束原則」與「禁止恣意原則」，均係由「平等原則 (Gleichheitssatz)」所導出 (**注八**)。但亦有認為係自「信賴保護原則 (Vertrauensschutzprinzip)」所演繹而生 (**注九**)，容後詳述。

所謂「行政先例」或「行政實例」，是指關於行政上同一或具有同一性的事項，經過長期的、一般的、繼續的且反覆的施行，則即可認為已成為行政上措施的通例 (**注一○**)。因此，在一般行政權行使主體的相對私人之間，行政先例便產生法的意識，在這種情形下對之便具有法的確信。而這個行政先例，也就成為所謂的「行政先例法 (行政慣習法)」的內容。

注七：林錫堯，行政法要義，八十年初版，頁四二。

注八：同注七。

注九：黃著前揭書，頁八○。認為行政自我拘束原則係由信賴保護原則而來者係少數說；有關信賴保護原則請參閱林合民撰，公法上信賴保護原則，臺大法研所碩士論文，七十四年六月，及林錫堯，前揭書，頁四五以下。

注一○：新井隆一著，行政法，1989 年 3 月四版，頁四七～四八，成文堂。

而且因爲並無行政先例法與實定（成文）法規競合存在的情形，所以依照行政先例法而爲的行政措施，乃被認爲是適法的行政作用（注一一）。

二、行政自我拘束原則之理論基礎

㈠憲法平等權之保障

1.平等權之涵義

平等 (Gleichheit) 的概念係源自希臘哲學家亞里斯多德於其「正義論」中，將「正義」分爲「平均的正義」與「分配的正義」，即富有現代「形式平等」與「實質平等」的思想（注一二）。「平等」係指相同的事物應爲相同的處理，不同的事物應爲不同的處理，即「等則等之，不等則不等之」（注一三）。平等原則係憲法上原則，可拘束立法、司法及行政，我國憲法第七條、德國基本法第三條第一項、日本國憲法第十四條第一項均爲相關之規定。

平等原則並非要求機械式的、形式的、於日常生活不容有差別待遇的平等，而應從機動的、實質的觀點，本於「正義理念」，視事物之本質，而可有合理的差別。亦即，不能僅因爲事實上某些不同，即必爲不同處理，而是在「事實不同」與「處理不同」之間可有某種實質的內在關連。因此，是否符合平等原則，首先要有兩個以上「可供比較的事實」，次而視其事實不同之方式與程度，是否足以導致不同之處理，有無不同處理之必要，不同處理之程度是否與事實上不同之程度相當，同時在判斷的過程當中，須依照事實之性質與特性，而選擇正當合理的差別標準；通常，現存法規體系已提供是否符合平等原則之標準，但並非絕對的標準

注一一：同注一○，新井隆一著，前揭書，頁五○。
注一二：李惠宗撰，從平等權拘束立法之原理論合理差別之基準，臺大法研所碩士論文，七十七年六月，頁一。
注一三：林錫堯，前揭書，頁四一；李惠宗，前揭論文，頁一三。

（注一四）。

　　傳統對平等權的認知係著重於「法律執行」上的平等，如「王子犯法與庶民同罪」、「法律之前人人平等」，這種「法律適用的平等」(Recht-sanwendungsgleichheit)，偏向於形式意義，亦即要求執法機關——行政及司法機關，不能因為個案當事人之不同而異其執法之標準。這種對行政權及司法權要求「公平」、(平等) 執行法律之基本權利，便如同其他古典人權（如自由權）般，含有「防衛權」(Abwehrrecht) 之性質，其要求公權力消極的「不作為」來保障平等權的看法，已經與現代法治國家之人民基本權利，應該具有積極性的要求不能配合（注一五）。

　　2. 平等權之請求權功能 (die Funktion der Teilhaberechte)

　　德國學界通說認為，人民大部份的基本權，如受教育的場所、財產之保障等，無由達到目的時，可以從基本權利轉換成積極的請求權 (positive Ansprüche)。而該國學者 Wolfgang Martens 認為：「平等原則轉換為給付請求權時，可分為『衍生的給付請求權 (derivative Teilhabeansprüche)』與『原始的基本權上的給付請求權 (originäre grundrechtliche Leistungsansprüche)』亦稱『獨立的給付請求權 (unabhäengige Leistunganspüche)』。所謂衍生的給付請求權，係指國家已有一個先行行為 (vorgäengiges staatliches Handeln)，而卻拒絕對另一人的一特定給付，此時即可依基本法第三條第一項要求國家為相同之給付。」（注一六）他並舉了一個例子，國家提供經濟上的津貼予學校，卻拒絕某特定申請人，則此時因有國家的先行行為存在，故在相同的情形下，該被拒絕的申請人即可依平等原則請求國家為相同之給付

注一四：林錫堯，前揭書，頁四一以下。
注一五：陳新民，憲法基本權利之基本理論（上冊），八十年再版，頁四九八～五○○。
注一六：李惠宗，前揭論文，頁八九。

（注一七）。

德國聯邦憲法法院一九五七年二月二十日有如下判決：「立法者由於不正確的基本法解釋，僅部份地實現了憲法委託（Verfassungsauftrag）而公布一特定法律，因未顧及一特定的人群範圍而侵犯了基本法第三條的基本權（平等權），對此部份的不作為（Unterlassung）得提起憲法訴願，這種憲法訴願可以確認立法者的不作為已侵犯了基本權。因此，如果基本法暫時相互允准其次部份之法律且合乎基本法第三條的法律有可能再制定時，則須要補充的部份即非違憲。」（注一八）因為德國基本法第一條第三項規定下列基本權可直接拘束行政、立法及司法，故此判決要旨雖是對平等權拘束立法權所作的闡釋，但對行政權應亦具相同效果：即行政權若違反平等原則，亦可能構成違法或違憲。

3.不法平等之排除

平等權雖係人民基本權利之一，但是並不容有「不法之平等（Gleichheit im Unrecht）」。蓋「不法」本身既非法律所保障，自無權利可言，從而自己不法，不得主張執法機關應先取締他人之不法，才能對自己執行；或執法機關未對他人執行時，亦不得對自己執行（注一九）。因為國家對於本身不法的或不當的公權力行使，本應在事前極力防止，在事後改正，豈可一錯再錯。故法適用平等不應及於不法的平等執法，如此，可以不傷及正義觀念，也是尊重法律規範力之表現，同時也未違背「信賴利益保護原則」。

注一七：個人認為此例不妥，因為國家給予學校補助可能係因政策上的考量，此時若為一單純國民身份之人民請求補助，而國家拒絕時，應未必即違反平等原則，因為此二者間可認為具有合理之差別，而得為不同之處理。且此時尚應考慮人民對此是否具有主觀公權利，或僅有反射利益而已，未可一概而論。

注一八：李惠宗，前揭論文，頁九〇。

注一九：李惠宗，前揭論文，頁三八。

㈡依法行政原則之要求

如前所述，傳統的依法行政原則（Der Grundsatz der gesetzmäs-sigen Verwaltung）係指依形式意義的法律行政，但現代意義的依法行政原理則指行政除須以形式法律為根據外，尚須受實質法律（如規章命令）之支配；同時，亦應受到公益及行政目的（Zweckmässigkeit）、誠信原則、行政道德、法之一般原理原則及行政法院判例等之規範，故應從實質的法治主義來理解「依法行政（Rechtmässige Verwaltung）」的涵義。然「行政自我拘束原則」究否係行政法上一般原理原則之一，國內學者尚乏討論，而行政法院實務上亦未見以此為理由之判決或判例，但本文認應採肯定說為是。依此而論，行政自我拘束原則既係行政法上一般原理原則之一，具有拘束行政機關之效力，且亦係構成行政法學基本原理——「依法行政」原理之一環，故本文認為依法行政原則亦係支持行政自我拘束原則的理論之一。

㈢信賴保護原則之要求

信賴保護原則亦係公法上乃至憲法上的重要原則。德國聯邦憲法法院有時認其係直接出自法治國家原則，有時認係出自基本權。該原則亦同時拘束立法、司法、及行政。依信賴保護原則，如國家行為罔顧人民值得保護之信賴，而使其遭受不可預計之負擔或喪失利益，且非基於保護或增進公共利益之必要或因人民有忍受之義務，此種行為，不得為之（注二〇）。但信賴保護原則之適用，有一定之要件，即須有「信賴基礎」、「信賴表現」與「信賴值得保護」三者。因此構成信賴保護，首先要有一個令人民信賴的國家行為，換言之，必須有一個有效表示國家意思之「法的外貌」（Rechtsschein），行政處分即是信賴基礎之一。故德國學說及判例認為信賴保護原則亦適用於法律生活上已無重大疑義地予以接

注二〇：林錫堯，前揭書，頁四五。

受之行政慣例 (Praxis)。縱然認爲行政慣例不是法源,人民對之有所信賴而安排,則屬法秩序所不可忽視之事實。若要變更行政慣例,必須審愼斟酌人民值得保護之信賴,始爲合法。亦即,須斟酌下列情形而定其是否合法:各種情況、行政事項、人民應否預計其基礎、通常的安排方式等。但基本上對行政慣例信賴的價值較對法律之信賴價值爲低(注二一)。信賴保護既要求行政機關在一定情形下應受其自身作成之行政慣例之拘束,故本文認爲信賴保護原則亦係支持行政自我拘束原則的理論基礎之一。

㈣誠實信用原則之要求

此係源自羅馬法上之惡意抗辯(注二二)而規範權利義務履行方法之法律原則。我國民法第一百四十八條第二項、二百十九條已明文將誠實信用原則納入私法體系,而法院也就此作有諸多判例(如五十六年臺上字第一七〇八號、五十八年臺上字第二九二九號判例)。

我國行政法院實務上對誠信原則在公法上之適用,起初認只能類推適用,如行政法院五十二年判字第三四五號判例:「公法與私法雖各具特殊性質,但二者亦有其共通之原理,私法規定表現一般法理者,應亦可適用於公法關係。依本院最近之見解,私法中誠信公平之原則,在公法上應有其類推適用……」,五十二年判字第三五二號判例亦同,此後即成爲一般之見解。至七十年判字第九七五號判決,行政法院始變更見解:「按公法與私法,雖各具特殊性質,但二者亦有其共通之原理。私法規定表現一般法理者,應可適用於公法關係,私法中誠信公平之原則,公法上當亦有其適用」,認爲誠信原則可直接適用於公法關係,而不必透過類推適用之方式,七十五年判字第一八五號判決、七十五年判字第八二二號判決則更清楚地闡明此見解。

注二一:林錫堯,前揭書,頁四七。
注二二:林紀東,行政法與誠實信用之原則,法令月刊,一卷二期,頁九。

　　誠實信用原則既已經實務及學說一致肯定爲公法上之重要原則，行政機關於執行職務時自應嚴守此原則，而不得任意變更其處理行政事務之一般慣例，故本文認爲誠實信用原則亦爲支持行政自我拘束原則之理論基礎。

〔叁〕行政自我拘束原則與行政規則

一、行政自我拘束原則適用之前題要件

　　如前所述，行政自我拘束原則（Prinzip der Selbstbindung der Verwaltung）係指行政機關於作成行政行爲（指行政處分）時，若法律或命令對此情形應如何處理，並未作明確、具體之規定者，則此時行政機關如無正當理由，應受其行政慣例之拘束，對相同或具有同一性的案件應作相同之處理，否則即違反平等原則而構成違法。通常認爲，適用行政自我拘束原則時，應具備下列要件：

㈠要有行政慣例（行政先例）之存在

　　行政機關因適用行政規則及其他的法律或命令處理行政事務而形成行政慣例，往後個案若無正當理由，對於相同情形的個案，行政機關應作相同的處理；若行政機關無實質之正當理由而作不同的處理，即違反行政機關因適用行政規則等而生之行政慣例，而可認爲違反平等原則。但所謂平等原則，必須至少有二個以上之相同案件存在，才可形成行政上的先例，此時才有平等原則之適用。是故，倘若該案件係行政機關處理之第一個個案，則將不發生平等原則之適用（注二三）。德國聯邦行政法院判例使用「預計的行政慣例（antizipierten Verwaltungspraxis）」

注二三：林錫堯，前揭書，頁一二二。

的概念來解決上述的情形，認為行政機關於違反行政規則時，與就未來可期待將依照此行政規則處理的案件相較，若係違反平等原則時，人民應得以此為理由請求救濟。德國學者 Hartmut Maurer 對此提出批評，認為，如果繼第一個個案樹立了行政慣例之後，又發生了相同案件，則此種見解，頗為妥當；倘若未繼續發生相同案件，則此行政規則實際上已成為一種「個案指示」（Einzelweisung）（注二四）。在一般的情況下法規所要求的係無例外的、一視同仁的，但同時亦可能有個案會偏離行政先例而變成情形特殊的而非典型的例外情況。此種偏離雖然可能違背行政先例，但德國學者認為此並非對基本法（Grundgesetz）第三條第一項的違反，因為，於平等原則之觀點下，特殊的案件情況可作為特殊處理之正當理由，甚至於在特別的案件情況立法者及行政機關會事先預計而提供特別的規定，此時即無違反行政先例即平等原則而構成違法之問題（注二五）。

　　但何謂「行政先例」？此涉及行政處分（Verwaltungsakt）效力之問題。傳統上行政法學藉訴訟法上判決之效力，將行政處分之效力分為：拘束力、確定力、公定力與執行力。其中拘束力又稱為羈束力，乃指行政處分發生效力以後，依其內容有拘束其相對人，利害關係人及行政機關之效力（注二六）。依新近之見解，則行政處分之法律效果，可分為：有效性或拘束性（Wirksamkeit od. Verbindlichkeit）、存續力（Bestands-kraft）、可執行力（Vollziehbarkeit）、構成要件效力（Tatbestandswir-kung）與確認效力（Feststellungswirkung）。其中拘束力係指行政處

注二四：Vgl. Hartmut Maurer *Allgemeines Verwaltungsrecht* 8. Aufl 1992. s.555. 並請參考林錫堯，前揭書，頁一二二。

注二五：Vgl. Hartmut Maurer. 前揭書，頁五五六。

注二六：翁岳生，論行政處分，刊於行政程序法之研究「行政程序法草案」，頁二七二，行政院經濟建設委員會健全經社法規工作小組委託臺灣大學法律學研究所執行，七十九年十二月。

分於具備法定要件，且不是無效者，於行政機關通知相對人，就已不是機關內部之文件，而發生行政處分之效力，行政處分亦於此刻起始有其存在，此稱爲行政處分之對外效力。行政處分發生對外效力後，通常同時發生其所意欲之法律效果，此即爲行政處分之內部效力，亦即其拘束性。此時，該行政處分即具有拘束處分機關之效力。而存續力又可分爲形式存續力與實質存續力：形式存續力乃指行政處分之相對人及有利害關係之第三人，對該處分已不能依法訴請救濟，亦即不能異議、訴願或行政訴訟，該處分因而發生不可爭力。實質存續力則指行政處分發生形式存續力後，該處分對其相對人及利害關係人與原處分機關雙方面均發生拘束力（Bindungswirkung）（注二七）。

詳言之，實質存續力以形式存續力爲前提；當行政處分已不能再訴請撤銷時，當事人應受行政處分之拘束，不得爲相異之主張，除非處分機關於法定前提下將處分撤廢（Aufhebung）或變更（Änderung）。反之實質存續力對處分機關而言，於其依法撤廢或變更之前，仍應受行政處分之拘束，但如符合行政程序法（VwVfG）第四十八條、第四十九條、第五十一條之規定，即可職權撤銷（Rücknahme）、廢止（Widerruf）該行政處分，或爲手續之重新進行（die Wiederaufnahme des Verfahrens）（注二八）。

因此，本文認爲行政處分於具有實質存續力之同時，對往後的案件而言即係一「行政先例」，於遇到相同情況的案件時，即應有行政自我拘束原則之適用；在此之前，則因相對人或有利害關係之第三人可能對該行政處分提起行政爭訟，而使該行政處分有被上級機關或行政法院撤銷

注二七：同注二六，頁二七四。
注二八：Vgl. Hartmut Maurer，前揭書頁二一一～二二二，引自林永頌，行政處分對法院之拘束，頁一〇〇～一〇一，臺大法研所碩士論文，七十五年六月。

或變更的可能，該行政處分之法律效果既尚未完全確定，其後之相同情況案件，自不能主張行政機關應作與前案相同之處理。但如前案之行政爭訟程序已盡，而後案尚未處理完畢，則此時後案之相對人即可主張平等原則，要求行政機關應作與前案相同之處理，亦即此時應有行政自我拘束原則之適用，因此時該行政處分既已具形式存續力及實質存續力，則應可認為該行政處分已成為一「行政先例」，並在往後遇到相同情況的案件時透過「平等原則」而產生拘束行政機關的效果。

㈡行政先例本身必須合法

如前所述不法的平等是被排除的，當法的拘束與平等處理間有衝突或歧異存在時，應以法的拘束為優先，違法的行政先例並不能成為平等原則的基礎，也就是說：沒有「不法的平等」(keine Gleichheit im Unrecht)，也沒有一個「要求重複錯誤的請求權」(keinen Anspruch auf Fehlerwiederholung)。否則行政機關便可有意的或無意的透過違法的行政先例而排斥法的適用或變更法的適用（注二九）。德國實務有如下實例：S 考取一所工程專業學校不久之後收到兵役召集。於是他根據行政規則及行政先例申請免除兵役義務，理由是：聯邦司法部對兵役義務法第十二條第四項第二句的釋示，認為工程專業學校的學生在入學時即已通過廣泛訓練而具備通過訓練的身分。但主管機關卻拒絕他的申請。S 乃對該處分提起撤銷訴訟。法院認為兵役義務法第十二條第四項並未規定工程專業學校的學生在入學時即已具有受過訓練的身分。S 不可根據該行政規則及行政先例再對兵役義務法第十二條第四項的規定加以指摘（注三〇）。於此例即表明，雖有行政先例之存在，但若該行政先例本身係屬違法，此時當事人即不可要求行政機關對該案件「援引前例」辦理。

注二九：Vgl. Hartmut Maurer，前揭書，頁五六一。
注三〇：Vgl. Hartmut Maurer，前揭書，頁五六二。

　　另外，若法律或命令對原本有所欠缺的部分已補充規定者，則針對此欠缺規定部分而形成之行政先例，應不得再予以援用。

㈢必須行政機關就該案享有決定餘地

　　所謂決定餘地包括行政裁量權、不確定法律概念之判斷餘地、自由行政等範圍（注三一）。因為若非屬上述範圍內之事項，例如羈束行政，行政機關應受法規的嚴格拘束，一有違背即屬違法，人民可直接主張該處分違法，而請求救濟，無須透過行政自我拘束原則與平等原則請求救濟。如此則每個個案既均依法該當處理，行政機關無裁量權，自無行政自我拘束原則之適用。但此時若行政機關頒有指導裁量之行政規則，則行政機關於裁量時仍然須受其拘束。

二、行政規則之效力

　　一般在討論行政自我拘束原則時，皆於行政規則中一併論述之，這跟行政規則的效力及其救濟有關，故本文亦於此稍作說明。

㈠行政規則之意義

　　原則上，任何法規本質作用上均須具備「二面性效果（Zweiseitig-keit）」，即對人民之外面效果，及對官署的內面效果（注三二）。亦即對於國民作「應為」（Sollen）或「得為」（Dürfen）之規定，同時該規定對官署亦有法的拘束力（rechtliche Gebundenheit）；稱前者之效力為「外部效力（äussere Wirkung）」，後者為「內部效力（innere Wirkung）」（注三三）。

　　所謂行政規則，指上級機關對下級機關，或長官對其屬官，所為一

注三一：林錫堯，前揭書，頁四三。
注三二：同注一，頁九〇六。
注三三：朱武獻，命令與行政規則之區別，刊於氏著，公法專題研究㈠，八十年一
　　　　月二版，頁二四八。

般抽象之命令（Anordungen）。行政規則僅係「行政的內部規定（Verwaltungsinterne Regelung）」，應排斥於外部法（Auβenrecht）的概念之外，但它仍是一種「法的規律（rechtliche Regelungen）」，在行政機關及公務員的內部關係上具有拘束力，而對於一般人民僅有反射作用，蓋其並非直接規定人民之權利與義務，沒有創設權利義務的效力。不過有時對於國家與人民之關係，也就是「外部的關係（Aussenbeziehungen）」，亦有效力，但僅是某種間接的效力，而非直接即對外發生效力（注三四）。

㈡行政規則的外部效力

行政規則的對內效力與本文較不相關，故本文於此僅討論其對外之效力。

有許多行政規則係規定行政機關及其公務員應如何處理對人民的行政事務，而由於行政機關應依行政規則處理，因而使行政規則具有「事實上對外效力（faktische Aussenwirkung）」（注三五）。但其效力並非直接因行政規則本身而生，而係自適用該行政規則而作成的行政處分（Verwaltungsakt）間接的對人民發生效力。於此時即牽涉本文所探討的行政自我拘束原則了，因為單只一個行政處分未必即能使行政規則的事實上對外效力顯現，必須行政機關已經適用該行政規則作成一個以上的行政處分而形成行政先例為前提。此時該行政處分之相對人或利害第三人，才可對該違反行政先例之行政處分，主張其違反平等原則而請求救濟。否則，原則上行政規則並非法律，故對法院並無拘束力，亦即行政機關違反行政規則者，法院應拒絕當事人司法救濟之請求（注三六）。

再者，人民可否單純僅以行政機關違反「行政自我拘束原則」而請

注三四：林錫堯，前揭書，頁一一五～一一六、朱武獻，前揭書，頁三〇八。
注三五：林錫堯，前揭書，頁一二一。
注三六：朱武獻，前揭書，頁二九二。

求救濟？本文以爲「一般法律原則」及「行政法上一般法律原則」究竟包括哪些內容？至今學說尚無定論，仍在發展形成當中，更遑論行政法院能據此而作成判決判例。且行政法上一般法律原則有許多係自一般法律原則所派生，例如行政自我拘束原則及禁止恣意原則均係自平等原則所衍生而出。因此，若行政處分與行政先例不同或衝突時，即違反行政自我拘束原則也同時違反平等原則，學者認爲此時仍應以主張該行政處分違反平等原則爲理由，而請求救濟（注三七）。

三、小結

如前所述，行政自我拘束原則與行政規則有密切關聯，而行政規則之種類繁多，學者之分類亦未盡一致，但主要有：⑴組織規定與職務規定；⑵解釋法律或其他法規之行政規則；⑶裁量方針等適用法規之行政規則；⑷給付基準；⑸指導基準（注三八），其中除第一種之外，均會因行政機關處理行政事務時之引用而對人民產生影響。此刻行政機關若無合理之基礎而作異於以前相同案件之處理時，即有因違反行政自我拘束及平等原則而被認定爲違法之可能。惟若行政機關所違反者乃係具有外部效力之法規，則根本無須主張行政處分違反行政自我拘束原則與平等原則來請求救濟，因爲此時該行政處分已被直接評價爲違法，而應予以撤銷。

〔肆〕我國實務見解

查閱我國七三年至七九年之行政法院判決彙編，與本文有關之判決

注三七：林錫堯，前揭書，頁一二二。
注三八：林錫堯，前揭書，頁一一八。

似僅有行政法院七十五年判字第一六二四號判決(注三九)，茲分析如下：

一、行政法院七十五年判字第一六二四號判決裁判要旨

【未適用財政部尚屬有效之函釋應屬不當】

本案源於財政部六十六年八月十三日臺財稅字第三五四二六號函示謂：「綜合所得稅納稅義務人配偶之同胞兄弟、姊妹，未滿二十歲或滿二十歲以上因在校就讀或因身心殘廢或因無謀生能力，受納稅義務人扶養者，納稅義務人於計算其綜合所得淨額時，可適用所得稅法第十七條第一項第二款第三目之規定辦理。」此函經財政部七二臺財稅第三四〇三七號函釋自七十二年七月一日起不再適用。今有原告某甲七十一年度綜合所得稅於七十二年三月二十二日為結算申報，案內列有扶養親屬即原告某甲之夫劉×堂之弟妹劉×秋、劉×梅二人，分別為五十五年及五十七年出生，均未滿二十歲，符合上述財政部六六臺財稅第三五四二六號函釋之規定。但財政部以劉×秋、劉×梅非屬原告之同胞親屬而予以刪除，並謂財政部六六臺財稅第三五四二六號函釋自七十二年七月一日起不再適用云云。原告某甲認為財政部之處分違法，乃對該處分提起行政訴訟。

行政法院認為，本件係七十二年六月三十日以前所受理之案件，與財政部六六年臺財稅第三五四二六號函釋自七十二年七月一日起不再適用無關，而納稅義務人配偶之同胞弟妹未滿二十歲者，可適用所得稅法第十七條第一項第二款第三目之規定，既為財政部前函所釋，被告機關予以刪除，又未詳細說明其理由，一再訴願決定遞予維持，原告起訴意旨指其有違誤，非無理由。乃撤銷再訴願決定及原處分，命更為適法之處分。

注三九：刊於行政法院裁判要旨彙編第六輯，頁六二。

二、判決評析

本件判決首先牽涉的是有關溯及既往禁止的問題。財政部六六年臺財稅第三五四二六號函釋係自七十二年七月一日起不再適用，這是主管機關對職掌事項所作的函釋，依後令優於前令之原則，有變更前一解釋函的效力，但並無溯及既往的效力，且財政部七十二年臺財稅第三四○三七號函釋亦無要求溯及既往之意，而是被告機關在處理本件時違法溯及既往適用。

其次，根據我國訴願法第一條人民對於中央或地方機關之行政處分認為違法或不當致損害其權利或利益者，雖得依法提起訴願及再訴願；但行政訴訟法第一條則規定以行政處分違法為限始得提起行政訴訟。是則本件判決行政法院於編輯判決要旨時既編纂為【未適用財政部尚屬有效之函釋應屬不當】，則依法行政法院應不得撤銷再訴願決定及原處分，故本件判決之判決要旨似亦有不妥之處。

再者，既然財政部六十六年臺財稅第三五四二六號函釋於本案申報時仍屬有效，則主管機關即應依該函辦理，亦即應與以前相同之案件作相同的處理，而一體適用該函辦理。今財政部並未如此辦理，不僅有違財政部六十六年及七十二年之函釋，且係與行政先例——合法的、合於該函釋的行政先例相違背，而違反平等原則。則依本文以上所述，該行政處分之相對人得以此為理由提起行政爭訟。本案原告某甲主張之理由為何？不得而知，但行政法院只以被告機關違背禁止溯及既往原則為理由，而撤銷再訴願決定及原處分，並未同時引用行政自我拘束原則、平等原則為由，是為美中不足之處。

三、小結

我國行政法院之判決長久以來即為學者所批評。在較早期時，因為

行政法院組織法之規定，行政法院之評事並非全部由習法者出任，民國六十四年十二月十二日修正以前之行政法院組織法第四條規定：「行政法院每庭置評事五人，掌理審判事務。每庭評事應有曾充法官者二人。」，第六條規定：「行政法院評事非……專科以上學校修習政治法律科三年以上畢業，……不得充任。」，從而，行政法院的評事，在每庭五位評事當中，精湛於法律學的恐怕有可能湊不足半數以上，然反觀最高法院推事，率皆為法界一時之俊彥，兩相比較，自難期行政法院之判決能與普通法院之判決同其素質。六十四年修正後之行政法院組織法第六條，對於行政法院遴任評事之資格限制，則較前慎重而嚴格。但基於種種原因行政法院之判決，至最近數年才在質與量上有明顯的提升與增加（注四〇）。

　　細查近年來行政法院之判決除引用明文規定為判決理由之外，雖亦偶有數則以一般法律原則為判決理由，但亦不外「誠實信用」、「信賴保護」、「不溯既往」等少數幾個，而以「行政自我拘束原則」為判決理由者並未嘗見，其餘之行政法上一般原理原則亦屬少見。冀望行政法院能在行政處分違反法令明文規定時予以撤銷之外，於行政處分違背行政法上一般原則時亦能審慎引用有關原理原則，而予人民權利較周嚴的保障。

〔伍〕結論

　　一如本文前言所述，現今行政具有積極、主動的特性，行政機關的任務職能亦隨之急驟呈幾何級數成長；在福利國家、給付行政的觀念下行政機關的行政事務既如此龐雜，不能凡事鉅細靡遺皆有明文規定，在

注四〇：詳細資料請查閱近十年來之，總統府公報及行政法院判決彙編。

沒有成文法可茲依循時，在依法行政的要求下，法之一般原理原則又為行政機關所應遵守之實質法規範之一，行政機關若於處理行政事務時違反一般法律原則，而侵害人民之權利或利益，亦應構成違法，人民得依法請求救濟。

我國行政法院的見解一向落後學說甚遠，以「特別權力關係」為例，多年來學者批評甚烈，而若非大法官會議對此作出歷號解釋認其違憲，則行政法院恐仍持其一貫之見解，而拒絕給與人民救濟。本文認為行政法院在審理案件時，縱使行政機關之行政處分並未違背形式法律之規定，甚至根本無法令規定可資適用時，行政法院仍應以行政法上一般法律原則來對該處分加以檢視，若有違反時則給予違法之評價。

一般通說認為行政規則並無直接對外的效力，其僅為拘束機關內部公務員之規範，因此公務員於處理行政事件時縱有違反，亦僅須負行政上的責任，此時人民只有主張該行政處分違反「行政自我拘束原則」及「平等原則」為理由來請求救濟。亟盼行政法院能以行政救濟制度之維護者自許，在人民權利遭受侵害時即應給與救濟，並嘗試引用一般法律原則為根據，與學說相互交流並進，提升我國行政法學之水準。

由法安定性論公法上情事變更原則

曾昭愷

4.我國法

　(四)理論依據

　　1.誠實信用原則

　　2.公益原則

　(五)要件

　　1.須有法律關係基礎事實之變動

　　2.基礎事實之變動須在規範有效存續期間

　　3.須變動具有不可預測性

　　4.其變動不可歸責於當事人

　　5.變動後若仍貫徹法律效果將導致公益危害或誠信違反

二、情事變更原則在法安定性中之角色

　(一)情事變更原則乃對法安定性之調整

　(二)情事變更原則之運用有賴於法官造法

三、情事變更原則在公法上之實踐

　(一)行政契約

　(二)行政處分之廢止

　(三)行政計劃

　(四)行政裁量

　(五)行政訴訟程序

　(六)情況判決制度

　(七)稅法上運用

　(八)集會遊行法

　(九)港澳關係條例草案初稿

四、我國實務見解

〔肆〕結論

由法安定性論公法上情事變更原則

〔壹〕前言

　　法諺有謂：「法之極，即不法之極（Summum jus, summa injuria)」；又有謂「法律極端，不是法律（Apices juris non sunt jura)」（注一）。人類制定法律規範以約束群體生活，其目的不外乎追求社會正義之實現，以及人民生活之安定。而法律爲人訂並非神意，基於人類能力之有限性，欲求得完美無缺之實定法，幾乎沒有可能，若一味拘泥於法律文字之邏輯，可能反導致不當之結果。因此，法律之適用，一方面固然要追求法安定性，以符人民安寧生活之需要；另一方面亦應顧及實質妥當性，以避免法律的正義與社會的正義產生扞格。

　　欲緩和法安定性過分強調所帶來的結果，只有仰賴實質正義的判斷，而情事變更原則之運用則是具體方法之一。該原則雖導源自民事財產法，惟其是否只適用於財產法？在公法上是否亦有適用？其理論依據爲何？該原則在法律體系中扮演如何的角色？本文以下擬針對法安定性原則之法理、情事變更原則對法安定性之調和，爲粗淺的論述。此外，亦擬由我國法及外國法之對照下，嘗試作一些推論。

注一：鄭玉波著，法諺，頁五以下。

〔貳〕 法安定性原則

一、法安定性之理論

㈠內容

廣義之法安定性，其內容包括（注二）：

1.藉由法律達成之安定，又稱不可破壞性、穩定性。（Sicherheit durch das Recht; Unverbrüchlichkeit; Stetigkeit）

2.關於法律本身之安定，又稱法律之確實性。（Sicherheit über das Recht; Legal certainty）

通常所謂法安定性乃前者所指。

㈡要素

法安定性之要素，學說上列舉主要有：⑴秩序之安定性（Ordnungssicherheit）、⑵法律之不可破壞性與可實現性（Unverbrüchlichkeit; Durchsetzbarkeit）、⑶法律之和平性（Rechtsfrieden）、⑷法律之穩定性（Stabilität des Rechts）等等（注三）。

㈢法安定性與妥當性

1.實證法學派與自然法學派之對立

如前所述，法律乃人訂而非「神意」，因此立法者在立法時，受制於人類能力之有限性，對於一些抽象概念或類型特徵之取捨，往往不能盡符正義；而執法者在對具體客觀之特徵取捨和法律效果判斷上，亦往往受制於各種客觀環境，以致常與理想有所差距。也正因爲如此，由制定法、命令、判決所組成的「實證法（Gesetz）」和「法（Recht）」之間，

注二：引自林合民著，公法上之信賴保護原則，頁三二，七十四年臺大碩士論文。
注三：同注二。

自然會有差距存在（注四）。

　　極端的實證法學派，強調法之存在面，認爲法的實存即爲法的本質，依此派說法，使實證法應然之內容如何？其是否具備「法」的性質等問題便成爲無關緊要的事；極端的自然法學派則強調法之本質面，認爲有一先驗於實證法之法規範存在，其是否被制定成實定法，並非十分重要。上述二學派之見解，均有其極端不當之處，爲使行爲規範趨於妥當，德國法學大家 Radbruch 主張，不但「法」之概念應包含實證性，實證法之任務也必須包含內容之正當性（注五）。

　　「法的存在」與「法的本質」，在某種範圍內可能不完全相符，但並非互相排斥的二概念，二者之間具有牽連、補充和支持之關係，而此種相互關係正足以說明「法安定性」與「正義」之互動。「正義」，這種超實證之法律原則，固然有待於引入實證法方屬實在；而實證法，亦應具有正義之內容，在「法」之監督下，始爲有效。

　　2.實證法與自然法之依存

　　「法」的實現，必須仰賴一套實證化的規範，作爲對事實對錯之判斷標準。由存在面而言，「法」是先於實證法而存在的；就邏輯而言，「法」則是對實證法之補充。此種相互關係最明顯的就是在我國民法第一條：「民事，法律所未規定者，依習慣，無習慣者，依法理。」

　　正如 Radbruch 所稱，所謂納粹法並未具備法應有之性格，與其說是「惡法」，不如說根本不是「法」（注六）。實證法必須眞正具有具體化基本價值原則之性格，才可以維持其被適用之地位，否則便喪失其效力之基礎，換言之，實證法之內容，必須受到「法」的監督。

　　無論由「法」的觀點或由「實證法」的觀點，法安定性都是受到肯

───────────

注四：黃茂榮著，法學方法與現代民法，頁三九七以下，一九八二年版。
注五：黃茂榮，前揭書，頁三九八以下。
注六：林文雄著，法實證主義，頁一五一以下，一九八九年版。

定的。由法安定性出發，不論所著重的是法確定性、可預測性或立法、司法的穩定性、繼續性，甚至法律適用上之實用性，透過統一且貫徹的體系，將更容易實現（注七）。

3.自由法論之影響

(1)自由法論者認爲，國家之成文法並非唯一法源，尚有「活的法律」存在，此才是眞正的法源。此種活的法律乃社會團體之內部秩序，是法學者所欲探求發現之制度，俾於國家成文規定不足時，可以此活的法律爲基礎，加以補充。

(2)概念法學認爲成文法是國家唯一法源，且其邏輯上是完善無瑕的；惟自由法學派反對此種看法；其認爲，法律有漏洞乃必然之事，若立法者疏未預見或嗣後情事變更致生漏洞，自應爲漏洞補充，此種補充，應透過探求「活的法律」而爲之。

(3)概念法學將法律解釋當作邏輯演繹之操作：而自由法論者則認爲，邏輯之演繹只能當作發現法律之工具，而非目的，必須納入目的論之思考方法始可。

(4)概念法學認爲法律本身完美無缺，禁止司法造法，因而在法學方法上，除嚴密之邏輯推演外，不允許有任何「目的考量」或「利益衝突」；自由法論者則認爲，基於人類能力之有限性，法律不可能完美無瑕，對於意義不明者，有待法官闡釋；條文有漏洞者，有待法官加以補充；情事變更者，有待法官爲漸進的解釋。凡此，均須由法官爲利益衡量及價值判斷（注八）。

㈣法律理念之調和

Radbruch 在其所著之「法哲學」（Rechtsphilosophie）一書中指出，法律的理念有三要素：一爲正義（Gerechtigkeit）；二爲合目的性

注七：黃茂榮，前揭書，頁四〇四。
注八：碧海純一著，法哲學概論，頁二〇四（引自楊仁壽著，法學方法論，頁八五）。

（Zweckmäßigkeit）；三是法安定性（Rechtssicherheit）。此三者，乃由某種程度上互相衝突之概念形成（注九）。Radbruch 所稱的正義即「等者等之，異者異之」的平等原則；因此，「正義」雖然是法的理念，並且是絕對的、普遍妥當的要素，但因其形式性，所以「正義」只能給法概念一個方向，並不能由其得出具體之內容，因此導出法律的第二個理念──「合目的性」。何謂「目的」、「合目的性」？此乃依據對法及國家各種不同之見解而有差異，沒有一個單一確定的答案，所以，關於合目的性的答案僅具有相對性。又「法」是共通生活的秩序，不能任由各人見解不同而各行其是，因而在所有個人之上，非有一個共同的秩序不可。所以，法理念之第三要素──「法安定性」便成為不可缺少之要素，而法安定性要求法的實證性，故法的實證性亦屬法正當性之一前提，因此，法安定性也是法理念中普遍妥當之要素。

　　法理念之三要素，其重要性是相對的。「正義」、「合目的性」、「法安定性」雖然互相矛盾，但也互相需要，雖然三者互相對立，但也相輔相成地支配「法」的全部（注一〇）。

　　Radbruch 認為，法哲學只能指出法理念間各種要素之矛盾，然而對這種矛盾是束手無策的。換言之，因為對於「正義」人言言殊，所以法安定性才能成為法理念的普遍妥當要素。Radbruch 且認為，實證法之內容不符自然法時通常是法安定性優先，因而該實證法仍然有效。如果二者牴觸之程序，到達無法容忍之情形，該實證法應即退讓而變為無效。總而言之，Radbruch 基於價值相對論之立場（注一一），原則上對法理念三要素之優先順序列為「法安定性→正義→合目的性」，僅在如上

注九：林文雄，前揭書，頁一六六。
注一〇：同注九。
注一一：Radbruch 之價值相對主義，不僅希望確立正義之形式，尚致力於「法」內容的確定，並促進人類正義目的之實現。

極為例外之情形，才使正義取代法安定性而順序為「正義→法安定性→合目的性」。

二、法安定性原則之實踐

法安定性乃法的無上價值之一，在憲法或法律層次，主要亦可由信賴保護原則以及法律不溯既往原則中採拮其精神。所謂「信賴保護原則」，乃現代法治國家，人民對政府行政行為的外觀產生信賴，有值得保護的信賴基礎，而使人民因而受到之損害有所補償。該原則在德國最先適用於授益行政處分之撤銷或廢止，其後並經德國憲法法院反覆引用而成憲法層次的原則，不但行政機關受其拘束，即使立法、司法機關亦受其拘束（注一二）。

而所謂「法律不溯既往原則」，更是信賴保護原則之具體化，其強調法律之效力僅及於法律生效後所發生之事實，對於法律生效前已終結之事實不適用之。蓋現代法治國家之所以可愛，就在於政府與人民行止有一定規範可資依循，且人民可以有效預測其行為之法律效果，以維護其個人權益。若法律可溯及適用於法律生效前之事實，則人民不但無法產生有效的信賴，且無從維護自身之權益。因此，法律溯及既往之禁止，正是法安定性原則功能的最大展現。

我國實務上，大法官會議釋字第二八七號解釋，由法安定性原則出發，強調法律秩序之安定，其主要解釋文摘錄如下：「行政主管機關就行政法規所為之釋示，係闡明法規之原意，固應自法規生效之日起有其適用。惟在後之釋示如與在前之釋示不一致時，在前之釋示並非當然錯誤，於後釋示發布前，依前釋示所為之行政處分已確定者，除前釋示確有違法之情形外，為維持法律秩序之安定，應不受後釋示之影響。……」

注一二：參閱吳庚著，行政法之理論與實用（增訂版），頁五六。

〔叁〕情事變更原則

一、情事變更原則之理論

㈠意義

　　依通說，「情事變更原則」乃源自十二、十三世紀之優帝法學階梯注解（Glossatorn）。到十六、十七世紀自然法時期達到全盛。然而，由於該原則之概念不確定，且適用過於廣泛，自十八世紀後期起，其在法學理論上即漸被法學者及立法者所摒棄。尤其其後之分析法學派，強調法實證主義，主張形式正義、法安定性，致使情事變更原則愈失其重要性。第一次世界大戰後，由於各國之政治、經濟及社會狀況，皆陷入極度混亂之中，爲謀對各種法律關係加以調節適應，乃造成情事變更原則在法學理論研究及實務適用上之復甦現象（注一三）。

　　在我國法制及學說而言，所謂「情事變更原則」（clausula rebus sic stantibus）乃指：在當事人間法律關係發生後，爲其基礎或環境之情事，在該法律效力完了前，因不可歸責於當事人之事由，致發生非當初所得預料之變更，如仍貫徹原定之法律效力，則顯失公平、違背誠信原則或於公益有重大影響者，即應肯認當事人間之法律關係得爲適當之調整（注一四）。

　　由法安定性之需求而言，法律制度對於當事人間之權利義務關係加以規範，其主要目的就是在保障及促使其行使權利及履行義務。但是如當事人以外之客觀因素產生不可預見之變化，如堅持法律安定，將導致重大違反正義時，自不得不尋找其他調整方法，使形式的正義（安定性）

注一三：彭鳳至著，情事變更原則之研究，五南書局出版，頁一。
注一四：在民法上之適用，參閱鄭玉波著，民法債編總論，頁三九六。

與實質的正義得以兼顧，此亦即情事變更原則所欲研究之課題。

（二）**適用範圍**

　　向來學說對情事變更原則之探討，侷限於財產法上，然而是否意味情事變更原則僅適用於財產法？本文擬由情事變更原則之意義、我國現行法、外國案例學說以及未來立法趨勢加以探討：

　　1.在我國現行法上，民事訴訟法第三百九十七條第二項規定，「前項規定，於非因法律行為發生之法律關係準用之。」其所謂「非因法律行為發生之法律關係」，同為民法，自無將身分行為排除在外之理，亦即身分法上之既成權利義務關係，亦應有情事變更原則之適用。此由民法第一千一百二十一條之內容可得之。

　　由外國案例學說之觀察而言，美國法院在 Betts v. Betts（18 Or. App. 35, 523 P.2d 1055.）案中，將"Changed circumstances"之法理運用在身分行為上（注一五），或可為前述身分關係情事變更之參考。

　　2.除依前述，將情事變更法理用在財產法、身分法上外，在國際法上，各國學說亦傾向肯認可以透過"clausula rebus sic stantibus"而對條約主體之義務加以放寬（注一六）。在國際實務上，西元一八七一年倫敦宣言中，即曾宣示情事變更原則在國際條約之適用，以解決當時俄國與各國的權力平衡，以使條約符合實質的國際正義（注一七）。

　　3.現代國家朝向福利國家發展，形成國家對人民的給付關係（Leistungsbeziehungen），在這種發展關係下，「行政」不再是國家單方統治

注一五：*In domestic relations Law, condition used to show need for modification custody support orders.* Betts v. Betts, 18 Or. App. 35, 523 P. 2d 1055.

注一六：Vgl. Radbruch, *Rechtsphilosophie*, S. 301, 1963 k.f. koehler verlag stuttgart.

注一七：參閱 David J. Bederman, The 1871 London declaration--rebus sic stantibus and a primitivist view of the Law of nations, v.82 American Journal of International Law '88 p.1～40。

人民的行爲，而是走向類似債務給付的關係。行政法上這種債權債務關係，亦即所謂「行政法上債之關係」（Verwaltungsrechtliche Gläubiger-Schuldner Beziehungen），已成爲給付國家，行政法上的一種給付方式，而此種請求給付關係之履行與貫徹，其當事人利益狀態，可比照私法上債權債務關係（注一八）。

4.若前述對情事變更原則之定義無誤，而該原則乃誠信原則與公益原則之展現，則其應不僅限於財產法，而應可運用到其他法律體系。只要該法律關係成立後，當事人間權利義務之嚴守，將有害誠信或公益，便應使其關係得以調整。

基於以上說明，吾人似應肯認，情事變更原則不應僅是民事財產法上之原理原則，其亦應是身分法、國際法甚至是公私法共有的原則。其亦應可以延伸到國家與人民間類似債之關係，亦即所謂「行政法上債之關係（Verwaltungsrechtliche Schuldverhältnisse）」上，尤其是關於給付障礙之法律基本原則（die Rechtsgrundsatze des Rechts der Leistungsstörungen）（注一九）。

㈢比較法上之觀察

1.英美法

在英美契約法上，有所謂"Frustration of contract"之概念，係在處理「以特定人或特定事物之存在爲要件之契約，若於訂約後，此特定人或事物有死亡或滅失情形，當事人得否免責」或者「因天災、法律規定、第三人行爲，致契約履行不能時，當事人能否免責」之問題（注二〇）。此外，在美國法上，並廣泛運用"change of circumstances; changed

---

注一八：Vgl. Klaus Stern, Die clausula rebus sic stantibus in Verwaltungsrecht, Festschrift für Mikat, 1989, S. 786.

注一九：Vgl. Klaus Stern a.a.o., S. 786.

注二〇：*Black's Law Dictionary*, 1979, p.245.

circumstances"之概念。美國法律學院（American Law Institute）出版的法律整編（Restatement of the Law），將美國的普通法（Common Law），包括判例及經由法院解釋適用不斷成長之判定法，予以有秩序地陳述。在其所編之契約法（Contract）中，規定有：除受陳述人已因信賴不實陳述而受損害外，一契約因一不實陳述而得撤銷且於意圖撤銷該契約之通知到達前，事實與其主張成爲一致時，該契約不得再撤銷（注二一）。該會所編之回復法（Restitution）亦規定有 change of circumstances 之效果（注二二）尤其值得注意的是所編判決法（Judgement）中規定：對於因情事重大變更，如繼續維持該判決之效果，將致不公平時，可對判決加以廢止或修改（注二三）；美國對外關係法（Foreign relations law of the United States），更將此原則運用在國際協定之上（Rule of rebus sic stantibus; Substantial change of Circumstances），對於任一國際協定生效期間內，有實質上情事變更之事實發生時，無論其變更是暫時性或永久性，如該事實之繼續存在與協定目的之履行有重大關聯，而當事國在此變更之情事下，將不願履行義務者，則當事國得中止或終止協定上義務之履行（注二四）。

2. 德國法

如前所述，由於情事變更原則之適用範圍過於廣泛且不確定，因此自十八世紀之後，便遭排斥。直至因第一次世界大戰以及戰後所發生之經濟大恐慌，此原則才再度受到重視。當時各界認爲，第一次世界大戰及戰後之種種傾頹現象，對於戰時已成立或戰後成立之債務關係的履

注二一：參閱美國法律整編——契約法，頁二五六，司法院印行。
注二二：參閱前注書回復法第六十九條。
注二三：美國判決法第七十三條第二款規定在該情形下，可對判決加以廢止或修改：
There has been such a substantial change in the circumstances that giving continued effect to the judgement is unjust.
注二四：參閱，美國法律整編——對外關係法，頁七八七，司法院印行。

行，自不能毫無影響。其結果是債務消滅，或者以原來約定以外之方式履行（注二五）。

　　基於諸此類型法律關係的需要，為彌補立法之不足，德國立法者乃以特別立法之方式，廣泛針對此類特殊情事，設有暫時性的權宜措施，總稱為「法官之契約協助（richterliche Vertragshilfe）」。而此種立法在內容及時間上，均受法令明文限制，亦即一項抽象普遍的契約協助並不存在。

　　德國早期實務上對此問題之處理，認欠缺普遍的一般規定，在該階段，德國實務裁判時，以「無期待可能性（Unzumutbarkeit）」為理論基礎，在無實定法依據及固定法學理論可循之情形下，以法官造法方式來彌補立法之不足，在個案判斷中，進行「利益衡量」。

　　一九二一年，德國學者 P. Oertmann 提出「法律行為基礎學說（Die Geschäftsgrundlage）」，依據該學說，關於當事人間成立之法律關係，當事人一方，對於特定環境之存在或發生，所具有之共同預想，且基此預想而成立法律關係。對於法律行為基礎，若有自始欠缺或嗣後喪失之情形，較合理之解決方式，應是賦與因而受不利益之一方有調整法律關係之可能性。其成為迄今為止德國實務處理此類案件之理論依據，惟學說上見解尚未一致（注二六）。

　　基本上，前述 Örtmann 之學說主要仍是由民事法之觀察出發，而在公法上，首先立法文件之嘗試，當推一九三一年 Württemberg 的行政法規草案（die Art. 108ff. des Entwurfs einer Verwaltungsrechtsordnung für Württemberg von 1931）（注二七），而此原則最近並為巴伐

注二五：彭鳳至著，德國近代民事法上關於情事變更原則之立法與學說之研究，載於政大法律評論，三〇期，頁一六〇。

注二六：彭鳳至前揭文，第九六頁。

注二七：Vgl. Klaus Stern, a.a.o., s. 786.

利亞邦行政法院所肯認（注二八）。在實定法方面，德國一九七六年行政手
續法第六十條已有此原則之落實，規定對契約內容之主要關係，自締結
後如發生情事變更，致不能期待當事人之一方遵守契約約定者，此方契
約當事人得向他方當事人逕爲調整或終止契約。此外，在同法第四十九
條關於行政處分之廢止，以及同法第五十一條關於行政程序之重行進
行，亦有類似的適用規定（注二九）。

　　3.法國法

　　強調公益優先之法國行政契約法則，乃建築在行政之特權及財政方
面之考慮兩者上面。在財政面之考慮而言，基於財政均衡之原理觀察，
又可細分爲「王之行爲」理論與「不預見」理論。其中所謂不預見理論，
乃指本來行政契約之締結，原以公益考慮爲先，萬一人民因經濟上破滅
而不能繼續履行契約，亦將妨害公共需求的繼續供給，而損及公益。不
預見理論正是以確保契約履行之繼續性爲目的，由締約之行政主體補償
人民損失，而使雙方當事人平均分擔此一經濟危險。學者列其要件有三：
⑴造成經濟變動之情事係雙方當事人不能預料者；⑵情事之變動不可歸
責於雙方當事人；⑶該變動足致當事人財政上持續出現嚴重赤字（注三
〇）。

　　4.我國法

　　我國公法之理論與立法正值萌芽階段，因此關於情事變更原則之探
討，多出現於民事法律之領域。我國自民法公布以來，由於繼受自德國

注二八：BayVB1. 1988, s. 721, obgleich in diesem Urteil die früher in Rechts-
　　　　prechung und Lehre entwickelten, auf § 242 BGB zurückgehenden
　　　　Grundsätze über die Änderung und den Wegfall der Geschäfts-
　　　　grundlage angewendet werden.
注二九：Vgl. Klaus Stern, a.a.o., s. 788.
注三〇：許宗力著，行政契約法概要，刊於經建會版行政程序法之研究（行政程序
　　　　法草案）。

法，因此亦與德國法存在同樣之漏洞；質言之，其對於環境不可預見之變遷情形，並未設有一個一般性之規定。直到抗日戰爭中期，由於經濟情事發生急遽變化，為解決情事變更所引起之問題，各種法規陸續公布，其中以民國三十一年七月一日公布之「非常時期民事訴訟補充條例」及戰後公布之「復員後辦理民事訴訟補充條例」影響較大（注三一）。直到民國五十七年修訂民事訴訟法時，在該法第三百九十七條規定：「法律行為成立後，因不可歸責於當事人之事由，致情事變更，非當時所得預料，而依其原有效果顯失公平者，法院應依職權公平裁量為增減給付或變更其他原有效果之判決。前項規定，於非因法律行為發生之法律關係準用之。」該條文乃是法律授權法官，在情事變更時，透過司法程序，採行緊急救助措施之授權法規，以避免本應由社會大眾共同承擔之重大損失，在個案中，因法律的僵硬而變成由一個人全部承擔之不公平結果（注三二）。此即我國學者通說情事變更原則之法條依據，且未來修正法律時，將使此規定回歸到民事實體法，以符合其實體法之本質。

㈣理論依據

1.誠實信用原則

　　(1)概念：誠信原則起源於羅馬法上之一般惡意抗辯，而自羅馬法惡意抗辯所衍生之誠信原則，是以當事人間先有債之關係存在為前提。在十九世紀末以前，個人主義盛行，為防法官專斷，較不重視抽象法律原則；直到十九世紀以後，誠信原則始獲擴大適用，成為民法上之基本原

注三一：非常時期民事訴訟補充條例第二十條第二款規定：「無前款法律規定時，
　　　　中央或省市政府，因戰劇事就爭議之法律關係，已以命令定有無前項法律
　　　　及辦法時，如該法律關係，因戰事致情事劇變，非當時所得預料，而依其
　　　　原有關係發生效力，顯失公平者，法院得斟酌社會經濟情形，當事人生活
　　　　狀況及其因戰事所受損失之程度，為增減給付、延期或分期給付之裁判。」
注三二：蔡章麟著，經濟狀況之變動與情事變更原則，載於人文科學論叢第一輯，
　　　　頁三五五。

則。

誠信原則原被應用於債法，但漸次被普及化，其事實上已超越當事人個人之主觀意思，而成爲以適合社會共同體之理念爲保護統制之目的之高層理念（注三三）。學者推其爲道德觀念法律化之具體表現，且尊之爲「帝王條款」。

(2)適用範圍：屬於情事變更原則適用之領域中，誠信原則所扮演之角色實爲補充之性質，蓋誠信原則作爲一般的法律原則，乃是正義原則（Gerechtigkeitsprinzips）之表現，其適用效果並不是取決於固定法律形式的關係，而是必須顧慮實質的內容（注三四）。誠信原則固然形成於私法領域，但是否即可認其僅適用於私法領域而不適用於公法關係？探否認說者或謂公法有嚴格性，若適用該原則補充，將破壞法規之嚴格性；或謂誠信原則乃法律與道德之混合，若移而適用於國家與人民之關係，將破壞國家統制力，妨害行政效率；或謂公法上欠缺當事人間信任、親密、合作之關係（注三五）。惟現代法治國家，國家與人民之關係，在許多情形已由單純的權力服從關係，漸漸轉化爲一種類似債權債務關係之請求給付關係，本質上，與私人相互關係有相類之處，所以誠信原則在公法上亦應有其適用。況且，公法發達較晚，基於前述誠信原則至高至廣之性格，不能因私法發達較早而謂誠信原則僅爲私法上之原則。在我國實務上，對誠信原則在公法上之適用，已由早期之類推適用，更進一步而直接適用（注三六）。

2.公益原則

注三三：林信雄著，信義則法學，轉引自洪培根著，從公法學之觀點論法律不溯及既往原則，頁一二四，中興大學碩士論文。
注三四：Vgl. Klaus Stern, a.a.o., s. 787。
注三五：林紀東著，行政法與誠實信用之原則，載於法令月刊，一卷二期；另參閱林合民，前揭書，頁二六。
注三六：我國行政法院（52年判字345號）判例及（70年判字975號）。

⑴概念：公益（öffentliches Intresse）為公法上極為重要之概念。行政機關之作為受兩大因素支配：一係法律，二係公益。所謂「公益」，其真正意涵非指屬於統治團體或其中某一群人之利益，更非執政者、立法者或官僚體系本身之利益，亦非政治社會中各個成員利益之總和，而是「各個成員之事實上利益，經由複雜交互影響過程所形成理想整合之狀態」（注三七）。

如前所述，支配行政行為之兩大要素──「法律」、「公益」，雖分列為二，但二者並非對立概念。事實上，忠實地執行憲法、執行法律無非只是追求公益的手段，當「手段」與公益本身不符時，便應考慮適當調整「手段」。保障人民基本權利應認係公益所要求者，而限制人民基本權利，也必須基於公益始得為之。基此，公益原則亦可謂是實質正義的一種表現方式。

⑵公益原則之實踐：正如學者 H.J. Wolff 所說的：「公益條款是任何一個公行政行為之合法性及界限之理由（注三八）。」行政機關在立法機關透過民主程序所制定之法律下，應消極地禁止有害公益行為，並積極地追求有利於公益之作為。立法者在憲法之授權下，依正當程序探求出社會之公益價值所在，而形成公益條款之明文，再由司法者發揮法官的智慧，加以價值補充，在立法、行政、司法之互動下，共同探求最高位階法所欲追求之公益。

德國一九七六年行政手續法第六十條即規定有「為免除公共福祉之重大損失，允許官署得解除行政契約」之明文。

此外，在同法第四十九條亦有類似規定。

我國實務上，不乏有基於公益考量而對行政行為加以調整之例，如行政法院二十三年判字三號判例：「行政官署以行政處分為人民設定之

注三七：參閱吳庚，前揭書，頁五八。
注三八：引自陳新民著，憲法基本權利之基本理論（上冊），頁一六二。

權利，事後非具有法令上原因，或本於公益上之必要，原不得任意撤銷。」（注三九）。

㈤要件

1. 須有法律關係基礎事實之變動

所謂「法律關係基礎事實」乃指法律關係當事人之所以形成該法律關係，乃基於整體客觀環境的考量，而構成該客觀環境之主要因素，即為此所謂的「法律關係基礎事實」（Geschäftsgrundlage）。

2. 基礎事實之變動須在規範有效存續期間

蓋情事變更原則乃是對法安定性原則之調整，是針對現存有效之形式法規，未能符合實質正義之反叛。因此，只有在規範有效存續時，此原則始具實益。

3. 須變動具有不可預測性

公法上情事變更原則，其目的在維護公益或當事人間之公平誠信。若其變動為當事人可預見，則當事人自有機會避免損害，若當事人未加避免，則應自負其責。

4. 其變動不可歸責於當事人

公法上情事變更原則在追求公益與誠信之目的下，有分擔危險之功能，若情事之變動乃可歸責於當事人，則此種分擔危險之精神便無從發揮。

5. 變動後若仍貫徹法律效果將導致公益危害或誠信違反

蓋公益乃公行政行為之準繩與目標，任何公行政行為之執行，若導致危害公益，則該行政行為將失其正當性；而誠信原則如前所述，乃屬公私法領域共同恪遵之準則，亦屬情事變更原則之依據。

注三九：行政法院判例要旨彙編，頁八四七。

二、情事變更原則在法安定性中之角色

㈠情事變更原則乃對法安定性之調整

在現代法治國家，法安定性固應遵守，但對於法律之實質妥當性亦不容忽視。情事變更原則主要在針對已成立有效之規範，排除其因情事變更所生的不公平結果，使之更符合最高之法源規範（注四〇）。

㈡情事變更原則之運用有賴於法官造法

自由法論者認爲，法律漏洞在所難免，法官在法律不明或有漏洞時，有自由造法之權，其承認法官在一定限度內，具有「準立法」之功能；純粹法學者 Hans Kelsen 由其「法階段說」之立場認爲，法官依法律爲裁判，從某個角度看，亦如同立法者依上位規範創造法律，爲一種「造法」行爲。其認爲，立法者造法是要認識上位規範的「框架（Rahmen）」，在「框架」內造法，有其自由空間；法官爲法律解釋及裁判行爲亦莫非爲認識最上位階法源的「框架」。Kelsen 認爲，「框架」內包含許多可能性，均具同等價值，法官從中擇一，不是理論認識，而是政策實踐的問題，是法官造法亦有其一片自由空間。法律之適用，應使其兼顧理論認識及目的實踐性格，法官造法之功能，已爲現代法學者所肯認（注四一）。

三、情事變更原則在公法上之實踐

㈠行政契約

由法安定性要求之觀點而言，既然行政契約仍有效存在，當事人原則上仍被期待遵守契約；惟在情事變更之情形論當事人之期待可能性（Zumutbarkeit），由符合誠信、追求公益的角度而言，自應賦與當事人調整契約內容之權利。德國一九九二年行政手續法第六十條即設有此

注四〇：參閱洪培根，前揭論文，頁一四九。
注四一：楊仁壽，前揭書，頁九一。

問題解決之標準，亦即在情事變更條款（clausula rebus sic stantibus）或法律基礎嗣後喪失（Wegfall der Geschäftsgrundlage）等原理原則建立下，此問題得以解決。

在上述原則建立後，當契約當事人間之關係產生嗣後根本重大變化，若要求堅守原契約之拘束，將是無期待可能（unzumutbarkeit），則契約當事人一方可以請求調適（Anpassung）契約內容。甚至當調適不可能或調適對契約雙方都不具期待可能時，可以解除契約（Kundigen）（注四二）。「我國尚無上述之實定法規，但行政院經建會委託台灣大學研擬之行政程序法草案中，第九十五條參考德國行政程序法第六十條，以及法國之不預見理論，規定有情事變更時契約之調整或終止；此外，法務部所研擬之行政程序法草案初稿（八十三年四月版）中，第一百四十八條亦規定有因情事變更而違反公平或影響行政契約追求公益之本質者，當事人得對契約爲適當之調整或終止之。我國現行法上，聘用人員聘用條例第五條第二款亦有情事變更原則之意味。該條規定：「聘用人員之約聘期間，有左列情形之一者，得予續聘：一、……；二、因業務計劃變更或因不可抗力之事由，致預定完成期限必須延長者。」

㈡行政處分之廢止

行政官署本於一定之基礎事實考量（auf Grund solcher Tatsachen）作出一個有權的行政處分，行政官署自應受其合法行政處分之拘束，但是當其作成決定之基礎事實有重大變更時，行政官署即可適度地排除該束縛。行政官署依立法者確立之授益標準爲授益處分，其法明確性（Rechtsklarheit）及法安定性（Rechtssicherheit）固爲重要的信條，但嗣後之情事變更，可使授益處分之廢止變爲正當（注四三）。詳言之，

注四二：Vgl. Hartmut Maurer, *Allgemeines Verwaltungsrecht*,1992, s. 356。
注四三：Vgl. Klaus Obermayer, *Kommentar zum Verwaltungsverfahrensgesetz*, 2. Aufl., 1990, § 49, Rn. 36～39。

⑴如嗣後發生之新事實全部都在行政處分發布事實之後；⑵當一個有條件的決定，其據以作成決定之前提要件（Voraussetzung），因爲事實變化而消失；⑶在構成要件之範圍內，基礎的事實有所變化，行政官署透過裁量決定，亦即所謂法律效果裁量，應該拒絕此種行政處分作成。基於以上要件，行政官署爲防免公益受損，可以將行政處分廢止。此外，前述情形，爲避免公益之危害，而立法者對此種調整未有規範者，行政官署亦應有權將行政處分廢止，但此之危害（Gefährdung），必須限於重大明顯（beachtlich）之情況始可（注四四）。

　　基於以上說明，德國一九九二年行政手續法第四十九條第二項第三款即規定：「如事後發生之新事實，致使官署不得爲該行政處分，且該行政處分不廢止，將危害公益者。」（注四五）我國行政程序法草案第七十九條第二項第三款（經建會版）第一百二十六條第四款、第五款（法務部八十三年四月版），均參考德國行政程序法而有類似規定。

㈢行政計劃

　　行政計畫之性質，在學說上尚難有定論，依有力說以爲，似應依不同領域及情況，賦與不同之性質。惟無論其性質如何，在計畫公布實施後，國家便有擔保按計畫實施之義務，若將計畫變更或廢止，因而損害人民權益，即應負損害賠償責任，此即所謂「計畫擔保責任」之概念。

　　行政計畫作成後產生之「計畫擔保」，如同行政處分作成後之擔保，對於人民負有執行之義務，此乃法安定性或信賴保護所導出之當然結果。但在行政處分作成後之擔保，依德國一九九二年行政手續法第三十八條第三項之規定：「作成擔保之後，事實或法律狀態變更，並依其情形，可認爲官署若知事後發生之變更，即將不爲擔保，或因法律上之理

注四四：Vgl. Klaus Obermayer, a.a.o.。
注四五：引自董保城譯，德國一九九二年行政程序法，頁一八。

由,將不能爲擔保時,官署不再受該項擔保之拘束。」（注四六）而依該條項之精神,行政計畫作成後之計畫擔保,亦應有此情事變更原則之適用。

㈣行政裁量

如前所述者,行政裁量與司法裁判同樣都是在探尋最高位階法源「框架」的內涵,同樣都有其自由空間。因此,當有情事變更之情形:⑴若法文明定有「情事變更」之不確定法律概念,則當屬「立法者智慧」結合「執法者智慧」共同探索「法」之眞義;⑵若法文未加規範,則行政機關更應獨立發揮「執法者之智慧」,運用「情事變更原則」此一公法上原理原則,作出最適當的裁量。

㈤行政訴訟程序

在司法院研擬之行政訴訟法草案之架構下,透過法安定性及情事變更原則之互動,一方面維持訴訟程序之安定,一方面亦斟酌情事變更而對程序安定的要求作適度調整。

該草案第一百十九條規定:「停止執行之原因消滅,或有其他情事變更情形,行政法院得依職權或依聲請,撤銷停止執行之裁定」;此外,草案第一百十二條第三項第三款亦規定:「因情事變更而以他項聲明代最初之聲明」（注四七）。

㈥情況判決制度

我國行政訴訟法草案引入日本之情況判決制度,主要著眼於整體社會利益之維護。由法安定性之要求而言,違法行政處分固然應予撤銷,但由公益維護之觀點,若其撤銷將危害公害者,得透過情況判決制度加以處理。草案第一九九條規定:「行政法院受理撤銷訴訟,發現原處分或決定雖屬違反,但其撤銷或變更於公益有重大損害,經斟酌原告所受損害、賠償程度、防止方法及其他一切情事,認原處分或決定之撤銷或

注四六:引自董保城,前揭譯文,頁一四。
注四七:參閱,行政訴訟法修正草案總說明暨條文對照表,司法院印行。

變更顯與公益相違背時，得駁回原告之訴。前項情形，應於判決主文中諭知原處分或決定違法。」在情況判決制度下，若於撤銷違法行政處分前，有情事變更情形，而情事變更後若撤銷違法處分，將致公益重大損害，亦可能有情況判決之運用（注四八）。

(七)稅法上運用

我國各種稅法亦不乏利用情事變更原則，以調整各種不合理之結果者，例稅捐稽徵法第二十六條規定：「納稅義務人因天災、事變或遭受重大財產損失，不能於法定期間內繳清稅捐者，得於規定納稅期間內，向稅捐稽徵機關申請延期或分期繳納，其延期或分期繳納之期間，不得逾三年。」

我國實務上，行政法院五十二年判字三四五號判例要旨略謂：「原處分未考慮物價上漲幅度，以重估原告卅九年購進之該兩輪帳面上殘餘價值，不能不認爲有違誠信公平之原則，亦即難謂爲適法。」對本號判例，學者間多謂，與其引用誠信原則爲依據，不如更確實地引用情事變更原則爲當（注四九）。換言之，此號判例或可爲我國實務上對情事變更原則在公法上適用之見解。

(八)集會遊行法

我國集會遊行法第十五條第一項規定：「室外集會遊行經許可後，因天然災變或重大事故、主管機關爲維護社會秩序、公共利益或集會遊行安全之緊急必要，得撤銷許可或變更原許可之時間、處所、路線或限制事項。」亦屬爲求確保公益而對法安定性之限制，亦爲情事變更原則在公法上之表現。

注四八：有關其詳請參閱李元德，日本行政事件訴訟法中情況判決制度之研究，輔仁大學碩士論文，八十一年六月，頁一五八以下。

注四九：郭介恆著，論稅法之解釋，頁一七○，中興碩士論文；葉俊榮著，行政裁量與司法審查，頁一九○，臺大碩士論文。

㈨港澳關係條例草案初稿

行政院大陸委員會八十三年研擬之港澳關係條例初稿中，對情事變更原則有實際運用，於有情勢變更，致對公益有影響時，便對現存關係加以調整。該草案初稿第三十條規定：「臺灣地區與香港地區或澳門地區貿易，得以直接方式爲之。但因情勢變更致影響台灣地區重大利益時，得由經濟部會同主管機關予以必要之限制。」（注五〇）。

四、我國實務見解

我國行政法院七十五年五月三日法律問題決議：「商標註冊事件，於爭訟終結前，原據以核駁之註冊商標，因違反商標法第三十一條第一項各款規定，經商標主管機關撤銷處分確定者，有無情事變更原則之適用？」

㈠甲說：否定說

1.按行政機關之行政處分以行爲時爲準，又商標撤銷案並無溯及之效力，本題商標主管機關爲不予註冊之處分時，據以核駁之註冊商標既未經撤銷，即無違誤，自不能因嗣後該註冊商標之撤銷處分，而認爲不當予以變更，否則若認該撤銷處分有溯及之效力，則其他據以核駁確定之商標註冊案件，是否應爲重行審理？亦不能無疑（本院七十四年判字第一六九五號、七十五年判字第一號判決參照）。

2.商標法第三十七條第一項第十二款明定相同或近似於他人同一商品或同類商品之註冊商標，及其註冊商標期滿失效後未滿二年者不得申請註冊，其後段所定「期滿失效後未滿二年者」不得申請註冊之立法本旨，在保護商標專用權人之後續權利，同理本題據以核駁之註冊商標經撤銷，但具有該商標專用權人在撤銷處分前，因信賴註冊商標而投資之

注五〇：參照民國八十三年三月十二日中國時報，第七版。

利益，仍應予以保護，故本題似無情事變更原則之適用。

(二)乙說：肯定說

1.按商標在核准註冊以前，尚屬準備註冊之程序，必自註冊之日始取得商標專用權，申請註冊之商標，在註冊程序未終結前，法律或事實有所變更時，主管機關應依變更後之法律或事實，爲本院五十七年判字第九五號判例所明示，本題據以核駁註冊商標既經商標主管機關撤銷處分，未終結之商標註冊事件，自應按變更後之事實處理。

2.商標法第三十七條第一項第十二款所訂「註冊商標期滿失效後未滿二年者」不得申請註冊，係爲保護合法註冊之商標專用權人權利，本題所示撤銷處分之註冊商標，係因其註冊違反同法第三十一條第一項各款之規定，應不在保護之列，自不能相提並論。

3.基於裁判之安定性原則，情事變更原則，僅適用於爭訟程序尙未終結之案件，至於已終結者，應不在適用之列，自無庸重爲審理。

決議：採乙說。（七十五年五月三日）（**注五一**）。

〔肆〕　結論

大陸法系國家，「法安定性」爲其特別強調之價值與信念。大陸法系之法官，原則上應將所有爭端涵攝於立法機關設計之法條中，非如英美法系法官，對於個案有廣泛的衡平權力。此外，英美法系國家對法律之安定性與變通性視爲競存之價值；大陸法系國家則將二者列爲先位與後位之關係。「法安定性」，毫無疑問是重要的法價值之一，但若過於強調法安定性，往往流於刻板而忽略了實質的變通。「法安定性」之要求，可以阻止獨裁者利用法律爲專制工具之意圖，但相對地，也阻止了許多法

注五一：行政法院法律問題決議全文彙編，頁三一五，民國八十年版，司法院發行。

律制度內部之變革。因此,大陸法系國家,必須在法安定性之前提下,引入更多尋求個案正義之衡平理念,而誠信原則、公益原則、情事變更原則等,便義不容辭地扮演了這個角色。

　　相對於私法學,公法學之發展起步較晚,許多公法上概念,必須仰賴私法學的概念來說明,但此並不意味這些概念屬於私法所獨有,如「誠信原則爲公私法之共通原則」已爲現今通說所肯認,情事變更原則亦然。惟公、私法有其本質上之差異,私法概念在公法上運用,不能完全以私法之思考模式來探究,而應賦與公法上之特有面目。國內公法學說,對於公法上情事變更原則之論著甚少,即便提及,亦傾向於以民法情事變更原則之模式來說明,忽略了行政行爲爲公益而存在之本質。本文認爲,情事變更原則在公法上之運用,並不單純是誠信原則之展現,其更是公益原則的追求,蓋任何行政行爲若偏離公益,必將失其正當性。

行政程序法中聽證制度之研究

陳志揚

〔壹〕前言

〔貳〕行政聽證之意義與法理淵源

一、聽證之意義

二、行政聽證之法理淵源

　　㈠憲法上之依據

　　　1.自然正義原則

　　　2.正當法律程序原則

　　　3.法治國原理

　　　4.人類尊嚴

　　　5.民主主義原理

　　㈡行政法上一般原則之依據

　　　1.比例原則

　　　2.公益原則

　　　3.行政經濟原則

〔叁〕聽證制度之諸問題

一、聽證之類型

二、聽證之範圍

行政程序法中聽證制度之研究

〔壹〕前言

　　行政機關之活動，或多或少都要經過一連串的程序始能成立，而所謂的行政程序簡單的說，即是指這些行政機關的各種活動成立過程（注一）。於現今行政權擴大的時代，行政所涉及的領域亦隨著給付行政理念之高倡而迅速地膨脹，與人民權利或利益之關係更益密不可分。如就行政機關活動之形式言，亦從著重於高權性之行政處分擴展至不含高權性的行政契約、行政指導等方式，以求行政目的之順利達成，尤其自二次大戰以後，各民主法治國家紛紛認為，要確保公正的行政以充分保障國民的權利，只依靠行政實體法尚有不足，在行政權的行使程序方面也要加以法的規制（注二）。規定行政權行使程序之法律即稱為行政程序（手續）法，具體言之係有關行政機關所為決定之成立、通知、執行、撤銷、撤回與廢止以及審查之規定（注三）。

　　行政程序法係規範行政機關作成行政行為前應遵行一定程序之法律，然而欲將諸多紛雜不一且多元化的行政行為納入一個總括的法典之

注一：室井力，新版現代行政法入門(1)，一九八八年四月十日第七刷，現代法雙書，法律文化社，頁二〇一。
注二：橋木公亘，行政手續法草案，昭和四十九年三月，有斐閣，頁一〇。
注三：翁岳生，論西德一九六三年行政手續法草案，收錄於氏著，行政法與現代法治國家，一九九〇年九月十版，臺大法學叢書㈡，頁二〇三。

中，本身即有其困難（注四），但行政程序之成文法化卻已成爲世界民主
法治國家的一股立法潮流。美國於一九四六年所公布之聯邦行政程序
法，堪稱爲濫觴；西德亦於一九七六年制定聯邦行政程序法；日本雖未
完成立法，但自一九六四年起亦多次提出行政程序法草案（注五），可以
說自二次大戰以來各國在行政法法典之立法工作上所做的努力，皆表現
於行政程序法之制定，而行政程序法之制定亦成爲國家行政民主化、現
代化的重要表徵（注六）。我國迄今雖未制定行政程序法，但有關草案之
研擬工作亦正在著手進行，這其中有行政院經濟建設委員會委託臺大法
律研究所，於七十九年十二月完成的行政程序法草案（以下簡稱經建會
草案），另外法務部也於七十九年五月組成行政程序法研究制定委員會，
並於八十三年四月草擬完成行政程序法草案（以下簡稱法務部草案）（注
七）。

　　就上述美、德、日的立法例觀之，美國聯邦行政程序法中對於聽證
訂有專條規定（第七條），而與聽證有關之條文即佔全部條文二分之一
強。西德行政程序法中不論是一般規定或特種程序，均有聽證之規定（第
二十八條、第六十六條及第七十三條）。而日本的行政程序法草案中所規
定之行政程序亦以聽證爲中心，故聽證制度乃現代行政程序法中之核心
問題（注八），聽證制度之所以爲各國行政程序法所共同置重，必其來有

注四：關於制定行政程序法之困難，其詳請參閱陳新民，行政法學總論，八十一年
　　　一月三版，三民書局，頁三〇九～三一一；林紀東，行政法，七十五年八月
　　　初版，三民書局，頁四五〇。
注五：各國行政程序法立法之時間順序，參閱陳新民，前揭書，頁三〇二；至於制
　　　定之過程其詳則請參閱翁岳生，前揭書，頁一八九以下。
注六：參閱行政院經濟建設委員會委託臺大法律研究所草擬，行政程序法草案總說
　　　明之序言，七十九年十二月。
注七：參閱法務部印行，行政程序法草案之總說明，八十三年四月。
注八：張劍寒，行政程序法中聽證制度之研究，憲政思潮，三一期，六十四年七月，
　　　頁一七；翁岳生，西德一九七三年行政手續法草案之研究，收錄於前揭書，
　　　頁二四九；手島孝，現代行政國家論，一九七九年二月十五日第二刷，勁草
　　　書房，頁三三三。

自，此乃本文所欲研究之課題。

於探討聽證問題時，首先瞭解聽證之意義爲何，以及行政聽證制度之法律淵源何在，是有必要的；因爲唯有確實掌握住聽證之上述要素，方能不悖離聽證制度眞正之精神。其次，本文嘗試就聽證之種類、範圍、時點、內容及方式，以及怠於聽證之效果等問題加以分析，由於聽證制度係萌芽自諸多民主法治先進國家，而發展成一個獨立且完整的系統，故英、美、德、日等各先進國家有關聽證之法制、學說或實務見解於探索上述問題時自然成爲不可或缺之重要依據。最後本文就聽證制度於我國的實踐情形做一檢討，其目的除了指出我國不重視行政程序之弊外，更強調於將來完成立法後，切勿再遭「立法從嚴，執法從寬」之譏，徒具聽證之名而流於形式。

〔貳〕行政聽證之意義與法理淵源

一、聽證之意義

早於一七二四年英國某法庭之判決就曾揭示：「上帝從伊甸園（Eden）驅逐亞當（Adam）時，同時也給予他辯白之機會。」（God did not remove Adam from Eden without first calling upon him to make his defence）（注九），而這種「給予他辯白之機會」即爲聽證之原義，同時亦可謂爲聽證之最低要求。如眾所週知一般，司法機關於案件之審判時，依法原則上必須經由原告與被告言詞辯論之程序，方可就案件爲裁判，其目的無非在使雙方有獲知任何與案件有關之資料，並有得以提出反對意見之機會，使其對於成爲裁判基礎之理由不感意外，上述

注九：手島孝，前揭書，頁三三三。

程序可謂為「司法聽證」（judicial hearing），屬司法審判中必要之程序。原先聽證僅適用於有關司法權能之行使，但後來亦適用於立法方面，即國會為制定合理可行的法律，一方面要聽取利害關係人或有關團體之意見，另一方面也應聽取專家學者或有關人士之意見，這種制定法律必須聽取各方面意見之制度，稱之為「立法聽證」（legislative hearing）（注一〇）。

上述兩種聽證係由司法機關或立法機關所為，並不在行政機關權限之內，自非行政程序法中聽證制度所欲規範之對象，故不在本文討論之列。本文所著眼者乃為行政聽證，在行政權行使之前，對於行政權行使之相對人及其他利害關係人，通知其案由並給予受聽證之機會（注一一）。詳言之，即當事人在行政程序中得主張權利，在儘可能範圍內給予當事人機會，就程序之進行、程序之標的、適當的決定、事實基礎、重要法律觀點、乃至於可供裁量依據之情況等事項表示其意見，此即所謂「合法聽證之原則」（Grundsatz des rechtlichen Gehörs）（注一二）。透過聽證制度，人民才能直接地參加行政過程。尚有必要加以說明者，雖同為行政程序，尚可大別為事前行政程序與事後行政程序兩種，其中行政處分被認為是典型的事前程序，它是形成一定處分志向的積極性過程，而作為典型的事後程序的行政不服審查程序，則是對於已成立的處分，以其為違法或不當而聲明異議或訴願，檢討其合法性、妥當性的消極性過程（注一三），雖然於事後程序中亦有聽證制度之適用，但本文所指之行政聽證之範圍並未廣泛地包含上述事後程序之聽證，僅指事前程序

注一〇：羅傳賢，行政聽證程序法制與民權保障，經社法制論叢，六期，七十九年七月，頁二四八。

注一一：今村和成，行政法入門（第四版），一九九〇年三月三十日第四版第一刷，有斐閣雙書，頁一一一。

注一二：林錫堯，行政法要義，八十年元月初版，法務通訊雜誌社印行，頁二七八。

注一三：室井力，前揭書，頁二〇一。

（注一四）之行政聽證而言。

二、行政聽證之法理淵源

行政聽證既爲行政程序中重要的一環，如在實定法中有行政聽證之明文規定，其法律上之依據固無疑問，但如缺乏明文規定則成爲問題：人民有無要求行政機關於爲某行政行爲時舉行聽證之權利；或行政機關採取聽證之程序是否爲其必要的義務。對於此問題須從行政聽證之法理淵源著手，尤其涉及要求聽證是否屬於由憲法所保障之人民基本權利之一，或係源自行政法上一般法律原則。以下茲分憲法上之依據與行政法上之一般法律原則兩項，整理外國的學說與實務見解說明於后：

㈠憲法上之依據

行政聽證縱然在實定法上缺乏明文規定，但其必要性已受到普遍的承認，此種承認可認爲是基於構成現代行政程序基本法理之一的「正當程序理念」之要求而來。正當程序之法理是英美法所形成的一種法律原則，在英國稱爲自然正義（natural justice）原則，於美國則是以正當的法律程序（due process of law）稱之（**注一五**）。

1.自然正義原則

英國行政程序的法律規制是依循自然正義原則，和以此爲基礎而將其補充的制定法所發展出來的，而此所謂之自然正義是指所有各種權限正當行使所必要的基本原則，爲一種普通法上之原則，具體而言其意味著：⑴任何人不得於與自己有關的案件成爲裁判官（no man shall be judge in his own cases）的原則；⑵任何人之辯護必須被公平地聽取

注一四：學者有將事前程序稱爲「第一次的行政程序」，參手島孝，前揭書，頁三三四之注二；同旨，今村和成，前揭書，頁一一二。

注一五：南博方、原田尙彥、田村悅一編，新版行政法⑵行政手續、行政爭訟，一九九〇年二月二十日新版初版第五刷，有斐閣雙書，頁六。

(a man's defence must always be fairly heard)，即「聽另一方之意見」(Audi Alteram Partem) 原則 (注一六)。上述自然正義之第二個原則——要求公正聽證之權利——具有核心的重要性且歷時已非常久遠，最有名的案例即為一七二三年之「ベントレ——事件 (Rex. v. Chancellor of the University of Cambridge)」，法院之判決揭示劍橋大學不能未聽取當事人之辯解而剝奪其學位 (注一七)。在早期判例史上，有將自然正義解釋為「自然法」(natural law) 之一部分，而且將自然法優位的原則判示為英國法之一部分，但自然法優位的原則在十九世紀中葉已被判例所否定，並確立了議會優位的原則。因此，在目前自然正義的原理僅是解釋議會制定法的普通法上原則，即上述二原則在法院司法上為當然的原則，法院認為議會在給予行政機關權限時，議會已意圖行政機關之權限將被公正地行使，遂將其從司法的領域移至行政的領域，成為法官據以控制行政行為之方法 (注一八)。

2. 正當法律程序原則

關於美國之「正當法律程序」原則 (注一九)，係由其聯邦憲法修正第五條、第十四條規定所導出之憲法上要求，第五條規定：非經正當法律程序，不得剝奪任何人之生命、自由或財產。第十四條亦有類似用語的規定 (注二〇)。正當的程序其本質上的要求即為通知 (notice) 與聽證

注一六：羅傳賢，前揭文，頁二四五；熊本信夫，行政手續法，載於ジュリスイ No. 600，一九七五、十一、十五，頁一九九。

注一七：B.シュウォーツ；H.W.R.ウェイド著，堤口康博譯，英米行政法：政府過程の法的コントロールに關する比較研究，昭和五一年十二月二十日第一刷發行，成文堂，頁二六三。

注一八：羅傳賢，前揭文，頁二四六。

注一九：關於正當法律程序於美國之適用情形，請參閱劉慶瑞，論美國憲法上的「正當法律手續」與人權，收錄於劉慶瑞，比較憲法論文集，五十一年五月初版，三民書局，頁五五～一一三。

注二〇：美國聯邦憲法修正第五條是對聯邦侵害人權之保障，而第十四條則是針對

(hearing)，意即行政機關於做成對特定的個人權利或財產權有不利影響之決定前，應通知受影響者，並以充分且公正的聽證給予其陳述自己立場之機會。美國法院本於正當程序的基礎，就正式的審判程序形成了縝密的體系架構，然因當事人聽證之原則爲正當程序之最低要求，故美國之行政過程有司法化之現象，其行政程序大體上具有法庭程序之屬性（注二一）。依此，人民於行政機關之前依據正當程序所得要求的權利，包含有下列之內容（注二二）：

(1)受通知之權利，該通知包括就案件之主題與系爭點充分之記載。

(2)提出證據（依口頭或依書面）與辯論（argument）之權利。

(3)依反對詢問或其他適當的手段，就不利證據提出反證之權利。

(4)由律師陪同出席的權利。

(5)僅基於在聽證紀錄上所採用之證據，始能做成決定之權利。

(6)受領宣誓證言與辯論之文書紀錄、書證及在其他程序所提出的其他一切文書之權利。

而關於聽證早期重要的判例是一九○三年之日本人移民案件，在本件中法院說，即便法律並不要求舉行聽證，外國人於驅逐命令發出前有受聽證之權利，以使外國人信服該驅逐命令（注二三）。

3.法治國原理

德國基本法第一百零三條第一項規定：任何人在法院有請求依法審問之權利。關於此條規定，可否引爲行政程序上當事人之聽證請求權（der Anspruch auf rechtliches Gehör）的依據，學者間頗有爭議。

州侵害人權而由聯邦保障之規定；參閱早川武夫，適正法定手續，載於小嶋和司編，憲法の爭點，一九七八、五、二、ジュリスト增刊，有斐閣，頁一○四；劉慶瑞，前揭書，頁六○。

注二一：B.シュウォーツ；H.W.R.ウエイド著，堤口康博譯，前揭書，頁一一六。

注二二：同注二一。

注二三：參 B.シュウォーツ；H.W.R.ウエイド著，堤口康博譯，前揭書，頁二六九所引之注二八。

有謂本條項雖明文規定「在法院（vor Gericht）」，從實質上之意義解釋之，應包括行政機關在內而採肯定說者，但通說卻認爲基本法第一百零三條已明文規定「在法院」，則不得類推解釋爲包括行政機關在內（注二四）。但如因而導出在行政程序上要求法律上聽證爲不妥之論據，則不免有過於輕率之嫌，蓋縱依上述德國學者之通說，無法如在美國一般爲行政聽證找到憲法上的依據，但將聽證視爲不可或缺的程序之見解，是自古以來即已存在的。著名的行政法學者 Walter Jellinek 曾謂：「行政機關除於若遲疑即有危險之情形外，於未給予利害關係人意見表明之機會前，不得爲不利之行政處分」（注二五）。實務上於一九〇八年十月二十四日之 Sachsen 高等行政法院判決，認爲法律上聽證不是由成文法之諸原則，即是由不成文法之諸原則中所導出之適當程序（geordnetes Verfahren）的必然要求（注二六）。

日本憲法第三十一條則規定：「任何人非依法定程序，不得剝奪其生命或自由，亦不得科以其他刑罰」，行政聽證之憲法上依據，在日本即是以上述憲法規定能否適用於行政程序之形態爲討論之中心，於學說上有不適用說、適用說、準用說（類推說）等三說之爭議（注二七），茲分述如下：

(1)不適用說：其主要理由不外以第三十一條係位於憲法中人權規定之位置，完全屬於刑罰權行使之規定，此由其「不得科以其他刑罰」之用語即可得知（注二八）。另外學者佐藤幸治則以憲法第十三條之「幸福追

注二四：翁岳生，論西德一九六三年行政手續法草案，前揭書，頁二一一。

注二五：手島孝，前揭書，頁三三七。

注二六：同注二五。

注二七：此種分類是參照學者北原仁之方法，見和田英夫編著，現代憲法の体系（北原仁執筆部分），一九九一年五月十日第一版第一刷發行，勁草書房，頁一七一。

注二八：關於不適用說之其他理由，請參閱下山瑛二，行政手續と人權保障，載於小嶋和司編，前揭書，頁一〇八。

求權」爲根據，其認爲憲法第十三條所保障之幸福追求權包涵了受適當程序處理之權利，相對於第十三條，憲法第三十一條具有刑事特別法之性格（注二九）。

　　(2)適用說：認爲憲法第三十一條是繼受美國聯邦憲法修正第五條及第十四條而來，故應與美國爲相同之解釋。而該條所謂之「其他刑罰」，不限於嚴謹意義之刑罰，尙包括如秩序罰或執行罰之罰鍰等行政程序在內（注三〇）、（注三一）。

　　(3)準用說（類推說）：此說是以第三十一條係有關刑事程序之規定爲前提，但在刑事以外之程序，如事件之性質相當者亦應準用或類推適用之。

　　上述學說迄今尙未有定論，實務上最高法院在昭和四十六年十月二十八日之個人タクシ——免許事件判決中指出，道路運送法第六條僅定有抽象的許可基準，所以行政機關在適用審查基準認定必要之事項時，應給予申請人提出其主張與證據之機會，許可申請人享有依上述公正的程序判定是否許可之法律上利益（注三二）。再者昭和五十年五月二十九日之羣馬中央バス事件之判決亦承認行政處分之適正性受到保障。由上述判決可知，行政程序之正當性是否爲憲法上之要求雖不明確，但在實務判例上卻予以確立。

　　一九四五年以後，依法治國原理而承認個人在行政處分發出前有受聽證之權利之見解，漸漸成爲有力的學說。此學說係由德國學者 Ule 於

注二九：參閱杉村敏正，續・法の支配と行政法，一九九一、五、三〇、初版第一刷，有斐閣，頁一四六～一四七。

注三〇：和田英夫編著，前揭書，頁一七二。

注三一：關於適用說之其他詳細說法，請參閱杉村敏正，前揭書，頁一四四～一四六。

注三二：關於本案例之事實概要及判決要旨，請參閱鹽野宏編，行政判例百選II（第二版），ジュリスト No.93，一九八七、六，有斐閣，頁二五八。

一九五七年所刊之論文所推動（注三三），Ule 依行政適法性原理（基本法第二十條第三項）展開他的論點：「如將在法院法律上聽證之原理解爲在法官之前平等保證正確判定的憲法原理，則行政程序上之妥當性是以行政機關及其執行權受到法律及法之羈束，質言之，係以第二十條第三項所保障之行政適法性的原理爲其基礎。而法律之羈束意即：爲行政行爲之行政機關，必須被相關行政行爲之規定所授權。行政機關之行政行爲僅在法律對一定行爲賦予一定效果所定之要件事實存在時，始受法律羈束。對行政行爲之相對人而言，此要件事實是否具備係由行政機關加以認定，然而若不賦予相對人表示已實現法律所規定要件事實之機會，該事實是無法被確認的。即使在授權行政機關裁量之情形，行政機關之裁量基礎是由正確的情事而得頗爲重要，否則其裁量之行使即有瑕疵。故爲能確認情事，藉以反駁行政機關獨自地依情況而擅斷，對利害關係人而言，聽證是不可欠缺的」（注三四）。

4.人類尊嚴

聯邦憲法法院認爲基本法第一百零三條第二項所規定的「在法院之法律上聽證」，不僅是爲求情事之正確判斷所需者外，更是基於「法律共同體成員之人格尊嚴（Würde der Person der Rechtsgenossen）」（注三五），不論是罪犯或精神病者都保有人類的尊嚴，此並非由人類所賦予亦非人類所能爭論者。不過上述見解是直接地爲裁判程序之根據，惟 Ule 則認法律上聽證之原則源自人類尊嚴此一觀點，於行政程序上亦頗爲適當，其原因係基本法第一條第一項第二款所規定之一切國家權力（當然包括行政機關）負有尊重及維護人類尊嚴的義務。Ule 此一論點係於提

注三三：Ule 'Verwaltungsverfahren und Verwaltungsgerichtsbarkeit' DVB1. 57 s. 597 ff. ; 轉引自手島孝，前揭書，頁三三七之注一〇。

注三四：參閱手島孝，前揭書，頁三四五～三四六。

注三五：參閱手島孝，前揭書，頁三四六及其注五所引之判例。

及上述「行政之適法性」時，所附帶論及以作爲討論法律上聽證之基礎
係法治國原理之具體說明方法之一（注三六）。另外學者 Maunz-Dürig
則謂應承認於行政程序之法律聽證的終極基礎上，人類尊嚴占有主要的
地位；並謂法治國原理終極的核心爲第一條第一項所保障之人類尊嚴，
在行政程序上個人不應被視爲國家處分之單純對象，故個人在行政程序
上享有法律上聽證之請求權（注三七）。

　　5.民主主義原理

　　另外尚有學者提出在現代行政的統治意義急速提昇情況下之行政聽
證，應加上使作爲主權者之國民盡可能地在行政過程中參與之民主主義
的憲法原理，此種見解頗值重視（注三八）。蓋今日泰半之行政活動已非單
純地執行國會所制定之法律，諸多行政立法及行政計劃之策定、公共事
業之經營或實施等，除了以擁有廣泛裁量權爲前提外，並成爲透過調整
多數利害關係人間之複雜利害關係以實現具體行政任務之行政活動形
式。當實施此種行政活動時，過去行政機關片面的行使裁量權，而由對
其表示不服的人民請求事後救濟的傳統形態，不僅不能確保人民對行政
機關之信賴，同時亦失去行政判斷之適當性及行政經營之圓滑性。配合
上述現代的行政活動，公聽會之程序能使較大範圍有關人民之意見確實
地反映於行政決定上，因此乃成爲確保民主性合意形成之程序上強烈要
求（注三九）。

㈡行政法上一般原則之依據

　　德國學者有承認行政機關之法律上聽證爲必要之程序原則，惟未具

注三六：參閱手島孝，前揭書，頁三四七。

注三七：同注三六。

注三八：參手島孝，前揭書，頁三四八；另外學者田中二郎亦指出聽證爲民主主義
　　　　原理在行政運用面之體現，參閱氏著，行政法上卷，平成二年二月二十五
　　　　日全訂第二版第五十五刷，弘文堂，頁四七。

注三九：參閱南博方、原田尚彥、田村悅一編，前揭書，頁七。

有憲法上之效力者，König 即以下述行政法上之一般原則作為行政聽證之依據（注四〇）：

1. 比例原則

首先於侵害行政之範圍提及比例（Verhältnismäβigkeit）原則。行政機關之處分縱使基於法律上之權限規範，於執行其任務時，在具體的情況下對達成必要且容許之目的而言為不必要且多餘者，是不被允許的。據此言之，利害關係人及與一般共同利益相衝突利益之適當考量，唯有在賦予高權意思表示不問裁量行為或羈束行為之相對人陳述其觀點之機會之情況下，始受到充分的保障。同時依必要性（Notwendigkeit）之原則，即在個別之情形下科以行政機關僅能為達成公共任務所必須之處分，亦可導出行政機關負有給予利害關係人聽證之義務，因為後者之反對陳述才可就處分之不可避免性提供最確切的結論。

2. 公益原則

於授益行政之範疇，不僅為保護對造人民權利、利益之必要，特別基於公益（öffentliches Interesse）原則，均以聽證為適當行使裁量之前提。

3. 行政經濟原則

上述二者共通的本質上根據為行政經濟（Verwaltungsökonomie）原則，如給予行政機關意思表示之相對人陳述其法律上及事實上觀點之機會者，可廣泛避免行政不服之申請、行政訴訟，或可使之限定於本質性問題。

綜上所述，行政聽證之法律根據不論是憲法上之明文或憲法原理，乃至行政法上之一般法律原則，該等根據相互間並非居於相互排斥之關係。以上所舉之比例原則、必要原則、公益原則、行政經濟原則等諸行

注四〇：參閱手島孝，前揭書，頁三四七～三四八。

政法上之一般法律原則，亦非當然不具備憲法層次，故吾人不應將其視爲刻意貶低行政聽證之層次，毋寧將之作爲強化行政聽證必要性之理由。

〔叁〕 聽證制度之諸問題

美國早於一九四六年頒布聯邦行政程序法，德國歷經一九六三年及一九七三年提出兩次行政程序法草案之後，亦於一九七六年完成立法而制定聯邦行政程序法。日本雖無行政程序法之法典（追申：日本行政手續法已於一九九三年十一月五日經國會審議通過），但其自一九六四年起已多次提出行政程序法草案，上述各國之行政程序法或草案除均有聽證之明文外，尚有有關聽證之其他規定以及實務見解，其均適於構成聽證之法律制度。以下就聽證之類型、範圍、時期、內容及方式、怠於聽證之效果等問題，參酌上述各國之聽證法制說明如下：

一、聽證之類型

美國行政程序法中之聽證（Hearing），依學者 K.C. Davis 之觀點可分爲「審訊型聽證（Trial-type hearing）」和「主張型聽證（Argument-type hearing）」兩大類。前者是指雙方當事人得提出證據與反證，經交互詰問（Cross Examination）而由審理之行政機關依照紀錄作成決定之意，而後者則是當事人得在公衆之會議陳述主張提出意見，以供主管機關制定法規或決定行政措施之抉擇（注四一）。憲法或法律所定之聽證可能是「審訊型聽證」，也可能是「主張型聽證」，須視情

注四一：張劍寒，前揭文，頁一七；另外學者翁岳生亦從日本學者橋本公亘而將之稱爲事實審聽證及陳述型聽證，參閱翁岳生，日本一九六四年行政手續法草案之研究，收錄於氏著，前揭書，頁三五〇及注八五。

形而定。兩者主要之差別約有下列諸端（注四二）：

1.前者之聽證各當事人皆有機會知悉及答辯對方所提出之證據與辯論，而後者之聽證則只是陳述意見並不提出證據。

2.審訊型聽證可用以解決事實之爭執問題，而主張型聽證則用以解決非事實方面之法律及政策爭執問題或裁量問題。

3.審訊型聽證宜用以處理行政爭訟案件，即適於解決司法裁判性之事實問題，至於法規之制定、政策之擬定、計劃之編審等立法性問題之解決，則以主張型聽證較適合。

4.審訊型聽證之程序比較正式、慎重，而主張型聽證程序較輕鬆、簡易。

5.審訊型聽證多由聽證審理官（Hearing Examiners）爲之，而主張型聽證則不必由聽證審理官爲之，普通行政官員亦可主持聽證，以求簡易可行。

德國行政程序法將行政程序分爲一般行政程序（第九條以下）與特別行政程序，後者又細分爲正式行政程序（förmliches Verwaltungsverfahren）（第六十三條以下）與確定計劃程序（Planfeststellungsverfahren）（第七十二條以下），所有行政程序均設有聽證之明文規定（第二十八條、第六十六條及第七十三條）（注四三）。至於一般程序之聽證與正式程序之聽證的區別，在於後者通常皆須舉行辯論，且當事人得於訊問證人或鑑定人及爲勘驗時在場，並提出有益於案件之問題（參第六十六條第二項），而一般程序之聽證往往只是給予當事人表示意見之機會，二者之簡易程度不同。

日本於二次大戰後將美國之聽證制度移植過來，以美國行政法之上

注四二：參閱張劍寒，前揭文，頁一八。
注四三：以下本文所引之條文係參照翁岳生，西德一九七六年行政程序法之譯文，收錄於氏著，前揭書，頁二五八以下。

聽證程序作爲日本行政程序法草案之中心論題。如其一九六四年之行政
程序法草案將行政程序分爲聽證程序、主張程序與不服審查程序，聽證
爲正式事前程序，主張程序僅屬簡單之事前程序，不服審查程序則爲事
後之救濟程序，其審理方式常須準用聽證程序之規定。而將主張程序與
前述美國聽證之分類合併觀之，可謂係抄襲美國主張（Argument）型聽
證之觀念而來（注四四）。另外，日本有許多聽證之法令規定，但其用語尙
未統一，除「聽聞」外，尙有「聽問」、「主張之機會」、「審問」等用語
（注四五）。

　　由上述說明可知，雖然聽證之種類於各國有所不同，但其區分之基
準均視是否須經當事人就系爭問題爲辯論所致程序之簡易而定。

二、聽證之範圍

　　行政機關活動形式之多樣化已是現代化國家必然之趨勢，行政機關
之一切行政程序是否皆須採取聽證之方式，有無不必採取之例外情形存
在，此即本項所欲探討者。於法規制定時，美國行政程序法第四條定有
聽證之例外規定，其情形有：⑴機密法規，如國防或外交法規；⑵內部
法規，如機關之組織、管理或人事法規；⑶解釋性法規；⑷私經濟行爲
法規，如公共財產、借款、補助、收益或契約之法規；⑸緊急法規，如
認舉行聽證將窒礙難行、無此必要或有背公益等（注四六）。另外就行政司
法案件，並非所有案件皆須經聽證程序才算是合乎正當法律程序，該問
題取決於當事人受影響者爲權利（Right）或特惠（Privilege）而有不同，
詳言之，權利受影響之當事人有權要求聽證，而特惠（缺乏法律保障之

注四四：翁岳生，日本一九六四年行政手續法草案之研究，收錄於氏著，前揭書，
　　　　頁三五三。
注四五：室井力前揭書，頁二〇五。
注四六：張劍寒，前揭文，頁一九。

利益）受影響人並無聽證請求權（注四七）。

如所周知德國行政程序法係以行政處分爲重心，故依其第二十八條規定，於影響當事人權利之行政處分作成前，應給予當事人聽證之機會，由此可知凡行政處分影響當事人權利者，通常是不利性或駁回申請之處分，行政機關負有聽證之義務。此外，尚有學者主張將聽證之必要性擴張至授益行政，即一般行政行爲之範圍，如依此說則將聽證之適用可能性擴大至無所不包之地步，對人民權利之保護固甚周全，但仍屬少數之學說（注四八）。再者關於免除聽證之例外，同條第二項定有明文，授權行政機關依個案情形如認無聽證之必要者可免除之，同時爲免裁量之偏差，明文列出例外之情形：⑴於急迫之情形或爲公益之必要應立即決定者，⑵如舉行聽證將難以遵守對決定有重大關係之期限者，⑶官署將拒絕當事人之請求，⑷官署欲爲一般處分或大量爲同種類之行政處分，⑸行政執行時所採取之處置。第三項規定聽證如與公益之強制性要求相牴觸時，不得舉行。

至於日本行政機關在何種情況下須舉行聽證之問題，其行政法學者多數認爲侵害人民利益之處分，尤其是以義務之違反爲要件之制裁性不利益處分，不論法律有無明文之規定，均應採取以告知與聽證爲內容之正當程序（注四九）。依上述通說，行政機關駁回人民申請之處分固負有聽證之義務。但於准許申請之處分則有疑問，有學者主張於雙重效果處分，即准許申請者會限制相對利害關係第三人之法益時，仍應給予該直接利

注四七：羅傳賢，前揭文，頁二四八；至於有關區別權利與特惠之案例，請參閱張劍寒前揭文，頁二○～二二。

注四八：手島孝，前揭書，頁三四九～三五○。

注四九：杉村敏正，前揭書，頁一五一；同旨請參閱広岡隆，行政法總論，一九八八年一月二十五日四訂版第一刷，ミネルヴァ書房法律學全書2，頁一五七；今村和成，前揭書，頁一一三；南博方、原田尚彥、田村悅一編，前揭書，頁二○。

害關係人聽證之機會（注五〇）。

聽證範圍之問題其實與人民權益之保護範圍有密切關係，其與行政機關行政效率之要求自有所齟齬。依上述說明綜合言之，侵害人民權利之處分須舉行聽證，以為人民權利保障之最低限度；至於免除聽證之例外規定，大多具備緊急性、公益性或簡易性等特質，藉此等例外規定以求行政效率之維持。然例外終究是例外，如過度承認免除聽證之可能性，則聽證所欲達成保障人民權益之目的將遭吞噬。

三、聽證之時點

關於聽證之時點，首先必須確定的是聽證何時舉行之問題，德、日學者均認其應於行政處分作成前為之（注五一），德國行政程序法第二十八條第一項、第六十六條第一項亦均有相同的明文。其理由正如德國學者 König 所言，人民之自由權利屬於基本權利而應受保障，即使為暫時的侵害亦不被允許，同時常有人民因法律知識不足而服從行政機關決定之事例產生，於此情形如不舉行聽證，則行政機關之決定常會被認為不正確，再加上如利害關係人於裁判時始得為反對陳述者，其所受之損害將因對公權力主體的賠償請求舉證困難且要件嚴格，終至甚難獲得賠償（注五二）。其並強調行政程序之法治國家，其特性並非要求先決定再修正，而是先仔細考量之後再決定（注五三）。

其次，聽證之通知亦屬本項之重要問題，蓋若非將聽證主題預先告知參與聽證之人，則聽證對當事人及行政機關均無裨益，無法發揮預期之效果，故須有聽證之通知。通知是為了讓處分之相對人及其他利害關

注五〇：兼子仁，行政法と特殊法の理論，一九八九年六月十日初版第一刷，有斐閣，頁六六。
注五一：參閱手島孝，前揭書，頁三五一；室井力，前揭書，頁二〇五。
注五二：參閱手島孝，前揭書，頁三五一。
注五三：同注五二。

係人有充分時間準備攻擊防禦而設，因此通知之內容至少應包含案由與所涉及之事實上或法律上爭執之摘要記載，以便使當事人受通知後而能事前有所準備。此外通知亦應在舉行聽證之前一定期間發出，而此期間之長短可視當事人住所之遠近或案件之複雜性而定，於日本有許多法律定有期間之明文（注五四），美國聯邦行政程序法則規定通知須適時（Shall be timely）（注五五）。總之，如通知之期間有法律明文時，固須遵守該期間之限制，反之，對於應通知期間法律上沒有確定時間的規定時，如給予連準備的時間都不足的通知，則未符合聽證通知之本質，其未表示案件內容者亦同。

四、聽證之內容及方式

聽證是希望給予當事人提出意見的機會，其內容包括與行政機關之處分有關聯之事實上或法律上見解，而當事人就於聽證時所提出之主張或證據所得為之行為，其程度常隨著聽證種類之不同而異，如前述美國之審訊型（Trial type）與主張型（Argument type），以及日本之聽證程序與主張程序之區別一般。其中之審訊型聽證因為採用對審的型態，由行政機關公開其行政之根據資料，保障了聽證參與者對之質問、反駁及提出反證之機會，無怪乎日本學者兼子仁說此種聽證程序能真正達到公正的目標（注五六）。

另外學者今村和成對其本國之聽證有如下之批判：日本之聽證程序不過是提供行政機關說明之機會而已，與公正程序之理念相較起來，其間之差距甚遠。所以在實際運用上常是形式性或辯白性之情形，亦有就

注五四：參閱広岡隆，前揭書，頁一五八及南博方、原田尚彥、田村悅一編，前揭書，頁二〇所舉之法律規定，或為二日或為一週。
注五五：張劍寒，前揭文，頁二四。
注五六：參閱兼子仁，前揭書，頁六八。

行政機關之立場而言,作爲調查之手段而被利用之前例（注五七）。然而在日本實務上,浦和地院之判決頗值吾人注意,該判決認爲只要求對被處分者就案件全體爲概括式的回答,以確認主張或舉證有無之聽證是不足的,須進一步要求聽證是依對事由具體之指出,及採取促進被處分者主張或舉證之方法而爲,同時須包含對事實認定重要之事項。因爲對被處分者指出系爭事項並具體的公布與事項相關之主要證據者,如此給予被處分者對上述事項、證據提出反駁、證明之機會方屬適當。因而判決汽車駕駛許可之撤銷處分中的聽證程序爲違法（注五八）。

其次就聽證之方式而言,爲維持聽證之公平與客觀性,日本仿照美國之聽證制度採取訴訟法上之審判公開主義,而規定聽證原則上應公開爲之,只有在公益上之必要或對當事人之利益有重大損害時,始例外不公開（注五九）。然而德國之行政程序法對行政機關主持之言詞辯論,卻與美、日之方式完全相反,原則上採取不公開之原則,僅於當事人未提出異議時辯論主持人得准許他人在場,此爲德國與美、日根本差異所在。

五、怠於聽證之效果

關於聽證制度最後必須探討的問題是違背上述根據、範圍、時點或內容之聽證將產生何種法律效果。於法國聽證之不遵並不當然導致行政行爲之撤銷,根據コンセイユ・デタ之判例,程序上之瑕疵僅於影響行政行爲時,始被視爲本質上瑕疵（vice substantiel）而非輕微的形式上瑕疵或附隨的瑕疵（vice accessoire）,並成爲撤銷行政行爲之原因。美國之行政程序法則不對程序之瑕疵作如上的區別,而規定行政機關只要

注五七：參閱今村和成,前揭書,頁一一四。

注五八：浦和地裁昭四十九年十二月十一日行集二五卷一二號,一五四六頁,轉引自兼子仁,前揭書,頁五〇、六八。

注五九：參閱翁岳生,日本一九六四年行政手續法草案之研究,收錄於氏著,前揭書,頁三四七；室井力,前揭書,頁二〇六。

怠於履行法定之程序，就足以撤銷該行政行為（注六〇）。在德國關於此問題有下列諸說（注六一）：

㈠無效說

學者 Forsthoff 早期主張行政聽證之不履行常常使該行政行為成為無效（nichtig）。但現在此種學說已不復見。

㈡撤銷說

認為如法律上聽證請求權遭受侵犯者，該行政程序有重大瑕疵而得撤銷（aufhebbar）。此種全面的撤銷說係由 W. Jellinek、Robert Nebinger、Becker 及 Forsthoff 稍晚所主張，不少判例亦採此說。

㈢原則撤銷例外無效說

根據 Maunz-Dürig 之見解，違反聽證義務，其法律效果原則上是行政行為之撤銷，例外的於重大違反之情形時才導致無效，此即所謂的「分別處理說（differenzierende Auffassung）」。其並謂：「法律上有聽證之規定而被視為行政程序之本質上構成部分時，則違反法律上聽證之行政行為往往是無效的，至於其他之情形則須視侵害之程度而定。意即：關係人之法律地位受到重大且本質上侵害時，法律上聽證之不遵守會造成行政行為之無效，反之如僅為輕微的侵害時，得撤銷該行政行為」（注六二）。

怠於聽證之法律效果如何，在日本並未有一致之見解。昭和三十年代因為正當程序之問題在學說上尚未充分發展，故在實務判決上多認為聽證僅是提供辯明之機會的法律制度，如法無明文規定時，聽證程序之欠缺並不認為是程序上之瑕疵，故不認其為違法（注六三）。不過今日之有

注六〇：以上參閱手島孝，前揭書，頁三五三～三五四。
注六一：手島孝，前揭書，頁三五四。
注六二：手島孝，前揭書，頁三五五。
注六三：該等判決請參閱杉村敏正，前揭書，頁一四八。

力學說是認爲法有聽證之明文規定時，聽證程序之欠缺被視爲是行政處分無效之原因（注六四）。實務方面亦隨著學說之進展而對正當程序之要求持肯定之看法。

　　綜言之，法律上有聽證之明文規定時，行政機關不經聽證之程序而決定固爲違背其義務而有瑕疵，而此種違法之法律效果在學說上之爭論已如前述。於思索何者爲宜時，管見以爲可配合瑕疵行政處分之理論。行政處分之瑕疵重大明顯時始例外構成無效，否則只是得撤銷（注六五），故宜認前述德之第三說爲當。至於若無明文規定時，同樣地應視案件之性質、複雜程度而判斷聽證程序是否爲行政程序之重要構成部分而定。

〔肆〕聽證制度於我國之檢討

　　關於美、德、日等國之聽證制度已概述於前，接下來就聽證制度於我國實定法及實務方面之情形做一檢視，最後並對目前經建會草案及法務部草案中有關聽證之規定提出幾點淺見。

一、實定法方面

　　日本戰後在美軍之監督下，將美國之聽證制度移植過來，故當時所頒佈的行政法規皆有聽證之規定。然而我國並沒有如日本之客觀環境，故聽證制度對我國而言仍屬陌生，其結果在實定法方面之規定自然是付之闕如，以下茲舉數例證之：如區域計畫法第八條及該法施行細則第五

注六四：田中二郎，行政法總論，昭和五十年十一月三十日初版第三十刷發行，有斐閣法律學全集6，頁三五二；杉村敏正，前揭書，頁一五四；手島孝，前揭書，頁三六〇之注五五。

注六五：此亦爲我國學者之通說，參林紀東，前揭書，頁三三〇；陳新民，前揭書，頁二二五；吳庚，行政法之理論與實用，八十一年九月初版，三民書局，頁三一三。

條規定區域計畫擬定機關於擬定計畫時，得要求有關民間團體提供必要資料或徵詢意見，因此是否徵詢民間團體之意見屬計畫擬定機關之裁量權限，民間團體於此只能提供資料，而且個人並非上述規定之對象。又如都市計畫法第十九條規定主要計畫擬定之後應公開展覽，任何人或團體可以書面表示意見，但其意見只是由該管都委會參考審議罷了。再如勞資爭議處理法第二十五條，勞資爭議之調解委員會得命關係人到會說明或提出說明書，唯此委員會中主管機關只是被動地參與勞資雙方爭議之調解。而都市土地重劃實施辦法第九條規定重劃計畫書核定後，辦理重劃機關應依法公告及通知土地所有權人，並舉行座談會說明重劃意旨與計畫要點，該座談會係於計畫核定之後始舉行，且僅止於辦理機關之說明而已，談不上利害關係人之事前參與。綜上所述，不論是座談會或意見之徵詢形式上非聽證程序，而其實質內容更與聽證之要求相去甚遠。

　　另外值得一提的是我國憲法第八條第一項所定之法定程序意指為何？可否包括行政程序在內？依學者林紀東之見解，本項是關於保障人身自由的基本規定，其就法定程序之討論亦僅止於刑事罰之範圍（注六六）。再者依司法院大法官會議第一六六號及第二五一號解釋之意旨觀之，行政（警察）機關對人民僅得依法定程序逮捕拘禁，而拘留、罰役及送交相當處所施以矯正或令其學習生活技能之處分等，均非屬其權限之範圍，上述二號解釋亦是侷限於因行政罰而涉及人身自由之主題，至於其他一般行政程序則未及之。因此，在我國關於正當程序之憲法上依據，可否依上述條項之類推解釋而得，抑或依第二十二條之概括規定，目前國內尚無學者討論至此。

注六六：參林紀東，中華民國憲法逐條釋義㈠，七十一年二月修訂初版，三民書局，頁一二五以下。

二、實務方面

　　由於我國現今並無聽證之明文規定，故實務方面亦無關於聽證之裁判例出現。針對行政程序之正當化要求，實務之見解亦顯得畏縮不前，茲舉行政法院有關土地徵收之裁判說明之。如七十八年度判字第一七四二號之裁判要旨謂：「（上略）然關於土地徵收土地所有人之協定手續，原非法律上規定之先行程序，土地在核准徵收之前是否有召開與土地所有權人商談之協調會議，土地所有權人是否出席及是否成立協議，均與土地之徵收效力無何影響」，而同年度判字第二五三三號判決亦同旨（注六七）。按土地徵收是對人民財產權利有重大影響之行為，縱使法無聽證之明文，徵諸上述聽證之法理依據，職司行政機關行政處分審查最後一道防線之行政法院，實負有積極地肯定正當程序於土地徵收重要性的職責，切勿以法無明文而消極地推諉其職責。

三、經建會草案及法務部草案之淺見

　　經建會草案及法務部草案均參酌美、德、日之法例，從聽證之適用、通知開始至終結以及終結後之再開，定有專節（參經建會草案第一章第五節第三十六條至第五十一條、第一章第十一節第七十二條至第八十五條。以下為筆者就草案規定之幾點淺見：

　　1.兩種版本之草案均揭示了草案中聽證程序適用之法定性，即規定在本法或其他法令有應行聽證之規定時，始適用本節之聽證程序（經建會草案第三十六條；法務部草案第七十二條）。唯因我國目前尚無其他法令有應行聽證之規定，故本條後段適用之可能性並不大，或有謂俟將來其他法律之立法完成後即可配合，但依目前之立法效率來看，實不敢

注六七：該二裁判引自行政法院裁判要旨彙編第九輯，八十年六月，司法周刊社印行，頁一〇〇二、一〇四三。

寄與過多之期望。

2.經建會草案中適用聽證之行政行為除行政處分(第六十九條)外,尚有行政契約(第八十八條)、行政命令(第一百零三條)、行政計畫之確定(第一百十五條)等,其範圍不可謂不廣。這其中行政契約之聽證是於對公益有重大影響,行政機關認為有必要時始有適用,故是否舉行仍委諸行政機關之裁量。行政命令之聽證則是適用於依法應經聽證時,若法無規定則不具有強制性。而於法務部草案中雖刪除行政契約適用聽證之規定,但於行政契約當事人之一方為人民,依法應以甄選或其他競爭方式決定該當事人時,行政機關應事先公告應具之資格及決定之程序,決定前並應予參與競爭者表示意見之機會(第一百四十一條)。至於法規命令之訂定(第九十一條)、行政處分(第一百十條)、及行政計畫(第一百五十五條第二項)等行政行為則仍有聽證程序之適用。本來聽證對於人民之權益能提供較周密之保障,但如對於行政機關之一切行政行為均要求舉行聽證者,則容易造成行政機關之人力、財力不必要之浪費,對行政效率有所妨礙而適得其反,尤其我國行政機關常採取多一事不如少一事之態度,故將來如依草案之規定通過者,難保行政機關不濫用裁量藉機迴避聽證之舉行,其結果將有損法律威信破壞立法美意。

3.經建會草案第六十八條賦予當事人表示意見之機會,相當於美國之主張型聽證或日本之主張程序,而第六十九條所指之聽證方屬真正之聽證。其適用之情形除法令規定應舉行聽證外,尚有行政機關依職權或當事人之申請而認為有舉行聽證之必要二種情況。由此可知為行政處分應否舉行聽證繫諸於行政機關之裁量,以此言之,如法無明文行政機關又認為無必要時,就無舉行聽證之機會,即使由當事人所申請者亦同,而此尤其在該處分為不利益或制裁性處分時更顯出其不當性。故實不宜授與行政機關如此廣泛之裁量權,倘有必要亦應明定必須經聽證程序始能為之行政處分,如對人民不利益之處分即是。就此與法務部草案第一

百十條規定比較觀之，則後者之規定較爲妥適，蓋其除有與經建會草案相似之第一、二款外，尚於第三款中明定行政機關作成課以義務或其他不利行政處分前，該處分相對人如無例外之情形而申請舉行聽證者，行政機關有舉行聽證之義務。

4.經建會草案第六十九條第二項針對同條第一項第二款定有免除聽證之例外，然前項第二款之拘束力甚低（如前述），故於此再爲免除聽證之例外規定，其實益值得再考慮。其次就所列之情形觀之應有其共通性，爲何草案只規定前項第二款而不包括第一款？其實如能將本條第一項應適用聽證之行政處分改爲具強制性之規定方式者，第二項之例外規定始具意義。另外法務部草案第一百零九條亦定有六款行政機關得不給予相對人陳述意見之機會之例外情形。然而將相對人陳述意見之機會根本排除實非聽證制度之常態，故行政機關於適用此例外時，自須有充分之理由或確實之心證始可，斷不可輕易剝奪當事人陳述意見之機會。

〔伍〕結論

聽證制度爲行政程序之核心，二者之關係誠如德國學者 König 所言：「在行政機關命令發出前，因舉行法律上聽證而其程序將較繁瑣且遲延之論點是沒有根據的。促進行政程序之見解，常常須退守至聽證權之背後」（注六八）。此亦說明了欲求行政程序之精進，不透過完善的聽證程序是無法竟全功的。日本於戰後雖已移植聽證制度，但實施聽證之案件卻很少，考其原因是行政機關厭煩繁多之手續，而以如行政指導之方式達成與聽證相同之目的，使公正程序之規定形同虛設毫無作用。其次國民恐於案件中與行政機關爭執時，事後將受不利之處分，通常不敢有

注六八：手島孝，前揭書，頁三五一。

所爭執而樂於接受行政指導。縱有舉行亦多流於形式，實質上事先已作成行政處分之決定，自始即不重視聽證（注六九）。與日本同爲大陸法系之我國，因歷史上緣故常有行政權優勢之現象，對人民基本權益之保障總是叫人詬病，可謂只重官不重民（注七〇），對行政權行使之程序規定更是漠視。所幸目前我國亦體認行政程序之重要性，察覺行政程序之法典化爲當前之一股世界潮流，並著手起草行政程序法法典，於可期待之將來當可完成立法，唯如不徹底革除上述弊病，則將不可避免地重蹈日本過去之覆轍，不可不愼。

注六九：參閱翁岳生，日本一九六四年行政手續法草案之研究，收錄於氏著，前揭書，頁三四五。

注七〇：參閱城仲模，四十年來之行政法，載於法令月刊，四一卷一〇期，收載氏著，行政法之基礎理論，增訂新版，八十年，三民書局，頁九三七以下。

情事變更原則在稅法上的適用

鄧德倩

〔壹〕前言

〔貳〕情事變更原則之要件及在稅法上之適用

一、概說

二、情事變更原則的要件

(一)須有情事之變更

(二)須情事變更發生在法律行爲成立後，法律效果完結前

(三)須該變更爲當事人所未預見且有不能預見之性質

(四)須情事變更係因不可歸責於當事人之事由而發生

(五)須因情事之變更致原擬之法律效果，顯失公平

三、情事變更原則的要件於稅法上之適用

(一)適用背景

(二)適用的法律關係

(三)適用的機關

(四)小結

〔叁〕情事變更原則之效果及在稅法上的適用

一、情事變更原則之效果

情事變更原則在稅法上的適用

〔壹〕前言

　　基於國家存在之必要及國民對國家的依存，必須仰賴健全的財政，而租稅則為財政之基礎，在國家財政收入中以租稅的收入為經常、固定且最重要的收入，因此，國家在財政形態上乃有「租稅國家」之稱。為完成國家的行政目的及公共利益，現代國家憲法均承認國家的課稅權，於法律上大多規定人民有依法納稅之義務（注一），即國家課稅權之行使，需有法律之依據，無法律之規定，人民即不負納稅之義務，我國亦於憲法第十九條明定：人民有依法律納稅之義務，以之做為納稅之指導原則。

　　我國稅制尚在積極建立中，現行稅制係採分稅立法的方式，未如德、日諸國設有「租稅法通則」之類的規定。如德國的聯邦公課法（租稅法通則）（Reichsabgabenordnung, 1919），日本稅制在國稅方面，通則法典有：國稅通則法、國稅徵收法等（注二），我國雖有稅捐稽徵法，但其性質多半屬稅捐稽徵的程序規範，未有關租稅徵收的基本事項及共同內容事項之一般法規，因此當社會環境變遷時，租稅法的適用與解釋，

注一：劉春堂，租稅優先權研究，中國租稅研究會出版，民國七十年一月，頁一。
注二：林燧生譯，租稅法之基本理論，新井隆一著，財政部財稅人員訓練所出版，
　　　七十三年六月，頁二一。

必然會發生許多疑難。依「租稅法律主義」之原則，稅法的規定，固應明確及意義單一，惟實際上仍無法避免不明確及多種意義用語之規定，因租稅法以一定之經濟現象爲其規律之基礎，而欲將多變的經濟現象巨細無遺的加以規範殆無可能，因此不可避免的仍有疑義而必須加以解釋之必要（注三）。

租稅的課徵，無異強制移轉人民財產予政府，對人民之自由權利影響極大，故稅法的解釋亦不同於一般法律關係，而須採取較謹慎的態度。於是有諸多租稅法的基本原則做爲解釋稅法的依據，其與稅法的解釋關係較密切者，則有租稅法律主義與租稅平等主義。稅法早先被視爲行政法的一部分，認爲係行政權一環之課稅權的行使，行政法之原理原則大部分均可應用於稅法，但從確保國家或地方自治團體的財政收入及國民經濟發展與安定之觀點而言，租稅負擔對國民經濟生活之影響日增；又因稅法所規律之對象，已因現代經濟生活的轉變而日趨複雜，故稅法已非單屬行政法之一部分，而應分別就行政法之一般理論及稅法之特質加以考量（注四）。

行政法上各種法律原理原則極多，本文僅就情事變更原則（clausula rebus sic stantibus）（注五）此一法律原則在稅法的適用上所面臨的諸問題爲重點。一般而言，情事變更原則在性質上爲誠實信用原則之下位概念，其於私法領域，尤其債之關係有其適用固無疑義，惟如將之適用於稅法，則其與租稅法律主義應如何協調，即發生應尊重藉租稅法律主義所保護之法的安定性，抑或納稅人的權利保護及公共利益之維護的問題。由實務上的案例可用來觀察情事變更原則於我國稅法上之適用情

注三：郭介恆，論租稅法之解釋，中興碩士論文，六十七年五月，頁六九。

注四：郭介恆，前揭書，頁一六。

注五：參閱彭鳳至著，情事變更原則之研究，五南出版公司，七十五年一月初版，頁六。

形，然限於篇幅及避免重複，本文不擬從情事變更原則的學說介紹做出發，而將重心置於情事變更原則的要件內涵及效果，並藉此討論我國實務上的案例，最後參酌各種立法狀況於結論時提出若干修正的方向。

〔貳〕情事變更原則之要件及在稅法上之適用

一、概說

所謂情事變更原則，乃指法律關係成立後，為其基礎或環境之情事於該當法律效果完了前，因不可歸責於當事人之事由，致發生非當初所得預料之變更，由是，倘貫徹原定之法律效果將顯失公平而有悖於誠信原則，即應承認其法律效果亦得有相當變更（如增減給付或解除契約），此一規範，即所謂情事變更原則（注六）。稅法中是否應有情事變更原則之適用，尚待討論。因租稅法律主義為稅法基本重則之一，其與罪刑法定主義同被視為現在法治國家之兩大樞紐（注七），係法治國家人民財產權之有力保障，故由租稅法律主義之觀點，會影響稅法解釋者，亦如同罪刑法定主義會影響於刑法之解釋，故應以文理解釋為恰當（注八），但

注六：鄭玉波，民法債篇總論，三民書局，六十四年九月，頁三九六～四〇〇，參閱葉俊榮，行政裁量與司法審查，臺大碩士論文，頁一九〇。

注七：參閱陳清秀著，稅法之基本原理，三民書局，八十二年九月初版，頁五四；劉春堂，前揭書，頁八。

注八：所謂租稅法定主義或租稅法律主義，即租稅之課徵須有法律之明文規定，其內容依一般學者的通說包括下列的內容：

　　⑴課稅要件法定原則

　　⑵課稅要件明確原則

　　⑶合法性原則

　　⑷手續保障原則

　　⑸禁止租稅協議

　　⑹禁止類推適用

　　參閱吳金柱，租稅法要論，八十年四月，名彥出版社。

嚴謹的法律解釋將導致因法律未規定而使法院無從爲合理及公平之解決，致往往造成不公平及不合理的情形，故租稅法律主義之原則的內容，不應一如罪刑法定主義而當然含有法條之嚴格解釋，禁止法條之類推解釋等效果；其表現爲現行租稅法之基本理念，旨在確保將來之預測可能，以確保法之安定性，租稅法之解釋，於不超過其預測將來可能性之界限內，並應斟酌國民觀、租稅法之目的及經濟的意義以至於諸情事之發展（參照德國租稅調整法第一條第二項）（注九）。德國一九三四年所訂租稅調整法第一條第二項規定（注一〇）所謂「經濟的觀察法」（wirtschaftliche Betrachtungsweise）的稅法解釋方法（注一一），其應非稅法所特有的解釋方法，於某一種意義上言，其有利於國庫及稅務行政，但其基本理念則相當符合法律上合目的性（Zweckmäβigkeit）的概念，進而形成稅法上的特殊原則～實用性（稽徵行政便宜）原則（Praktikabilitätsprinzip）（注一二），因此在不違反租稅法律主義之原則下應可參酌所謂「經濟的觀察法」，使稅賦的課徵更具彈性。

二、情事變更原則的要件

情事變更原則係基於誠實信用原則之思想而來，其理念不外求法規適用之公平與正義，因此在適用時，一般皆認爲應具備下列要件：（注一三）

㈠須有情事之變更

注九：參閱釋字一五一號解釋內陳世榮大法官之不同意見書之解釋文。

注一〇：原文規定如下：「Dabei sind die Volksanschanung, der Zweck und die wirtschaftliche Bedeutung und die Entwicklung der Verhaltnisse zu berucksichtigen」參閱郭介恆，前揭書，頁八七。

注一一：北野弘久，稅法の基本原理，昭和四時八年九月，頁七八，參閱郭介恆，前揭書，頁八七。

注一二：陳清秀，稅務訴訟之訴訟標的，台大博士論文，七十九年十一月，頁七。

所謂情事是指一切為該法律行為成立基礎或環境之客觀事實，而變更是指情況在客觀上發生變動。

㈡須情事變更發生在法律行為成立後，法律效果完結前

因情事變更原則具有調整當事人法律關係之作用，若該等變遷，係發生於法律行為成立之前，則此等改變，不僅為當事人所得知，且其法律行為，即係以此變更之情事為環境或基礎，自不生情事變更之問題，又若為法律行為基礎之情事，係於法律效果完成後，始生變更，則亦無本原則之適用，因其後的情事變更，對法律效果不會發生任何影響，自無再予以引用以達衡平的目的。

㈢須該變更為當事人所未預見且有不能預見之性質

蓋若情事之變更，早經當事人預見，則無論其結果如何，均在當事人計算中，若當事人在此一前提下為法律行為，自應由其負擔一切之危險。再者，此等變遷須在客觀上具有不可預見之性質，僅有當事人主觀上未能預見之事實尚非已足。

㈣須情事變更係因不可歸責於當事人之事由而發生

情事變更若係由於法律上可歸責於當事人之事由而發生，則有過失之當事人應自負其責及危險，否則與公平正義理念相違背，有失情事變更原則之精神。

㈤須因情事之變更致原擬之法律效果，顯失公平

法律為社會生活之規範，其目的在求公平正義之實現，若因環境變遷，原有之法律規定已不合需要，而仍不加以適切的修訂，將無法滿足

注一三：楊敦和，情勢變遷原則及其在債法上之適用，中興碩士論文，五十六年五月，頁二～八。

洪培根，從公法學之觀點論法律不溯既往之原則，中興碩士論文，八十一年一月，頁一四七～一四九。

人民的需求，阻礙社會的進步，亦足以影響法律的威信，情事變更原則基本上是一個調整權的作用，其目的在使法律的適用更符合公平，因此於情事變更致有失法規之公平性及立法精神時，自應變更原法規所規定的內容，以符合實際社會需要之規定以代替之。

三、情事變更原則的要件於稅法上之適用

㈠適用背景

由情事變更原則的沿革及各國立法例來看，大都是在私法領域中適用，我國民法第二百十九條誠實信用原則及民事訴訟法第三百九十七條情事變更原則等皆是具體的表現，惟在公法領域，一般僅將情事變更原則當為法律原則，在現代法治主義精神下，公、私法領域的差異雖多，但相同之規範目的亦不少，故自誠實信用原則發展之情事變更原則，應可適用於公法，此說且已為我國判例學說所採納。稅法為政府與人民徵納租稅權利義務關係之規範，雖以國家公權力為背景，但以注重公益為其特性。稅法領域中誠實信用原則的適用，二次大戰後，國庫主義、反民主主義思想沒落，信賴保護之原則、權利保護之思想抬頭，以民主主義的觀點來解釋稅法的目的成為潮流後，情事變更原則才漸被判例學說接受（注一四）。

㈡適用的法律關係

稅法適用於複雜的經濟環境，而不論人為的災禍抑自然之現象或幣值之貶抑，皆可能造成客觀情事之變更，故准許延期繳納、延長或更新公布之期間等，均為使租稅政策與經濟政策相配合所採取的一種權宜措

注一四：蔡章麟著，行政法上有關誠實信用原則若干問題，法學雜誌，二卷一○期，頁二，參閱劉春堂著，誠實信用原則與租稅法，財稅研究，一八卷三期，頁一五。

施，此觀我國稅捐稽徵法第十條及第二十六條而明（注一五）；又情事變更原則的適用需以一定之法律關係爲前提，在長期繼續性給付之債的關係中，此一原則適用之可能性更明顯，租稅法律關係之性質，學說上有租稅權力關係說（Steuer-Gewaltverhaltnis）及租稅債務關係說（Steuer-Schuldverhaltnis）兩種相互對立之見解（注一六）。主張權力關係說者，係從稅賦課徵的手續方面著眼，認爲租稅法律關係爲人民對於國家課稅權的服從關係；反之，租稅債務關係說則著眼於租稅債務之成立要件，認爲近代法治國家，基於租稅法律主義，因法定課稅要件之具備，在國家與人民間當然成立租稅關係，整個租稅法律關係性質爲一種公法上的債權債務關係，國家爲租稅債權人，有請求給付之權利，人民爲租稅債務人，有爲給付之義務，國家與納稅者立於對等之地位，實與私法上之債權債務關係相若。德國一九一九年的聯邦租稅通則（Reichsabgabenordnung）即以「租稅債務」觀念爲中心（注一七）。若將稅法上的法律關係解爲公法上之債權債務關係，則情事變更原則即得適用；惟參酌情事變更的目的，係以公平正義爲依歸，但在稅法的適用上，就此如欠缺一種獨立的判斷標準，則特別在租稅的稽徵程序上，倘以稅法解釋

注一五：稅捐稽徵法第十條：「因天災、事變而遲誤依法所定繳納期限者，該管稅捐稽徵機關，得視實際情形，延長其繳納期間，並公告之。」
　　　　稅捐稽徵法第二十六條：「納稅義務人因天災、事變或遭受重大財產損失，不能於法定期間內繳清稅捐者，得於規定繳納期間內，向稅捐稽徵機關申請延期或分期繳納，其延期或分期繳納之期間，不得逾三年。」

注一六：田中二郎著，租稅法，頁一二八～一三〇；參閱劉春堂著，前揭書，頁一六。

注一七：該法第八十一條：「租稅債務關係，於法律所定之租稅要件事實具備成立，縱然租稅債務之確定有待稅額之決定，租稅債務不因之延後成立。」一九七七年之租稅通則（Abgabenordnung）第三十八條亦有關之規定：租稅債務關係之請求權，於法律所據以課賦給付義務之構成要件實現時，即行成立。請參閱陳敏譯，德國租稅通則，七十四年三月，財稅人員訓練所，頁四八，參閱劉春堂，前揭書，頁一七。

爲藉口而達到實質立法的目的，就違反租稅法律主義之原則（注一八）。

三適用的機關

較早有關情事變更原則問題之案件其適用的範圍，多爲民事上的問題，所以行使該制度所保障之權利時，其法律行爲之基礎至何種程度欠缺、改變或喪失，視當事人意思而定，由當事人自行決定是否有主張其權利之必要，然情事變更原則旣爲謀求均衡當事人利益之指導原則，似不妨讓法院可依職權加以適用，藉以維護法律公平正義的目的，故我國民事訴訟法第三百九十七條規定，法院可依職權爲公平的裁量（注一九）。

依民國三十四年十二月十八日所頒行之「復員後辦理民事訴訟補充條例」第十二條之規定：法律行爲成立後，因不可歸責於當事人之事由，致情事變更，非當時所得預料，而依其原有效果，顯失公平者，法院應公平裁量，爲增減給付，或變更其他原有效果之判決。我國民事訴訟法第三百九十七條亦有相同之規定，可見此一原則之適用屬於法院之職權，而無須當事人之特別主張，故在實際的租稅救濟程序中，法院根據行政訴訟法第三十三條準用民事訴訟法第三百九十七條之規定，得依職權適用情事變更原則以平衡雙方權益關係。

然有疑義者，稅法之解釋除程序事項外，也必然牽涉許多實質事項，租稅債務關係即是以實定法規定其內容，如嚴格遵守租稅法律主義之原

注一八：Langhorst, Steurerumgehung durch gesellschaftrechtliche Verein-barung S. 24，參閱葛克昌，租稅規避之研究，臺大法學論叢，六卷二期，頁一七九。

筆者：一般將租稅法分爲四部分：稅捐實體法律關係中，有關稅捐債務發生之課稅要件，及稅捐債權之要件；在稅捐程序法律關係中，各行爲義務之法律要件及法律效果；在稅捐爭訟中，乃各救濟程序之法律要件及法律效果；在稅捐處罰中係各種處罰之法律要件及法律效果之規定。參閱林鳳珠，稅捐法定主義在現行稅法之實踐，臺大碩士論文，七十四年七月，頁一八七。

注一九：彭鳳至，前揭書，頁五八。

則，稅捐機關需受法律嚴格之拘束，甚少有自由裁量之權，故足以確保法的安定性與人民財產不受侵害，惟保障人民財產權固係稅法之目的之一，但不能因之而忽略其他經濟性、社會性等因素之考量，因現今經濟進步快速，稅法的內容無法包羅萬象，故稅法之解釋，似宜於不違背租稅法律主義之原則下，探求稅法之眞義所在，始足以發揮其應有之功能（注二〇），故稅捐機關依稅捐實體法爲課稅處分時，若能公平的以人民之負擔能力與國家之財政收入爲適中的裁量，自可使社會發展安定，此正爲公益之要求，故情事變更原則能適用於稅法，當無疑問。

㈣小結

　　由上述說明可知，除債之法外，只要法律關係之性質或目的不相衝突者，皆可適用情事變更原則。依行政行爲所形成或確認之法律關係亦有此制度之適用，若法律本身已就某種情事之變化，訂有法律效果，則無必要適用此一原則以規範情事變化的餘地，如我國稅捐稽徵法第十條及第二十六條之規定，此時行政機關係依法律規定而有裁量權（注二一）。

〔叁〕情事變更原則之效果及在稅法上的適用

一、情事變更原則之效果

　　情事變更原則之目的，乃對於現已成立之法律關係，因後來發生情事可能產生不公平之結果，加以排除，避免當事人因而遭受不測之損害，進而維護誠實信用之理想，達到公平正義之目的（注二二）；惟就其法律

注二〇：郭介恆，前揭書，頁九〇。

注二一：參閱彭鳳至，前揭書，頁五五；筆者：兩條文間之差異在於，第十條之規定爲普遍的現象，且是否延長期間爲稅捐稽徵機關職權爲之；第二十六條之規定爲納稅義務人個案特殊的情形，且須向稅捐稽徵機關申請爲之。

注二二：何孝元，誠實信用原則與衡平法，三民書局，五十五年九月初版，頁八一～八二。

效果言，雖因種種法律關係之態樣而有不同，但爲顧及「契約神聖」
（Sanctity of contract）之原則（注二三），首先仍應儘量維持當初之法
律關係，務使其能繼續存在，而允許就其內容爲某種程度之變更，例如，
給付種類之變更，給付標的物之擴張、增加或減少，給付標的物品質之
變更，過失責任程度之變更，條件之增加或除去以及履行期、履行地之
變更均屬之（注二四），我國民事訴訟法第三百九十七條情事變更原則即
規定，法院應依職權公平裁量，爲增減給付或變更其他原有效果之判決。
如上述方法仍不足以排除不公平之結果時，始得終止或消滅法律關係。
學者以程度之不同而區分爲第一次效力及第二次效力，第一次效力的內
容有：⑴增減給付，⑵延期或分期給付，⑶變更給付，⑷拒絕先爲給付；
第二次效力包括：⑴終止契約，⑵解除契約，⑶除去責任，如民法第七
五〇條之規定，⑷拒絕履行四種（注二五）。

二、情事變更原則之效果於稅法上的適用

因租稅法律主義包含法律安定性原則之要求，稅捐債務關係發生
後，關於稅捐債務之內容、債務履行時期及方法等，均應依法律規定，
對一切稅捐債務人平等處理，非有法律之依據，不得由稅捐稽徵機關任
意變更其內容（注二六），故在下段的敍述中，本文擬試就情事變更原則的
效果在稅法上的應用討論如下：

㈠第一次的效力

注二三：*Chitty on contracts*, (twenty-second edition), p.5; Arthur T. von
　　　　Mehren p.733，參閱楊敦和，前揭書，頁三七。
注二四：史尚寬，債法總論，六六七頁，參閱陳淸秀，稅捐法上法律關係論，臺大
　　　　碩士論文，七十三年六月，頁八七。
注二五：林榮龍，誠實信用原則在民法解釋上功能之探討，文化大學碩士論文，八
　　　　十一年六月，頁一二三。
注二六：金子宏，租稅法，頁七五，參閱陳淸秀，前揭碩士論文，頁八七。

　　情事變更原則在維護原法律關係存在之前提下，爲排除嗣後發生情事可能造成的不公平結果而採取的措施，主要內容有下列四種（注二七）：

　　1.增減給付

　　增減給付本是爲保護當事人，使之不因情事變更而給付困難，進而遭受難測之非常損害，故減少原定給付之數額或增加給付。因稅法受當時之經濟活動影響，故物價漲幅的指數常被視爲增減給付的標準之一，釋字一九六號即是一例，隨物價的漲幅調整給付數額，雖不符合嚴格的租稅法定主義，但此較符合尊重人民權利的實質課稅原則。

　　2.延期或分期給付

　　稅捐債務內容之變更，主要涉及淸償期的問題。按稅捐債務發生並確定後，稅捐債務人依法應於各稅法所定納稅期間內繳納稅款，惟例外時可申請緩徵，如稅捐稽徵法第二十六條規定，若稅捐債務人因天災、事變或其他非人力所能抗拒之事實致遭受重大財產損失，不能於法定期間內繳淸稅款者，可向稅捐稽徵機關申請延期或分期繳納。

　　3.給付種類之變更

　　在通常情形，種類之債經一定手續後，成爲特定之債，若嗣後發生毀損、滅失之情形致給付不能時，債務人應免給付之義務（注二八）。就給付種類之變更而言，在稅捐債務原則上以金錢給付爲內容，故尚不發生給付不能之問題，但若有情事變更時，應可爲給付種類之變更，依行政法院六十九年裁字第三〇一號裁定，即是以實物抵繳遺產稅或贈與稅之情形（注二九）。

注二七：楊敦和，前揭書，頁三八～四六。

注二八：參閱民法第二二五條之規定。

注二九：行政法院六十九年裁字第三〇一號裁定：依遺產及贈與稅法第三十條第二項規定，以實物抵繳遺產稅之行爲，經主管稽徵機關核准抵繳後，其遺產稅之徵收程序，即告完成。載於黃茂榮主編：植根稅捐法案例體系㈤，遺產及贈與稅法，一九八四年五月版，頁三～一六一。

4.拒絕先爲給付權

依我國民法第二百六十五條不安抗辯權之規定，若雙務契約之一方當事人，負有先向他方爲給付之義務者，而於契約成立後，他方之財產顯形減少，且有難爲對待給付之虞時，則在他方未爲對待給付或提出相當之擔保以前，有拒絕自己給付之權利，而在稅法的適用上，此種拒絕先爲給付的效力並不適宜，因租稅爲一種無報酬之特別給付，以財政需要爲目的，並不具有對待給付的性質，爲單方面的權力課徵金（注三〇），稅捐債務人不能主張拒絕先爲給付，故情事變更原則此一效果於稅法不宜適用。

㈡第二次的效力

上述各種效力，均是以原來法律關係存在爲前提，若因情事變遷致使契約或其他法律行爲之目的根本不能達到，不論增減給付或變更給付均不能衡平雙方之利益時，自應允許當事人消滅其原來的法律關係較妥當。惟在租稅的法律關係中，因國家課稅權之行使影響人民之財產權至深且鉅，遂有租稅法律主義之倡行；因此對稅法爲解釋之際，只能就法律條文可能的文義範圍內爲之，故筆者以爲用終止權或解除權使債務消滅的效力，於稅法中不宜適用，因租稅債務之成立與其內容，均依法律規定，只要具備課稅要件，租稅債務即成立，納稅義務人乃負有給付義務，不得要求國家爲某種對待之給付；換言之，租稅係無對價之給付（Keine Gegenleistung）（註三一），除此之外，除去責任及拒絕履行的法律效果，亦不能適用於以國家之公權力爲背景的稅捐徵納權義關係中。

㈢小結

注三〇：郭介恆，前揭書，頁三～四。
注三一：劉春堂。前揭書，頁六。

　　情事變更原則雖在稅法應有其適用，但基於租稅係爲滿足公共需求的一種手段，具有強烈公益性要求又輔以租稅法律中法的安定功能之考量，根據情事變更原則本身並不能產生或消滅租稅債務的效果，而僅具有調整租稅債務關係爲宜。

〔肆〕 我國實務上的案例

　　司法院大法官會議關於稅法的解釋甚多，如：釋字四十九、五十四、一一六、一二六、一四二、一五一、一六三、一六七、一七三、一八〇、一九五、一九六、一九八、二〇八、二一六、二一七、二一八、二一九、二二一、二三〇、二四七、二四八、二六七、二八六、二八七、二八九、二九〇、三〇九、三一七等。其內容大都以租稅法律主義及租稅公平原則爲依據，但有些案件，依其情狀似有情事變更原則之問題，擬於下列案例中嘗試說明之：

一、釋字一九六號

　　依釋字一九六號的解釋理由書，土地所有權移轉時，土地增值稅應按其土地漲價總額徵收之（土地稅法第二十八條），遇一般物價有變動時，土地漲價總額依土地稅法第三十二條規定，原規定地價及前次移轉時核計土地增值稅之現值，均應按政府發布之物價指數調整後計算之，期在消除因通貨膨脹所虛增之土地價值，使土地漲價總數額，能與實情相符合。此一解釋即肯認土地稅法施行細則第四十九條，機關可依一般躉售物價指數調整原規定地價或前次移轉時核計土地增值稅之現值，給予機關因情事變遷而有權調整土地漲價總額的計算，使稅賦負擔臻於公平合理，與憲法第十九條並無牴觸。

二、釋字三一一號

釋字三一一號的解釋文涉及遺產及贈與稅法第十條之規定。遺產稅之徵收，其遺產價值之計算，以被繼承人死亡時之時價爲準，遺產及贈與稅法第十條第一項前段訂有明文，對逾期申報遺產稅者，依同項但書規定，如逾期申報日之時價，較死亡日之時價爲高者，以較高者爲準之規定，固是以杜絕納稅義務人取巧觀望爲立法理由，而在鄭健才大法官的一部及理由不同意見書的注釋中即提到：就情勢變更原則言之，在逾期申報遺產稅之場合，逾期後之遺產價值增高者，本可有「增加給付」之形成權出現，以調和權義雙方之利益。此段說明可爲情事變更原則在稅法上的適用表徵。

三、行政法院五十二年度判字第三四五號判決

行政法院曾於五十二年度判字第三四五號判決中明白宣示：「私法中誠信公平原則，在公法上應有其類推適用」，爲我國行政法發展上重要之一頁，其於理由中大意謂：課徵營利事業所得稅，應參酌當地躉售物價指數上漲幅度，比例增加其帳面數額，與廢料售價收入比較，以核定其有無收益，如有收益，始據以課徵營利事業所得稅。故在物價急劇波動所帶來稅負計算上明顯不合理之現象，依釋字一九六號的精神，應有情事變更原則之問題，而行政法院在此案例中則以較抽象的原則，誠信公平爲其裁判理由。

四、小結

情事變更原則乃誠信原則的具體表現，於私法領域中有其適用固無疑問，在公法中亦肯認之，尤以國家與人民間公法上債權債務關係之變遷爲重點，因此，行政機關徵收土地，核定稅款，於法律關係結束前，

因戰爭、天災、經濟危機或其他未可預料之事變使基礎事實產生劇烈的漲跌，應依情事變更原則增減價額。在我國目前的實務案例中，因情事變更而為增減給付的判決，大多以物價變動為依據，情事變更原則於私法領域中實際適用時，本來法律關係的雙方皆有情事變更原則的適用，依此而適用於租稅法律關係，則無論租稅義務人或租稅權利人（行政機關）皆可要求對方斟酌情事之變更，此種立法例可參酌民國八十三年四月法務部所印行的行政程序法草案第一百四十八條，有關行政契約在情勢變更後之調整與終止的法文。但基於課稅權乃國家高權行政的表現，惟行政機關可裁量而改變原定之法律效果，相對人不服時，可由行政訴訟得到救濟，基於保障人民財產權的目的，當稅捐稽徵機關以情事變更原則要求增加人民的稅賦時，法院宜特別慎重處理。

〔伍〕情事變更原則之立法狀況

一、情事變更原則於各種法規上的立法狀況

　　情事變更原則之適用範圍，極為廣泛，除了傳統上適用於債法的領域之外，其適用領域尚及於憲法、訴訟法及行政法。如我國憲法第四十三條規定，國家遇有天災、癘疫或國家財經上之重大變故時，總統在立法院休會期間得不經立法院之通常討論程序，逕行依法發布緊急命令；民事訴訟法第一百六十四條第一項回復原狀之聲請；出版法第三十四條規定，遇有變亂或依憲法為緊急處分時，中央政府得以命令禁止或限制出版品登載有關軍政機密或危害地方治安等事項（注三二）；民國三十年的「非常時期民事訴訟補充條例」第二條第二款明文以「因戰事致情事

注三二：楊敦和，前揭書，頁六五。

劇變」爲其構成要件；民國三十四年之復員後辦理民事訴訟補充條例第十二條（注三三），及現行民事訴訟法第三百九十七條，草擬中的行政程序法草案內，在行政契約的部分，參酌西德行政手續法第六十條情事變更（Wegfall der Geschaftsgrundlage）（注三四）的規定而有情事變更後契約之調整與終止之規定。儘管情事變更原則爲解釋條文的依據，使法律理想合於正義與公平，其於各國的學說與判例的適用範圍也益趨擴充，德國一九五二年的「法官協助契約法」，是爲克服情事變更原則問題的特別立法方式，但可能囿於法律安定性的考慮，形諸於條文者並不多見。

二、情事變更原則於稅法上的立法狀況

情事變更原則既是在情事有重大變更時，給予當事人調整權以促成公共福祉之達成。故此原則，不僅於公、私法上，尤其在稅法上，亦屬不可或缺。德國一九一九年制定德國租稅通則第四條，該條規定：「稅法之解釋，應斟酌稅法的目的，經濟意義及情事之變更」（注三五）。此種立法方式雖可使行政機關藉法律解釋來彌補稅法的漏洞，但從租稅法律主義的觀點而言，不論是經濟、財政或社會政策等立法目的，宜在立法階段時具體形諸於文字，至於租稅法律公布後，即成爲一種法律關係，爲符合法之安定性的考慮，稅法上漏洞，不得藉由該種抽象條文而予補充，故一九七七年德國租稅通則並未採納該條。

注三三：復員後辦理民事訴訟補充條例第十二條：法律行爲成立後，因不可歸責於當事人之事由致情事變更，非當時所得預料，而依其原有效果顯失公平者，法院應公平裁量，爲增、減給付或變更其他原有效果之判決。參閱彭鳳至，前揭書，頁二〇〇。

注三四：參閱法務部印行行政程序法草案第一百四十八條，八十三年四月版。

注三五：一九三四年租稅調整法第二條第二項，除稅法的目的，經濟的意義及情事變更之前，加上國民觀（Volksanschaung）一語，此時正爲納粹時代。參閱葛克昌前揭文，頁一八二。

　　我國租稅法的體例未如德國有稅法通則的制定，即使有類似於通則的稅捐稽徵法，亦無如德國一九一九年租稅通則第四條的立法例，僅於個別法律規定，就某種情勢之變化定有調整權性質的法律效果，如前述的稅捐稽徵法第十條及第二十六條，土地稅法第二十五條第二項及第二十七條之一；但筆者以爲爲適用法律而爲解釋時，必須將有限的條文，適用於變化無窮的社會事象，因此法律的基本原則雖未必明文規定於憲法與租稅法中，但租稅法之解釋與適用，仍應受其拘束。

〔陸〕 結論

　　情事變更原則對於遭遇不可預見之劇變情事致須承受不公平的負擔之當事人給予救濟之一種規範；導致不公平之原因，係基於外界之客觀事實所致，非當事人所能預見，此時有待國家立法或司法機關的合理解決；如我國民事法典的若干規定已將情事變更之原則明文成爲法律規範，然稅法中並無此原則的明文規定，誠屬憾事！

　　基於租稅法律主義的思想，對於租稅之課徵，自以成文法爲依據，而稅法之解釋及適用，應以法律之條文、立法理由及判例學說爲依據（注三六），其與一般法律解釋不同者，乃在於其應嚴守法律規定之文義可能性的限制，故情事變更原則，如在稅法上適用，仍有幾點問題尚待商榷（注三七）：

　　第一、因未將情事變更原則做爲一般條款立法化如德國的法官契約協助法，故對於大多數因環境因素所造成不公平負擔的問題，除個別法條有規定外，皆有賴司法的解釋，如大法官會議或行政法院的判決，又我國實務上大都以較抽象的誠實信用原則爲解釋依據，而使情事變更原

注三六：張國淸，賦稅實務問題研究，五南出版社，七十二年二月初版，頁二七九。
注三七：參閱楊敦和，前揭書，頁八四～八六。

則的概念不能深入稅法的適用中。

第二、准予適用情事變更原則無異給予法院或行政機關公平裁量的權限，惟就公平裁量之標準猶欠具體說明，不論增減給付、延期或分期給付、變更其他原有效果之判決，宜有一比例標準，雖此仍須視個別情況而有差異致難有硬性劃一的細則，但不妨爲較具體的規定，俾法院做變更法律行爲效果之判決時，可做爲參考。

稅法以規範複雜之經濟活動爲背景，故其有關法律事實存在許多情事變更的可能性。惟仍不宜以概括性質的情事變更原則來處理所有因此所生問題，而應以情事變更原則作爲稅法解釋之依據，爲謀求個別案件能獲得正確妥當的結果時，更積極充實我國此種法律關係中有關變更法則之制定，使法律制度臻於至善，並更具體符合租稅法律主義的精神。

論經濟管制立法之基本原則

陳櫻琴

㈥公共性原則

㈦競爭自由原則

㈧環境保護原則

㈨均衡性原則

〔肆〕結論

論經濟管制立法之基本原則

〔壹〕前言

一、問題提出

經濟生活是每個社會所必需，但不同的社會有不同的經濟基本體制，從市場經濟（Marktwirtschaft）到中央集權經濟（Zentralver-waltungswirtschaft）體制之間，因爲國家對經濟生活的介入程度深淺，而產生不同的經濟管制（Wirtschaftslenkung）（注一）方式。以蘇聯爲首的社會主義國家經濟體制瓦解，改採市場經濟路線之後，原來利用公權力控制人民生活的經濟體制，逐漸滲入市場經濟的內涵，如允許私人

注一：經濟管制（Wirtschaftslenkung），有譯爲，經濟之指導與管理，指國家爲達成特定經濟政策之目的，對經濟活動加以管制、變更、調整、形成或影響等一切措施。參見廖義男著，經濟法之概念與內容體系，載氏著，企業與經濟法，頁三八以下，六十九年四月，三民書局。亦有譯爲「經濟調整」，指國家基於國庫財政以外的目的而進行的課稅或其他經濟活動。參見陳新民著，憲法財產權保障之體系與公益徵收之概念，載氏著，憲法基本權利之基本理論（上），頁三〇三，七十九年一月，三民書局。本文認爲，市場經濟活動的重心是個人的經濟自由，在市場機能運作成功下，是看不到國家公權力介入經濟活動的，然而在經濟發展的各種階段中，公權力有時不得不以管理、調整或輔助的措施，進行對市場的干預，這種干預即具有「管制」的效果，稱爲「經濟管制」，與經濟管制事項有關的立法稱爲「經濟管制立法」，故經濟管制立法可列爲經濟行政法的核心問題。

企業經營、放寬生產管制及賦予消費自由等，顯示中央集權經濟體制的經濟管制路線，有逐漸向市場經濟趨近的態勢。同樣的情形，以市場機能爲主軸的資本主義體制，在世界各國的實踐情況，也多多少少出現「市場失靈」（market failure）的現象，如歐美國家社會福利的支出愈來愈多，政府對經濟的管制愈來愈嚴格，顯示在自由經濟體制之下，國家介入市場的經濟活動也與計劃經濟制度有類似的發展趨勢。

　　不管在中央集權經濟或市場經濟體制，政府對經濟活動的介入究竟應採取相同或不同的方式？由於經濟管制事項眾多繁複，吾人勢必無法通盤地研究各種領域的經濟管制立法，因此，本文嘗試研究：是否在不同經濟體制之下，政府對經濟管制的深度與廣度也都有逐漸由「兩極」走向「中道」的發展趨勢？究竟此二者的關係是彼此「矛盾」或「相容」？在目前或將來有無漸趨一致的可能？在不同體制的經濟憲法中，吾人是否能歸納出一般性的經濟管制立法基本原理原則？從公法學觀點，如何將憲法的原理原則、行政法的原理原則，適用在經濟管制立法的領域？其間「經濟憲法」、「經濟行政法」、與「經濟管制立法」的聯結（Bindungen）關係如何？由此可據以判斷：個別經濟管制立法有無逸出經濟憲法、經濟行政法體系的範疇之外，而產生違憲、違法的可能？

二、經濟管制立法之憲法基礎

㈠概說

　　經濟憲法掌握的是經濟事務的原則性規範，形式意義的經濟憲法，或稱爲經濟憲法法（Wirtschaftsverfassungsrecht），指憲法條文有關經濟事務的規定。實質意義的經濟憲法指有關經濟事務的法規涉及經濟運作的原理原則者，例如競爭法、貿易法、金融法、農業法、土地法等條文中有涉及經濟制度基本運作者，在法規範的位階較高，甚至有被評

價為高到「經濟憲法」的層次（注二）。例如我國的貿易法、公平交易法（注三）、促進產業升級條例（注四）、中小企業發展條例及消費者保護法等，在各該個別領域內，具有基本的指導功能，且在母法之下，行政主管機關也訂定許多行政命令，各自形成一套完整的經濟規範體系。

本文思考我國經濟規範體系的基本秩序，首先研究形式意義的經濟憲法，即由我國現行憲法條文入手，以瞭解憲法中關於經濟秩序的基本規定；惟在憲法條文中「綱領性」的規範居多，加上其在我國實務上的應用並不多，無法類似歐陸學者從具體案例中，尋繹經濟活動在合憲空間或違憲界線游走的情形。因此本文除分析我國憲法條文對經濟秩序的基本規定外，亦兼及比較研究歐陸之經濟憲法原則，藉以掌握經濟管制立法與憲法原理原則之間的關連性。

其次，我國在一九九二年的憲法的修改，對國家政治體制的建立居功厥偉，在憲法增修條文第十八條中，亦規定國家在經濟活動中所應扮演的角色功能，可以當作臺灣地區「憲政元年」（注五）。經濟管制立法的

注二：參見拙譯述，經濟憲法和經濟行政法的基本概念(上)、(下)，載司法周刊，五五一期，八十年十二月二十五日；及五五二期，八十一年一月一日。

注三：八十年二月制定公布、八十一年開始施行的公平交易法，建立和規範市場交易秩序，原來在外國立法例上具有「經濟憲法」的位階；但以我國所採取的立法模式，將管制企業的「獨占、結合、聯合行為」與「不公平競爭行為」並列，對市場競爭秩序的法規範本質並無統一性的規定，本文認為公平交易法的位階似無高到經濟憲法的層次。

注四：促進產業升級條例係在七十九年公布，施行期間自八十年一月一日起至八十七年六月三十日止（促進產業升級條例第四十四條），雖然本法採取所謂「契約立法」的方式，但其係在四十九年公布施行的「獎勵投資條例」，經多次修正、脫胎換骨而來，本質上都是由政府主動提出經濟政策，負責推動經濟發展的方向，故本文認為，就臺灣地區的經濟發展而言，本法可以說具有經濟憲法的位階。

注五：所謂臺灣地區「憲政元年」，係指在中央民意代表未改選前，臺灣所實施的憲政是賡續國民政府大陸時期的「憲政規模」，嚴格而論，就臺灣地區的國民主權理論，並非真正落實實施憲政。修憲以後，憲法增修條文在臺灣地區取得國民主權的民意基礎，故可稱為憲政元年。

研究起點，故另立一節討論之。

㈡現行憲法條文經濟立法之原則

我國憲法條文有關經濟秩序的基本規定，主要在憲法第十三章「基本國策」，依國內學者通說，其係一種「方針條款」（Programmvorschift）（注六），為立憲者所預定之國家施政目標，惟其僅是一種政策宣示，有待立法者將個別權利保障立法後，才有將憲法目標具體化的可能。例如憲法第十五條規定，人民之生存權、工作權及財產權應受保障，但是人民失業時，依現行法令，尚無請求主張國家應提供就業機會之權。第一百五十條亦規定社會保險與社會救助，但因無失業救濟法，人民亦無從請求。吾人應努力架起憲法與經濟行政法的橋樑，讓憲法規定能具體落實到行政法規定的層面，以符合憲法所規範的目的。

現行憲法條文中，有關經濟秩序形成之指導或基本原理規定，有稱「經濟基本體制法」，基於這些原則而形成經濟管制之架構、體系與秩序，一共包括下列幾項原則（注七）：

1.民生福利國家之原則（第一條、第一百四十二條）

指我國係基於三民主義，為民有民治民享之民主共和國；國民經濟應以民生主義為基本原則，即以照顧人民福利生活為主要目標。

2.法治國家之原則（第一條、第二十三條、第七十七條、第一百七十二條）

指國家遵守權力分立原則及依法行政原則；與經濟活動有關之人民基本權利應受憲法及法律保障；與經濟有關之行政命令與憲法或法律牴

注六：例如憲法學者薩孟武、行政法學者林紀東、翁岳生、廖義男等均屬之。學者陳新民對此現象略有批評，認為類似生存權、工作權攸關基本人權的人民經濟生活運作，固執於傳統的「方針條款」理論，非屬「積極的請求權」（das positive Recht）無法產生實際上的「權利」的實益。參見陳新民，前揭注一書，頁三三九。

注七：參見廖義男，前揭注一書，頁四三。

觸者無效。

3.民主國家之原則（第一條、第二條）

指民主國家之主權屬於國民全體，國家之一切經濟資源屬於國民全體。

4.生存權與經濟活動之自由原則（第十五條第一句）

指人民之生存權應予保障，爲實踐生存權應賦予人民經濟活動所需之一切自由。

5.工作權與職業及營業之自由原則（第十五條第二句）

指人民之工作權應予保障，爲保障工作權應賦予人民經濟活動所需之一切自由。

6.財產權之保障及公用徵收原則（第十五條第三句、第一百零八條
　　第一項第十四款、第一百四十三條第一項）

指人民之財產權應予保障；爲實踐財產權之保障，凡是人民依法取得之土地所有權，應受法律之保障與限制；基於國家的經濟政策考量，於必要時，得依法對人民之私有財產實施公用徵收。

7.經濟結社自由原則（第十四條）

指人民之經濟結社自由活動權應予保障。

8.經濟平等原則（第七條）

指人民之經濟活動在法律上一律平等。

9.自由權利及私營事業之限制原則（第二十三條、第一百四十五條
　　第一項）

指人民與經濟有關之自由權利，除爲防止妨礙他人自由，避免緊急危難，維持社會秩序，或增進公共利益所必要者外，不得以法律限制之；國家對於私人財富及私營事業，認爲有妨害國計民生之平衡發展者，應以法律限制之。

10.獎勵、扶助、指導及保護原則（第一百四十五條第二項、第三項）

指合作事業應受國家之獎勵與扶助；國民生產事業及對外貿易，應受國家之獎勵、指導及保護。

11.勞資協調合作原則（第一百五十四條）

指勞資雙方應本協調合作原則，發展生產事業。

12.平均地權原則（第一百四十三條）

指私有土地應照價納稅，政府並得照價收買；國家可徵收土地增值稅，歸人民共享之；國家對於土地之分配與整理，應以扶植自耕農及自行使用土地人為原則，並規定其適當經營之面積。

13.經營公營事業之原則（第一百四十四條、第一百零七條第八款、第一百零九條第一項第四款、第一百十條第一項第三款）

指公營事業及其他有獨占性之企業，以公營為原則。其經法律許可者，得由國民經營之。即在憲法規定中，允許國營經濟事業、省公營事業及縣公營事業經營的空間。

我國憲法在經濟上的基本原則，有統稱為「經濟干涉主義」（注八），即憲法一方面強調個人自由及財產的保障，另一方面又規定國家權力可以干預經濟自由，我國憲法第十三章基本國策第三節國民經濟、第四節社會安全所規定的條款，顯示出由經濟干涉主義所支配下的經濟憲法基

注八：參見吳庚著，論憲法之基本原則，根據其分析，我國現行憲法具有下列四項基本原則：
一、世界觀定型化；
二、民主主義：
 1.主權在民；
 2.多數決原則；
 3.次級統治團體的自主權；
三、法治主義：
 1.基本權利的保障；
 2.五權分立；
 3.法律優越及法律保留；
 4.司法審查；

本架構。

　　不過，在所謂民生主義計劃經濟下的經濟體制，究竟我國經濟立法的原則如何？如果國家對於市場經濟活動的運作，採取強烈干涉的態度，提出經濟計劃、發展特定經濟政策、規範經濟活動的運作及管制人民的經濟行為等，與自由經濟市場的原則有無牴觸，亦是一大考驗，因此值得就個別的經濟活動干涉程度作一研究，本文後述將檢討和分析具體經濟管制立法的實例。

　　至於這些憲法原則是否就是經濟管制立法的全部指導理念？憲法原則是否已描繪出當前的經濟體制呢？為判斷經濟管制立法的合憲性，吾人不得不建立起經濟憲法與經濟管制立法間的「聯結關係」，也就是在個別的經濟管制立法中，其規範目的不得牴觸憲法有關規範，否則經濟管制立法可能有違憲之虞。惟在討論立憲者為何任由立法者去制定經濟管制立法的聯結關係之前，必須先對其經濟體制有基本的掌握，然而由現行抽象的憲法條文中，我們又很難確切描繪出各國所採取的經濟體系究竟如何定位？無論偏向市場經濟或偏向計劃經濟，都會影響經濟管制立法的管制方式、管制工具與管制效力。

　　歐美學者將討論的焦點置於：應追求一個開放或中立（Offen oder neutral）的經濟憲法概念（注九）、（注一〇）。也就是將憲法關於經濟秩序

　　四、經濟的干涉主義。而所謂的經濟干涉主義，指我國憲法不以維護社會現
　　　　狀為滿足，進一步要積極的形成新的財產關係及社會狀況。至於經濟干
　　　　涉主義係採用民生主義為政策手段，憲法明文規定：平均地權、節制資
　　　　本、部分生產工具國有化、保護農民、勞工及其他社會弱勢集團、建立
　　　　社會福利等，構成經濟憲法的基本架構。
　　載司法院大法官釋憲四十週年紀念論文集，頁一五五以下，七十九年。
注九：歐陸方面參見 Klaus A. Vallender, *Wirtschaftsfreiheit und begrenzte Staatsverantwortung*, 1991, S.146 ff.
注一〇：美國方面參見劉慶瑞著，比較憲法，頁五二，七十六年，三民書局。美國
　　　　憲法所揭櫫的「立憲主義」，目的即是保障個人自由及財產，維護社會的現

的基本原則置於一個開放的體系中，憲法本身並沒有採取固定的自由經濟或干涉經濟理論，各國的經濟體制隨著社會需要而不斷調整，適用憲法上有關經濟活動的原則，也可因時、因地或因應緊急需要而機動地予以掌握。

　　以外籍勞工的管理為例，目前根據「就業服務法」規定，係採取「限業限量」合法引進外籍勞工。但從整個經濟政策而言，從取締非法外籍勞工，到引進外籍勞工，以及在管理上所產生的問題，社會各界關於總體的經濟政策、勞工人權、產業競爭力等的爭論不休。從憲法保障基本人權的觀點言，引進外籍勞工，牽涉本國勞工的工作機會，是否侵犯人民之工作權、生存權？但取締或遣返外籍勞工，是否也有可能剝奪外籍勞工的基本人權？由此可見，憲法上所規定經濟政策，在實際適用時，必須綜合考量。因此，除了形式意義的經濟憲法原則外，吾人更應由法律之基本原理原則，尋思實質經濟憲法之立法原則。

(三)實質憲法之原則

　　社會經濟現象變化迅速，管制法令推陳出新，為因應社會新興經濟現象，公權力經濟管制法令的類型也繁複無比，由於經濟管制法為國家公權力主動介入經濟活動提供法律根據，其屬於公法性質，其立法建議，從討論到制定實施，每個環節都與社會公益息息相關，制定經濟管制法的「社會成本」，對國家總體資源的分配及預算支出產生極為廣大深遠的影響。面對社會變遷所產生的行政機關發動立法「不足症」及經濟管制增加的「法浪潮」，參照先進國家經濟管制法的規模及制定原則，相信有助於建立本土應有的經濟管制法原則。德國經濟憲法的原則，多從基本

狀，對經濟事務儘量避免干預。美國最高法院法官 Oliver Holmes 在一九〇五年 Lochner v. New York 關於規定最高工時的州立法是否違反契約自由一案中，發表不同意見，認為美國聯邦憲法並沒有採取保護主義或自由放任主義任何特定經濟理論，故法官不應該依自己的經濟觀念來判斷某一法律是否違憲。

法中演繹而出，如（注一一）：

(1)社會國原則（Sozialstaatsprinzip）

(2)法治國原則（Rechtsstaatsprinzip）

(3)民主原則（Demokratieprinzip）

(4)聯邦原則（Bundesstaatsprinzip）

(5)總體經濟均衡原則（gesamtwirtschaftliches Gleichgewicht）

(6)補充性原則（Subsidiaritätsprinzip）

(7)環境保護原則（Umweltschutzprinzip）

(8)平等原則（Rechtsgleichheit）

(9)明文或非明文的憲法權限規範（Kompetenznormen）和立法委託（Gesetzgebungsaufträge）

(10)緊急法性格（Notrechtcharakter）（注一二）。

　　經濟管制法的規範目的，有係為達成總體經濟的均衡，如鼓勵投資、確保能源、農業補貼、安全衛生及經濟監督等法律，其立法目的係希望促進經濟的成長或合理的分配；但亦有規範對象係個別產業或經濟的個體部門，如勞工法、企業經營法、福利法等。國家公權力介入經濟活動時難免會影響資源的分配，為防止行政不足性及法浪潮的發展，在實質憲法之原則下，應討論國家制定經濟管制法時，是否有權限濫用的危險（die Gefahr des Mißbrauchs）及過度規範（Überreglementierung）的問題（注一三）。

　　例如獎勵投資條例中，以五年免稅、加速折舊的稅捐減免方式，鼓勵企業進行特定投資項目，在國家主導經濟政策的發展下，或有其階段

注一一：Vgl. R. Stober, *Wirtschaftsverwaltungsrecht*, 7. Aufl., 1991, S.58～95.

注一二：Vgl. R. Hertach, *Das Legalitätsprinzip in der Leistungsverwaltung*, Zürich 1984, S. 109ff., S. 118ff.

注一三：Vgl. R. Stober, aaO. (Fn. 11), S. 168ff.

性的貢獻和任務。但以稅捐減免方式獎勵投資，在經濟學理論上也犯了扭曲資源分配的毛病。而「契約性立法」的獎投條例在民國七十九年「功成身退」後，經濟主管部門復擬議「產業升級條例」，亦經立法通過施行，其間國家的經濟立法權限是否有濫用的可能，頗值探討（注一四）。

又如臺灣與中國大陸的兩岸經貿往來日益頻繁，對兩岸關係的發展舉足輕重，然而經貿議題是雙方談判過程中難以突破的關鍵因素，目前兩岸經濟關係的發展是直接貿易抑或透過第三地的間接、轉口貿易，主管機關在制定兩岸經貿管制法時，也面臨到很多經濟立法原則性的問題。例如規範在大陸臺商的經營活動，是否超出臺灣的地域管轄？透過立法的方式，管制臺商赴大陸投資，究竟是否符合立法的實效性原則？由實質憲法原則看經濟管制立法的「過度規範」現象，有助於檢討兩岸經貿管制的法規範問題（注一五）。

注一四：獎勵投資條例係在民國四十九年公布施行，原來預定實施二十年，至民國六十九年屆滿。後來經多次修正，其中有關契約立法的部分，在六十九年修正，條文共八十九條，並且在第八十九條規定施行期間自民國七十年至七十九年十二月底為止，此即所謂「契約立法」。在施行期限屆至，即應通盤檢討獎勵投資的經濟政策是否得當，惟促進產業升級條例緊接著在七十九年公布，八十年起施行，條文共四十四條，提供類似獎勵投資條例的租稅減免優惠措施，亦採契約立法的方式，規定施行期間自民國八十年一月一日至八十七年六月三十日止。惟如此一來，契約立法的本質即毫無意義。最近經濟部和財政部又為了產業升級的補貼問題，建議修正法律，擴大獎勵投資的範圍，是否又走回頭路，實值由經濟學及法學觀點分析此類經濟立法的制定及施行過程中的「成本效益」。類似的情形，如「外國人投資條例」、「華僑回國投資條例」、「技術合作條例」等，在臺灣投資環境和產業結構劇變下，都有必要重新檢討。詳見本文後述經濟性原則中有關臺灣之「實證經驗」部份。

注一五：目前政策上對兩岸經貿原則採取「間接貿易」方式，禁止「直接貿易」，有關兩岸貿易往來，根據「臺灣地區與大陸地區貿易辦法」（八十二年四月經濟部發布施行）處理；至於臺灣廠商赴大陸投資必須報備或申請許可，根據「在大陸地區從事投資或技術合作許可辦法」（八十二年三月經濟部發布施行）規定，區分為准許類、禁止類、專案審查類，亦即採「負面表列」

　　加以臺灣欲以「關稅領域」的名義加入關稅暨貿易總協定（GATT），在「貿易自由化」的要求之下，勢必有很多經貿管制措施面臨解除管制（Deregulation）的要求，各種農業、工業、商業、服務業、金融業等經營環境會遭遇極大的衝擊。政府過去對經濟立法領域採取較強大的管制措施，但在自由化之後，並不表示完全不需要經濟立法。解除管制的立法考量原則之一是應符合經濟均衡和補充原則，亦即，在制定經濟政策時應重視各種產業間的均衡發展，而且原則上只有在市場欠缺秩序時，政府才出面干涉，即經濟管制立法係基於補充的地位。

㈣憲法增修條文第十八條之原則

　　臺灣憲政改革在未動「本文」，只增列「增修條文」，歷經二次的修憲，在第一階段的程序修憲，於八十年增修第一條至第十條條文；在第二階段的實質修憲，於八十一年增修第十一條至第十八條，達成所謂「兩階段修憲」的目標。關於經濟秩序的規範，於增修條文第十八條特予明文詳細臚列。此一增修條文共分七項，其中與經濟秩序有關者，可以分析成爲下列條款：

　　第一項　國家應獎勵科學技術發展與投資，促進產業升級，推動農漁業現代化，重視水資源之開發利用，加強國際經濟合作。

　　第二項　經濟及科學技術發展，應與環境及生態保護兼籌並顧。

　　第三項　國家應推行全民健康保險，並促進現代化和傳統醫藥之研究發展。

　　第四項　國家應維護婦女之人格尊嚴，保障婦女之人身安全，消除性別歧視，促進兩性地位之實質平等。

　　第五項　國家對於殘障者之保險、就醫、教育訓練、就業輔導、生

　　　　的方式禁止若干產業赴大陸投資。惟兩岸交流，經貿往來日益頻繁，例如臺商在大陸投資的實際金額，目前官方統計數字和實際情況落差極大，顯示目前的大陸經貿管制政策有待檢討。

活維護與救濟，應予保障，並扶助其自立與發展。

第六項　國家對自由地區山胞、金門、馬祖地區人民之地位及政治參與，應予保障。對其教育文化、社會福利及經濟事業應予扶助，並促其發展（注一六）。

我國憲法經濟基本政策以民生主義爲基本原則，惟民生主義之內涵如何？能否當作經濟政策的基本指導原則或經濟立法之法律原則，都仍值得研究。憲改過程中，社會各界多集中於政治體制的修改與討論，對經濟議題殊少觸及，誠屬遺憾。民生主義與現代所謂「混合經濟體」類似，但與自由經濟或計劃經濟體制的異同或區別何在，由我國憲法所規定的「描述性」條文中不易看出。有經濟學者建議，爲使憲法國民經濟政策更能促進經濟社會的公平與正義，以達到民生主義之理想，有待作更周延規劃者，如國土運用之適切規劃、公用事業經營方式之改進、民營事業之加強輔導、區域經濟之平衡發展以及善爲照顧低收入戶的生活事項等，應在修憲時將第一百四十三條、一百四十四條、一百四十五條、一百四十六條、一百四十七條、一百四十八條、一百四十九條、一百五十條及一百五十一條等條文大幅修正（注一七）。惟就經濟憲法學之觀點論，此等建議雖有創見，在方法論上卻略嫌粗糙與不足。如何結合法學

注一六：修憲條文第十八條與憲法本文第十三章第三節基本國策中國民經濟的關連性如何、法位階性如何，係補充規定或有優先適用，兩者都有規定時，效力有無不同？例如目前政策上決定實施「全民健康保險」，吾人尋繹其憲法上根據何在？憲法本文第一百五十七條、修憲條文第十八條第三項俱有規定，其彼此關連性如何，值得進一步探討。蓋此一問題不僅牽涉給付國家（Leistungsstaat）提供之福利措施，而且影響醫事產業體系、保險產業體系的市場競爭規模的問題。由國家主辦獨占性的全民健保，會不會拖垮財政？影響私人企業部門的競爭？如委託私人經營全民健保，一但照顧不周，人民可否提出國家賠償之訴？由此可見，全民健保的定位何等重要。

注一七：參見劉泰英撰，我國憲法基本經濟政策部分修訂之擬議，載理論與政策，六卷一期，八十年十月。

者與經濟學者以共同研擬當前應有的經濟憲法條文，是學術界當仁不讓的歷史任務。

〔貳〕經濟體制與經濟管制立法之關係（附圖）

以蘇聯東歐爲主的社會主義國家從一九五〇年代即進行經濟體制改革，有將經濟體制改革的階段分爲下列幾個階段（注一八）：

(1)五〇年代是經濟體制改革的發端期。

(2)六〇年代是經濟體制改革的高潮期。

(3)七〇年代是經濟體制改革的停滯期。

(4)八〇年代再掀經濟體制改革的新浪潮。

在社會主義國家進行經濟體制改革的過程中，由於經濟制度的改變，國家必須制定相當多的經濟立法，因此幾乎大多數的國家都著重在改革的規範性，也就強調立法的重要，以蘇聯爲例，在一九八五年展開改革的新浪潮時，曾經在二年內提出「根本改革經濟管理的基本原則」及「企業法」等多種法律（注一九）。

中共在一九七九年開始四個現代化經濟改革行動以來，也致力於經濟立法的工作，由「人代會」所通過經濟立法眞正多如牛毛，統計中的數字即達三百多種，經濟法規的範圍涉及計劃、財政、金融、自然資源、能源、工業、農業、商業、交通運輸、基本建設、經濟合同、專利、商

注一八：參見王愛珠編著，蘇聯東歐經濟改革概論，頁六以下，臺灣水牛出版社，民國八十年。本書原來係由中國大陸在一九八九年出版，但出版社不詳。

注一九：參見前揭書頁六～九，其中所列社會主義國家經濟體制改革在經濟管理上的共同問題有十項特點：一、改革的普遍性；二、改革的緊迫性；三、改革的綜合性；四、改革的規範性，即說明經濟立法的重要性；五、改革的多樣性；六、改革的共同性；七、改革的公開性；八、改革的民主性；九、改革的艱鉅性；十、改革的長期性。

標、涉外經濟關係等多種法律（注二〇）。

在不同經濟體制間，政府介入經濟活動深淺不同，從市場經濟到中央集權經濟體制之間，會有各種不同層次的經濟體制，吾人嘗試將其以「光譜圖」的方式列出（注二一），由附圖可知：在圖表的兩極是經濟體制最極端自由的「市場經濟體制」和最極端管制的「中央集權經濟體制」，而在光譜往中間的地帶，可以再細分爲「資本主義式的自由經濟體制」、「社會主義的市場經濟體制」、「市場經濟的社會主義體制」和「調整式的社會主義經濟體制」等市場自由程度深淺不同及政府管制程度嚴格有別的經濟體制。然而各國經濟體制不同，對經濟事務的管制情況也有不同的考慮，故很少有一個國家的經濟管制是完全歸屬於單一的經濟體制當中，因此不同經濟體制間管制程度的區分，屬於「相對」，而非「絕對」的概念。舉例而言，從市場經濟體制到中央集權經濟體制的中間地段，有「資本主義式的經濟體制」，指的是國家對經濟事項原則上採取自由放任（Laissez-faire）的原則，僅在確保市場的競爭秩序時，才對經濟事務進行特別的監督，或者透過非競爭面的控制因素，影響市場的運作，如使用公有財產或分配公共資源，以進行對市場的干預或控制。至於所謂

注二〇：參見楊紫烜主編，經濟法原理，頁三二，中國北京大學出版社出版，一九八七年第一版，一九八九年第七版。

注二一：「經濟體制光譜圖」原構想來自 Clemens-August Andreae, Wirtschafts-systeme zwischen freier Marktwirtschaft und bürokratischer Zentralverwaltungswirtschaft, in: *Grenzen der Staatstätigkeit in der Marktwirtschaft:* Referate d. ⅩⅢ. FIW-Symposiums, 1980, S. 60。惟其中有若干經濟體制的名詞定義尚待解釋，例如何謂「Prager Frühling」？泛指東歐社會主義國家在政府未解放前所做的部分經濟自由的鬆綁。即以捷克政府所進行的經濟改革，號稱爲所謂的「布拉格的春天」爲例，國家嘗試進行放手讓各個分支部門或企業進行生產、銷售及消費的自由。本文引此一「光譜圖」主要是說明在經濟體制不同的社會裡，國家進行經濟管制的界線及方法，以及彼此的融合可能性，致於光譜圖的「強弱位階」安排是否得當，若干解釋名詞的眞正意涵如何，均有待進一步思索。

「社會主義的市場經濟體制」或「市場經濟的社會主義體制」，其實與福利國家的概念近似，前者是指以市場經濟為主，根據社會性的考慮而做調整的經濟體制，後者是以社會主義經濟為主，根據市場效率性的要求而做的調整，都屬於改良式的經濟體制，目前世界上大部分國家的經濟

注二一（附圖）

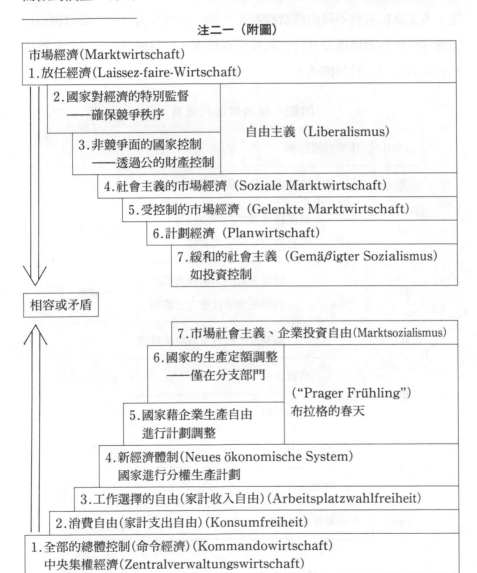

市場經濟（Marktwirtschaft）
1.放任經濟（Laissez-faire-Wirtschaft）

2.國家對經濟的特別監督
　——確保競爭秩序

3.非競爭面的國家控制
　——透過公的財產控制

自由主義（Liberalismus）

4.社會主義的市場經濟（Soziale Marktwirtschaft）

5.受控制的市場經濟（Gelenkte Marktwirtschaft）

6.計劃經濟（Planwirtschaft）

7.緩和的社會主義（Gemäßigter Sozialismus）
　如投資控制

相容或矛盾

7.市場社會主義、企業投資自由（Marktsozialismus）

6.國家的生產定額調整
　——僅在分支部門

（"Prager Frühling"）
布拉格的春天

5.國家藉企業生產自由
　進行計劃調整

4.新經濟體制（Neues ökonomische System）
　國家進行分權生產計劃

3.工作選擇的自由（家計收入自由）（Arbeitsplatzwahlfreiheit）

2.消費自由（家計支出自由）（Konsumfreiheit）

1.全部的總體控制（命令經濟）（Kommandowirtschaft）
　中央集權經濟（Zentralverwaltungswirtschaft）

體制都採取這種混合的方式。再者,所謂「調整式的社會主義經濟體制」,是指原則上由政府控制國家資源,透過公權力的方式進行分配,只不過在控制的程度或範圍不同,例如在生產部門或消費部門提供私人較大自由交易的活動空間,或在個人工作或企業投資領域有較多的自由等。因此,本文以為研究不同的經濟體制有不同的經濟管制立法,必須再根據個別經濟活動領域區分其管制的程度或範圍,到目前為止,並無法找出一套完整的固定管制模式。

附圖:*經濟體制光譜圖*

自由	市場經濟體制		
⇧		資本主義式的自由經濟體制	
相		確保經濟秩序的特別監督 由公權力分配公共資源	計畫經濟
對		社會主義的市場經濟體制 市場經濟的社會主義體制	福利國家
非		調整式的社會主義經濟體制	
絕		消費自由	
		生產自由	計畫經濟
		工作自由	
對 ⇩		營業自由	
管制	中央集權經濟體制		

〔叁〕經濟管制立法之原則

一、概說

在自由經濟體制的國家一般都會遵守民主法治國家的原則，因此行政法的基本原則在經濟法領域應有其適用。行政法適用的基本原則，即依法行政原則（Rechtmäßigkeit der Verwaltung），指一切的行政行為都必須符合法的規範。然而在給付國家行政權擴大的趨勢下，依法行政原則亦有新的意涵。其主要包括兩大原則（注二二）：

㈠法律優位原則（Vorrang des Gesetzes）

指立法權對行政權之優越地位，以法律指導行政，行政行為與法律牴觸者無效，主要目的在防止行政作用違背法律。

㈡法律保留原則（Vorbehalt des Gesetzes）

指行政機關所為之特定行為，必須要有法律授權，主要目的是基於民主原則、法治國原則和基本權利的保障。國家對人民基本權利之限制必須保留由法律規定之。

除了依法行政原則外，從行政法法源來看，我國至今亦衍生出若干的一般原理原則，迭在學說或判決中廣被引用，如下列幾項：

1. 比例原則（Verhaltnismäßigkeit）（注二三）

狹義的比例原則指行政行為的手段和目的之間，必須存在一定之比例關係，行政手段對人民所造成的損害，不得與所欲達成之目的顯失均衡。廣義的比例原則，則包括適當性、必要性及比例性（有稱相當性或

注二二：參見林紀東著，行政法，頁七三以下，六十五年初版，八十一年再修訂初版；城仲模著，論依法行政之原理，載行政法之基礎理論，頁五以下，六十九年初版，八十年增訂初版，三民書局；陳新民著，行政法總論，頁五一以下，八十一年出版，三民書局。

衡量性)。

2.平等原則 (Gerechtigkeit; Gleichheitssatz)

相同的事件應爲相同處理，不同的事件應爲不同的處理，除有正當理由外，不得爲差別待遇。

3.信賴保護原則 (Vertrauenschutz)

對過去已終結之事實，禁止事後作成使關係人更爲不利之規定。而且行政主體撤銷授益處分時，應考慮補償相對人因信賴處分有效存續之利益。

4.公益原則 (Öffentliches Interesse)

行政主體所爲之行政行爲，不論以公法或私法方式爲之，必須以達成公共利益爲目的。而所謂公益，並非抽象的屬於統治團體或個別成員利益之總和，而係經由交互影響過程所形成的理想整合狀態。

5.其他演進中的行政法一般原理原則 (Die allgemeinen Grundsätze des Verwaltungsrechts) (注二四)

注二三：比例原則在行政法之上之適用，有列爲「依法行政原則」下之適用，如陳新民氏；有列爲「行政法之一般原理原則」下之適用，如吳庚。參見吳庚著，行政法之理論與實用，頁五二以下，八十一年初版，八十二年增訂版，三民書局。吳氏另一獨特見解爲：外國法亦爲行政法之法源，他認爲，我國公法學不發達，借助外國立法例或學說，而以一般法律原理原則進入行政法領域者，亦屬無可否認之事實。另參見林錫堯著，行政法要義，頁五三以下，八十年初版，法務通訊社。

注二四：參見城仲模著，四十年來行政法，所列給付行政所應遵循的公法原則，包括：⑴依法行政原則；⑵民生主義國家的原則；⑶適用基本權利的原則；⑷比例原則；⑸誠信原則；⑹補充性原則。載法令月刊，四一卷一〇期，七十九年十月，收錄於前揭注二二書，頁八九三以下，尤其是頁九一八。另參見城仲模著，依法行政之原理，及分權思想及法治主義，等二論文，載前揭書，頁三～三五，根據其所列德、法行政法一般原則包括：⑴權力分立原理；⑵平等原理；⑶自由至上原理；⑷法安定性原則；⑸不溯既往原則；⑹行政處分之個別效果不變；⑺既判力；⑻公務繼續性；⑼國家行爲可預測性原則；⑽禁止越量裁處原則；⑾適當性原則；⑿必要性原則；⒀比例性原則；⒁自治行政主義；⒂司法救濟之可能等。

大致包括下列幾項：

(1)必要性原則（Erforderlichkeit）：指行政行為不得逾越法律目的所規定之必要範圍，若同時有數種手段可用，應選擇對人民損害最小的手段為之。

(2)實效性原則（Wirksamkeit）：行政主體對人民之行為，必須以能達成具體實際效益為優先考量。

(3)行政自我拘束原則：指行政主體於作成行政行為時，如無正當理由，應受合法之行政慣例所拘束。

(4)禁止不當聯結原則（Koppelungsverbot）：指行政行為與人民給付之間，無實質內在關連者，不得互相結合。而且國家提供給付行政時，不得要求人民提供與目的無關之對待給付。

(5)禁止恣意原則（Willkürverbot）：指逾越行政權限或濫用行政權力之行政處分，以違法論。禁止行政主體之行為欠缺合理充分之實質理由，且禁止任何客觀上違反憲法基本精神及事物本質之行為。

(6)誠信原則、信賴保護、法安定性、合目的性、公共性、行政可預測性原則（Meβbarkeit）、情事變更原則等屬於一般公法實質之原則。

(7)強制說明理由、遵守經驗法則原則、法律不溯既往原則（Nicht-rückwirkung）、合法聽證原則（recstliches Gehör）等與程序正義有關之公法原則。

二、經濟管制立法之原則

經濟管制立法之基本原則，在國內尚屬初階段研究，本文嘗試援引歐陸學者所用之若干原則，藉以說明在經濟管制立法當中應強調及遵守的原則，即以歐陸經驗為主軸，以臺灣經驗為實證舉例，本文試分為概念及實證經驗兩部分敘述，或足以供臺灣在草擬各種經濟管制政策時的

立法參考準則：

㈠經濟性原則 (Wirtschaftlichkeitsprinzip)

1.概念

經濟立法應強調經濟性原則 (Wirtschaftlichkeitsprinzip)，尤其是在財政補助法 (Finanzhilferecht) 中，更強調政府財政支出的經濟和節約的原則（注二五）。蓋公權力對經濟行爲提供財政補助與政府財政收支息息相關，財政補助金額多寡牽涉政府的給付能力 (Leistungsfähigkeit)，基於經濟總體均衡的考量，一項經濟立法所欲達到的經濟政策可能具有多重目標，如何才是最妥適的抉擇，首要考慮的原則是以「經濟和節約」的原則，對於政府的各項經濟補助加以限制和拘束，以免造成財政負擔沈重，甚至動搖及其他的經濟正常施政。

歐陸學者有將財政補助行爲區分爲「激勵式財政補助」(Aufmunterungsfinanzhilfen) 和「支持式財政補助」(Unterstützungsfinanzhilfen) 兩種，認爲前者不必顧及經濟性原則，而後者爲使輔助的效果能達成，公權力必須提供較具體的支持性補助計劃，如未有實際補助措施，恐怕無人會對被支持的行爲有興趣（注二六）。雖然此兩者都牽涉財政的支出，政府利用公權力實施經濟補助行爲都必須經過民主程序的監督，但究竟是編列預算以爲因應或利用一般稅捐減免的措施即可達成，在預算監督與行政裁量之間，無疑存在若干「灰色地帶」。激勵性財

注二五：Vgl. Klaus A. Vallender, a.a.O. (Fn.9), S.146 ff.

注二六：Vgl. Klaus A. Vallender, a.a.O. (Fn.9), S.146. 唯作者強調應顧及受領人的經濟上給付能力 (die wirtschaftliche Leistungsfähigkeit des Empfängers)，主要是擔心財政補助形成經濟活動參與者的固定依賴來源後，一旦公權力部門未能繼續提供補助，是否會造成受補助人無法適應的問題。然由公法學觀點，吾人寧著重在提供經濟上財政補助的主體（大部分爲政府機構，但有時也透過公法人團體或其他民營性質的組織提供），及其在財政因素衡量上的給付能力。

政補助行爲屬於激勵企業的投資行爲,即使沒有公權力的補助行爲,應尚不至於影響到企業的生存命脈,也就是說不具有致命性的打擊,公權力的補助行爲發動,對企業而言,僅是增加營業上的有利因素,因此激勵性的財政補助原則上不應動用國家財政預算以爲支付。

判斷公權力部門提供此類激勵性措施的標準是否妥當時,本文認爲,其所受經濟性拘束的原則並非主要衡量因素。反之,支持性財政補助措施牽涉這項計劃是否確實可行並可順利推動,如果缺乏這項補助,可能整個計劃無法推動,或因而有斷炊之虞。國家爲達成施政目標,也願意編列國家預算以爲因應,否則社會可能有負面效應發生,因此所要考量的判斷標準,已非全然是經濟的因素,也宜兼顧非經濟上的因素。

經濟管制立法所應符合經濟性的要件,則至少包括下列幾項:

⑴經濟管制政策及立法力求節約:即不干預爲原則。

⑵根據經濟發展情況定期檢討:即規定施行期限。

⑶動用財政支出的經濟效率。

2.實證經驗

過去獎勵投資條例規定若干稅捐優惠的措施,雖然在財政部所編列的行政收支統計資料,能預估國家財政收入因爲稅捐優惠所造成的損失,但並未將其列爲財政帳目上的支出部分（注二七）。爲使財政上的獎勵或補助行爲不至於造成政府尾大不掉的財政負擔,明定一項經濟立法的適用期限（Befristung）即顯得相當重要。類似的經濟立法如「加工出

注二七：利用租稅減免措施是否能達到獎勵投資的效果,在經濟學領域上進行頗多實證和模型的研究,一般認爲,企業選擇投資項目或地點,所考慮的因素很多,政府所提供租稅優惠的條件,只不過是其選擇的參考因素之一而已,甚至有時候政府所提供的租稅減免措施會造成資源的扭曲。瑞士法學者 Klaus A. Vallender 也認爲,立法者以稅捐優惠（Steuervergünstigungen）的措施提供財政補助,亦值得懷疑（skeptisch）,a.a.O. (Fn.9) S. 146。

口區管理條例」、「科學園區管理條例」,並未規定適用期限,很容易因為經濟發展條件的變遷而產生不能適應的情況(注二八)。又如我國的僑外投資政策固有其階段性的目標,過去臺灣屬於資本缺乏的時代,相當有必要引進華僑(注二九)及外國人的資本,故政府特別制定「外國人投資條例」及「華僑回國投資條例」,並由經濟部投資審議委員會負責審查、核准僑外投資事宜。然而在經濟自由化和國際化的發展趨勢下,如今臺灣已經從「資本輸入國家」轉型為「資本輸出國家」,臺灣廠商赴海外投資蔚為風潮,我國的鼓勵僑外投資政策似乎也已經到了必須調整和修改的階段。

再者,政府每年要撥充預算經費填補各種社會保險的虧損,如公保、勞保、農保等社會保險開辦至今已產生鉅額虧損,形成財政上一大負擔,但政府此時,又不宜撒手不管,否則會引發無窮的社會不安(注三〇)。類

注二八:例如政府決定規劃全民健康保險的福利措施,但又擔心重蹈覆轍,形成類似公保、勞保、農保等的鉅額虧損,造成嚴重的財政負擔。按照規劃方案,決定採取漸進的方式,將現有的各種社會保險制度整頓後再開辦全民健保。惟全民健保的實施,政府已公開宣示將在民國八十三年度開辦,究竟採取何種方式的全民健保方案,目前在立法院共有四個版本的「全民健康保險法」草案,未來如何審議,才能避免類似現有的社會保險所導致的虧損,尚有待觀察。

注二九:例如根據科學園區管理條例,對引進外國技術和專利等提升產業升級的投資或技術合作案件,均特別提供專利權利金的特別優惠獎勵措施,但近年來,科學園區的高科技產業經營型態已有改變,有關專利權利金的爭議案件頗多,美國企業在臺投資或授權製造,往往要求鉅額的權利金,迭被批評為「專利流氓」或「科技惡霸」,參見工商時報,八十二年三月九日、四月二日、四月二十日報導。

注三〇:有關僑外投資法令的更迭及其階段性任務,經濟學的實證分析資料文獻不少,然而由法律學觀點討論此一影響經濟發展的投資政策卻不多見。以制定僑外投資法律的時代分析,均是在所謂經濟發展欠缺資本的民國四十年代,歷經五十年代、六十年代、七十年代的經濟發展都有其階段性的目標,到八十年代,臺灣經濟發達已擁有雄厚資本可供赴外國投資,當前的僑外投資政策必須重作調整。例如臺灣和大陸的經貿交流頻繁,臺商赴大陸投

似這種影響及全民納稅負擔的制度，在建制之初，即應充分衡量經濟和節約的原則。

㈡中立性原則（Neutralitätsprinzip）

1.概念

中立性原則原來是在政治及軍事上所強調的維持「永久中立」（immerwahrende Neutralität），類似瑞士、奧地利等在國際上有名的永久中立國在憲法中都有明文規定，主要是指禁止參戰、禁止開戰和獨立防衛的義務（注三一）。以奧地利而言，其國際活動大多是透過自願義務（Selbstverpflichtung）的保持中立原則，與各國維持外交往來關係（注三二），因此一般討論中立性原則時，多偏向在政治上和外交上的考量。不過，在美蘇兩大集團對峙的情勢瓦解後，國際間以軍事武力決定勝負的時代暫時告一階段，所謂「後冷戰期」的國際局勢是以經濟合作代替軍事對決，許多中立國家的對外政策也紛紛進行調整。例如歐洲共同市場或歐洲共同體（European Market; European community; Europäische Gemeinschaft; EG-Binnenmarkt）（注三三）逐漸形成後，許

資金額日增，在近來的海峽兩岸接觸談判中，臺灣方面希望大陸加強臺商在大陸的投資保障，中共卻提出要開放「雙向投資」的要求，未來兩岸資本的交流勢必密切，如何規範海外資金來臺的問題，會不會有中共資本化身爲華僑資本來臺，或甚至長遠會影響臺灣企業競爭力的問題，例如以「中資」轉變成「港資」，要求適用華僑「回國」投資條例，提供投資上的優惠措施等，都嚴重影響臺灣經濟的生存及發展，在此之間，大陸政策及外資政策的考量因素即顯得更爲複雜和難以確定。

注三一：Vgl. Walter-Mayer, Grundriβ des österreichischen Bundesverfassungsrechts, 1992, S. 72.

注三二：Vgl. Wenger, Grundriβ des österreichischen Wirtschaftsrechts, Band Ⅰ, 1990, S. 191.

注三三：歐洲共同體係以一九五八年的羅馬條約爲基礎，進行一連串的歐市整合，於一九九三年起，已達成歐市區域內經濟及關稅聯盟，並將陸續達成區域內貨幣及政治、軍事聯盟等，希望在西元二千年時將歐洲區域內形成一個人員、貨物、貨幣、金融都可自由流通的單一市場。有關歐市形成及其在

多中立國家尋求加入歐體成爲會員國（Mitglieder）的過程間，也一再思考中立國家參加經濟結盟是否牴觸憲法永久中立的原則（注三四）。

在強調較傳統的中立性原則下，從軍事上的中立性原則並不能當然得出「經濟的中立性」（wirtschaftliche Neutralität），因爲中立性所強調的是政治上的不結盟，其與經濟性的合作或互補互利原則有別。在全球或區域經濟整合（wirtschaftliche Intergration）的潮流下，很多經濟上的合作已經超越國界，例如自由貿易區（Freihandelszone）或關稅同盟（Zollunion）或經濟聯盟（Wirtschaftsunion），多係基於經濟利益的考量而進行合作，並無關政治上的意識形態（注三五）。

經濟立法的中立性原則表現在經濟政策的中立性（wirtschaftspolitische Neutralität），尤其強調憲法賦予經濟立法的開放性或中立性。換言之，各國經濟體制不同，隨著時間、空間經濟現象的改變，不同的社會需要不同的經濟立法，在經濟體制原則屬於自由市場機能發揮的社會，公權力介入經濟活動是愈少愈好，但在經濟景氣陷入低迷的循環期，政府即必須採取提升投資意願，促進交易活絡等施政，因此公權力即不得不介入。憲法勢必無法鉅細靡遺地規定經濟公權力的運作過程，公權力何時得介入，何時不應介入；強調經濟立法的中立性，亦即保留憲法和經濟法之間的一種可聯結（Bindungen）的關係，經濟立法必要在合憲的判斷下制定、運作，但在憲法授權的範圍或界限下，經濟

整合過程中的問題，請參閱工商時報八十二年八月九日起一連四篇本人在歐洲的現場採訪報導。有關歐體各會員國進行整合的法律基礎條約，可參閱：*Vertrag über die Europäische Union, Luxemburg: Amt für amtliche Veröffentlichungen der Europäischen Gemeinschaft*, 1992.

注三四：例如奧地利在尋求加入歐體成爲會員國之前，在法學界引起熱烈的討論，是否加入歐體會牴觸憲法所規定中立國家的地位，相關的文獻探討極多，可參閱 Walter-Mayer, a.a.O. (Fn. 31), S. 71 ff. 所引之重要文獻。

注三五：Vgl. Walter-Mayer, a.a.O. (Fn. 31), S. 91.

立法固也不應僵化或一成不變，而應根據社會事實的需要作適當的調整
和增修，維持其價值中立的原則，就是提供經濟立法這種「能伸能屈」
的特質。誠如德國聯邦憲法法院對經濟中立性的描述：「基本法提及經
濟政策和經濟政策的中立性，但制憲者並未確定說出特定的經濟體制，
可能是讓立法者於觀察基本法的原理原則後再衡量制定應有的經濟政
策。」（注三六）然而有了經濟政策後即可據以制定經濟立法，惟從法學觀
點而言，與其強調經濟政策的中立性，不如強調司法審查的中立本質，
亦即著重其對於法律上控制手段的影響。

　　經濟管制立法所應符合中立性要求的要件至少應包括下列幾項：

　　⑴經濟憲法的價值中立性。

　　⑵經濟合作或聯盟的中立性。

　　⑶經濟發展的中立性。

2.實證經驗

　　憲法第一百四十五條規定節制私人資本、增修條文第十八條第一項
規定國家應獎勵科學技術發展及投資是否符合中立性的原則，在我國尚
有爭議。有認為我國憲法第三章基本國策的規定，屬於「經濟干涉主義」，
不以維護社會現狀為滿足，進一步要積極形成新的財產關係及社會狀
況。因此在解釋憲法時，既不應藉口憲法未採取任何種類的經濟理論，
保持態度的中立，也不能以自己的經濟理念來代替憲法已明白指示的方
針（注三七）。然本文以為我國憲法規定的基本國策是否屬於經濟干涉主
義，容有對孫中山先生的三民主義民生主義內涵再加以研析的必要。但
憲法第一百四十五條對私人資本的態度，本質上可以說具備「價值中立

注三六：Vgll. BVerfGE 4, 7, 17f.; 7, 377; 50, 290／388. Zit. von Klaus A.
　　　　Vallender, *Wirtschaftsfreiheit und begrenzte Staatverantwor-*
　　　　tung, a.a.O. (Fn. 9), S.21. 並請參閱拙譯述（注二），前揭文（下）。

注三七：參見吳庚著，前揭注二三書，頁一六七。

性」，因爲其係先肯定國家對私人財富及私營事業的尊重，僅在有妨害國計民生之平衡發展者，才應以法律限制之。至於何謂有妨害「國計民生」，何謂「平衡發展」，可由政府在制定經濟政策時作通盤的考量。本文認爲，憲法中關於規範經濟活動和行爲的原則並未預設立場，具有中立色彩。

㈢補充性原則 (Subsidiartätsprinzip)

1.概念

補充性原則指在經濟運作的過程中，應由市場機能發揮功能，政府的公權力介入係在市場無法正當運作時，也就是說，作爲規範市場秩序的工具，法律僅屬於補充性的地位。尤其在制定經濟補助立法時，更應強調輔助性原則，以免造成市場的扭曲。

另外補充性原則值得採取的是在有經濟聯盟或合作的情形，國內法和國際法或國際公約之間的關係，也可以利用補充性原則來處理。例如在歐體法領域，已演變出若干新的國際（或稱超國家）經濟法的概念，在優先適用歐體法的前提下，有所謂優先法和次級法 (Primär und Sekundär recht) 的區別（注三八）。而在國際公約或多邊、雙邊經濟性條約在國內法適用的根據，一般是經過國內法的一定程序（如國會通過）即可以產生和國內法一樣的效力。換言之，在國際經濟快速整合的過程下，屆時可能國際經濟法將會居於優先適用的地位，而國內法反而成爲補充性的地位。

總之，經濟管制立法所應符合補充性要件之要求，至少應包括下列幾項：

(1)市場機能優先

(2)經濟管制的補充性

(3)經濟輔助的補充性

注三八：Vgl. Wolfgang Fikentscher, *Wirtschaftsrecht* Bd. Ⅰ, 1983, S.532.

2.實證經驗

勞動基準法規定勞動條件的最低標準，原則上雇主和勞工的勞動條件委由其雙方所訂的勞動契約決定，但在勞動條件不符合法定的「最低標準」時，才由公權力介入強制其達到勞基法規定的標準，因此，雇主和勞工所訂的勞動標準如果高於勞基法的規定，則應優先適用其雙方的約定條款。例如勞基法關於退休金給付的標準，在第六章設有最低標準的規定（勞基法第五十五條），屬於強制性的規定，如果雇主不遵守，會受到一定的處罰（勞基法第七十八條），然而「在本法施行前，事業單位原定退休標準優於本法者，從其規定」(勞基法第五十五條第三項後段)，這可說是補充性原則的體現。

人民的營業自由是憲法上所保障的基本人權，原則上人民的營業自由權不受限制，主管機關對營業自由所進行的監督或審核行政行為，亦應在補充性原則的制約之下，也就是說，主管機關對營業自由的介入管理是屬於第二順位，居於補充的性質。然而國內對營業管制的行政處分分類不明確，有採取準則制、登記制、許可制、核准制、特許制等，究竟其在公法行為的本質有無不同，值得再深入研究。可是行政法院實務上的見解偏向於保守說，例如「營造業管理規則」是內政部管理營造業的行政命令，其規定經營營造業須向主管機關登記，取得登記證，才能營業，其使用「許可」、「核准」之文字。實務上，行政主體對人民經營營造業操強大權限可核准或不准。行政法院判決指出「營造業為特殊事業，採嚴格準則主義，准駁之權，在政府，而不在人民之如何申請，以及其所提資料為何。」（七十五年判字第一六〇六號判決）（注三九）。

行政主體訂定某一營業的管理規範，其對該項經濟活動的介入程度即不可避免，在管理的過程中，每一個行政行為均具有許可處分的本質。

<hr>

注三九：參見，行政法院裁判要旨彙編（以下簡稱「裁判要旨」），第六輯，司法周刊社，七十七年，頁一〇〇六。

行政法院在判決上明白指出，定期航線客貨運送業的經營，法令上雖採取申請制，但行政主體爲維持該航線船舶配置的供需適當，所以對該營業的經營，採「許可制」（七十六年判字第一七三一號判決）（注四〇）。其所謂核可的本質，指許可、核准。類似的情況（行政主體的管理辦法規定申請登記，但實際上須經行政主體許可，才能營業），亦出現在各類的管理法令中：海關貨櫃辦法、國術損傷接骨技術員管理辦法。

㈣必要性原則 （Erfordlichkeitsprinzip）

1.概念

比例原則（Verhältnismäßigkeit）是行政法上的重要原理原則之一，比例原則之下所討論的必要性原則，或稱爲最小侵害原則（Prinzip des geringstmöglichen Eingriffes），或稱爲禁止踰越（Übermaßverbot），原來指針對同一行政目的的達成，面臨多種適合的手段可供選擇時，應選擇對受處分人及公衆全體損害最少的手段（注四一）。尤其在經濟管制的領域內，在行政公權力介入管理或影響經濟活動的運作時，在根據本文上述「經濟性原則」爲檢證後，還必須強調必要性的原則。例如行政主體採取經濟管制的措施，如果利用一種侵害較少的手段即可達到目的，即不可踰越採取其他侵害較大的措施。舉例而言，人民申請設立營業，如果屬於準則制，經申請後，行政主體即應准其登記，在證件不齊的情況，如符合規定，應許其補件後再准其登記，不可踰越必要的程度，率然駁回其申請。同樣的，人民的營業如有違規情事，在行政主體有多種處罰的行政措施可以動用的情形，如果促使其改善，即可達成矯正違規的目的，則不可採取吊銷營業執照或勒令歇業的措

注四〇：裁判要旨，第七輯，七十八年，頁一五九六。
注四一：Vgl. Hans D. Jarass, *Wirtschaftsverwaltungsrecht*, 1980, S.57. 德國一般行政法或經濟行政法的專論，對於必要性原則的論述大多列於比例原則的討論項目之下，鮮少列出是獨立的原則。

施。

　　探究行政措施是否必要，在比較侵害大小時，應斟酌與目的達成無關的副作用（Nebenwirkung），而且應區分法學用語上的必要性（juristische Erfordlichkeit）和日常用語上的必要性（Umgangsprachgebrauch）（注四二）。換言之，法學用語上的必要性應考慮其法律上構成要件：「相同有效性」、「最小侵害性」。至於日常用語上的必要性，所考慮的是是否日常生活有欠缺，在不足的情形下，是否會造成規範失調的現象，但在立法充斥卻無法產生實效性的前提下，必要性的強調或許僅為一種「必要的惡」。

　　總之，經濟管制立法符合必要性要件的要求，至少應包括下列幾項：

　　⑴經濟立法應考慮相同有效性：所謂相同有效性，係指其他手段同樣可以實現預定目的（注四三）。

　　⑵經濟立法的干預經濟運作程度應考慮最少侵害性。

　　⑶經濟新興立法應考慮在現有法律體系不足的前提下才立法。

　2.實證經驗

　　憲法第二十三條規定，以上各條列舉之自由權利，除為防止妨礙他人自由、避免緊急危難、維持社會秩序或增進公共利益所必要者外，不得以法律限制之。性質上可稱為憲法之保留（注四四）。在此或可以稱為「憲法上的必要性原則」。就正面而言，其係貫徹憲法直接保障主義之目的，非在某種必要情形之下，不得以法律限制人民與經濟活動有關之自

注四二：參見葉俊榮著，行政裁量與司法裁量，臺大法研所碩士論文，七十四年六月，頁一五三。

注四三：參見盛子龍著，必要原則作為規範違憲審查之準則——西德聯邦憲法法院判決及學說之研究——，載憲政時代，一五卷三期，七十九年一月，頁五三。

注四四：林紀東著，中華民國憲法釋論，四十九年四月初版，六十五年七月重訂二九版，大中國圖書經銷，頁一六二。

由權利，否則屬違憲。由反面意義而言，人民之營業自由並非絕對不能限制，惟在某種必要情形之下才予管制。縱令限制人民營業自由，亦僅得由立法機關以法律爲之，不能由行政機關以命令爲之。

憲法第一百四十五條規定，國家對私人財富私營事業，認爲有妨礙國計民生之平衡發展者，應以法律限制之。在私有財產制國家，學者認爲此條應從嚴解釋，必須符合一定條件，始得加以限制，且其限制不得超越必要之範圍（注四五）。

不過在動員戡亂時期，在憲法必要性原則之大前提，對經濟管制的各項立法可以說繁複而嚴苛，有所謂「非常時期法律」、「總動員法律」等戰時經濟管制精神的法律存在，而釋憲機關對此類經濟立法的合憲性竟也吝於批判，例如大法官會議五十四年釋字第一〇六號解釋：「國家總動員法第十六條、第十八條所得加以限制之規定，並非僅指政府於必要時，只能對全體人民或全體銀行、公司、工廠之行使債權、履行債務加以限制，亦得對特定地區或特種情形之某種事業爲之。行政院依上開法條規定頒發重要事業救濟令，明定凡合於該令所定情形，及所定種類事業之股份有限公司，均得適用，尚難認爲於法有違。至對於債權行使及債務履行，所加限制之範圍，雖應按實際情形處理，難有具體標準，然應以達成該法所定任務之必要者爲其限度。」

經濟新興立法蓬勃發展乃社會演進的正常現象，然法律有時而窮，社會現象的發生，總會產生規範失調的情形，經濟立法體系在法規範「積極競合」之下，對人民權益的保護比較周到，但如有「消極競合」的情形，並不是說非得另定新法律不可，透過法律漏洞的填補或司法解釋的功能，照樣能使法律產生新的適用生命。例如工業設計法是保護專利法上的新型、新式樣，在現行專利法已有規範，只不過我國的專利審查程

注四五：同前注，頁三七〇。

序落後，因而影響工業設計產品的保護，本文認為立法政策上已保護工業設計產品，現階段並無必要另立工業設計法。其次有關營業祕密的保護，在現行民法契約和所有權的理論之下，即可透過當事人約定的方式加以保護，如欲另外訂立營業祕密法，即應由立法政策的觀點考量其必要性的問題。

(五)實效性原則（Wirksamkeitsprinzip）

1.概念

經濟立法既是為解決社會問題所生，在法律訂立後亦必要求其能確實發揮作用，因此經濟立法的實效性要求更顯重要。在純國內法的制定和施行過程，實效性的要求表現在立法時機的適當、立法規範的可能及立法條文的可行。

在經濟區域發展的趨勢下，經濟立法的實效性還會牽涉經濟立法「超國家性」（Supranationalität）的實效性問題（注四六）。也就是討論一國的經濟立法在國際法或超國家法律體系的實施效果。在歐體法適用到各會員管轄區域時，目前各國立法主權尚未交出之部分，歐體法對各會員國人民的適用效力屬於間接的實效（mittelbare Wirksamkeit），並非直接生效（direkt wirkenden）的國際法，不過縱然如此，歐體法的超國家性表彰在：一旦經過各會員國批准，則歐體法既是會員國獨立的法，也是國際法，對會員國產生實效及拘束性，在有法律衝突（Konflikt）時，也確立了共同體法優先（Vorrang des Gemeinschaftrechts）的原則（注四七）。

總之，經濟立法必須強調實效性原則（Wirksamkeit; Practicability），所謂講究實效，即指法律必須行得通，也就是法律本身必須含有下

注四六：Vgl. Fikentscher, a.a.O. (Fn. 38), S.395.
注四七：a.a.O. S.399.

列三個要素（注四八）：

(1)適當 （Appropriate）

(2)可能 （Possible）

(3)可行 （Feasible）

在社會新興事務日益推陳出新，需要經濟立法的新領域也逐漸增加，但是法律的數量不斷激增，法律的實效性卻一再打折扣，很多法律在立法階段即引起很多爭議，在國會各黨派妥協之下，法律訂定後，行政部門卻無從執行，人民也未必願意遵守，司法機關更難以扮演公正執法的角色，而產生所謂「實效不彰」的問題。

有認為法律的實效性包括三種意義（注四九）：

(1)法律的規範對象主動實現法律規範的內容，例如人民依法納稅。

(2)法律的內容的實現必須透過強制的手段達成，例如駕駛人和行人都必須接受交通警察的指揮。

(3)不遵守法律規範是否產生的制裁效果，與法律實效性有密切關連。如果不遵守又不會受到處罰，即發生欠缺法律實效性的問題。

2.實證經驗

我國現行的法令實效性可以說普遍低落，並且誤把法律本身的妥當性問題，看成是實效不彰，在應該修法時去加強執行，在應該執行時去胡亂修法（注五〇），都會使法律和社會產生脫節的現象。

目前實務上行政主體對特種營業的管理態度即採取嚴格核准的許可制，但實際執行時卻欠缺實際的效果。依中央及地方政府對特種營業的管理普遍欠缺法律而僅有行政命令之根據，似有違憲之嫌，惟法院實務

注四八：參照羅傳賢著，立法程序，龍文出版社，八十二年二月，頁六九。

注四九：參照蘇永欽著，「法所以制事，事所以名功——我們需要能解決社會問題的法律」，收錄於氏著，憲法與社會文集，三民書局經銷，七十七年十一月初版，頁四四〇。

注五〇：同前注，頁四四一。

上卻肯定其管制方式，令人不無疑問。例如對多數「特種營業」的管理。對舞廳、酒家、酒吧、咖啡茶室的營業管制，行政命令規定，須「核准登記許可經營」，法院對人民有此類營業登記不服事件，亦未見批判行政主體的不是，令人遺憾。例如「臺灣省舞廳、酒家、酒吧、特種營業、咖啡茶室管理規則」，係根據臺灣省政府法四字第一一二七一九號令發布，並未說明係根據何一母法而來（注五一）。

惟近來行政法院見解有轉變趨勢，其強調：「妓女戶許可證雖係本於臺北市管理娼妓辦法之規定而發給，然許可之性質，屬於禁止之解除，則一經許可，受許可者即得合法經營所許可之營業（或行為），如再予禁止（撤銷許可或吊銷許可證），即難謂非屬於人民之權利、義務之事項，依中央法規標準法第五條第二款或第七條之規定，自應有法律之根據為必要」（注五二）。

此一判決乃係針對特定營業的「特殊管制」情結而來。過去的行政主管認為特種營業「傷風敗俗」，或採嚴格限制其設立方式，欲消弭於無形；或採提高許可年費方式，欲達「寓禁於徵」之效果。但實際這種管制的方法，不僅難以奏效，且使特種營業愈加「地下化」發展，終而脫逸出法律規範的範疇，如此的管制效果實在明顯違反實效性的要求。不過行政法院在人民權利覺醒之下，也從善如流，作出令人激賞的判決，強調行政主體對妓女營業戶營業的限制，不僅許可應有法律根據，撤銷許可，亦必須「依法」，即有法律之根據始可。

注五一：類似的特種營業管理規定，尚有：臺灣省特定營業管理規則；臺灣省各縣市娼妓管理辦法；臺北市特定營業所管理規則等。行政法院判決認為，臺灣省各縣市娼妓管理辦法係依法為之管理，就人民對之進行的行政爭訟，以其為無理由而駁回。（七十五年判字第一〇八六號判決），載裁判要旨，第六輯，頁九九八。

注五二：七十七年度判字第一〇九七號判決，載司法周刊，四五九期，七十九年三月十四日，第二版。

　　至於行政主體利用行政命令直接禁止某種營業，姑且不討論其「法據」問題，其採用「全盤禁止設立」方式，對人民的營業自由權是一大挑戰。例如在警政管理上，對撞球場、攤販之設立，採用公告方式「禁止新設」。行政法院認為，人民之工作權、財產權應予保障，但受憲法第二十三條之限制，行政主體得為禁止新設之處分（七十六年判字第二二二五號判決）（注五三）。

　　進一步分析，警政單位不准人民新設立撞球場，係根據「內六三、五、一四臺內警字第五八三四二七號令頒『遏阻社會奢靡風氣設施』」暨臺北市政府六十三年五月二十日府建一字第二五四五八號公告「停止新設」（注五四）。而且未言明停止的理由、停止的期間，顯有侵害人民自由權利之虞。

　　對「公告禁止設攤」一事，行政法院判決，認其係根據道路交通管理處罰條例第八十二條第一項第九款、第十款所為，自屬有權限，惟公告禁止設攤是否適當，為行政裁量權範圍，非於行政訴訟程序內所得審究（注五五），亦斷絕人民主張司法救濟之途徑，似未符合法治國家之要求。

㈥公共性原則

1.概念

　　公共性的考量是公法行為的特質之一。公共政策的決定牽涉社會大眾的利益，在決定之前應充分聽取公眾的意見；在公共政策執行的過程中，應提供公眾有廣泛參與的機會；在實施公共政策之後，公眾如有不服或權利有遭受侵害之處，應給與司法及行政救濟的管道。質言之，公共性的廣義概念是公眾參與的可能性。

注五三：載裁判要旨，第七輯，頁一三四〇。
注五四：同注五三，頁一三三八。
注五五：同注五三，頁一六四〇。

其次，公共政策的內容，往往以公共資源（或稱「公共財」）爲規範對象，在資源有限的前提下，如何提供或平均分配公共財，即成爲公共事務中非常重要的一環。當然其間牽涉複雜的社會因素、心理層面及文化模式，並非單純法學研究所能解決的問題。不過對法學者而言，公共性的考量的確是一大挑戰，公益、公物、營造物、公法人、公共審議制度等都是相關的問題。

以傳播資源爲例，可以說是具備公共性和有限性的雙重特質，歐陸法體系對此類公共政策的決定，均十分強調法律規範的層面。例如德國電臺法制在國內電臺部分，依各邦法律，據邦際契約（Staatsvertrag）設立公法上的營造法人，即電臺營造物（Rundfunksanstalt）（注五六），原則上公權力對電臺的干預很深。但關於電臺的頻道是否有限，司法實務上有一則重要判決，值得引介分析。

一九七一年十二月十日西德聯邦行政法院判決西柏林日刊新聞社申請設立共同電視臺，獲得勝訴判決，判決的主要理由如下（注五七）：

⑴傳播的自由是憲法上保障的表現自由，民主主義強調多元的、不偏不倚的、所有的資訊，完整地呈現，排斥由少數傳播媒體的意見獨占（Meinungsmonopol）。

⑵頻道的有限性在當時可能構成設立新電視臺的障礙，但所謂有限與否，與科技發展大有關係，不能謂頻道已滿，即剝奪人民新設立電視臺的權利。

⑶進一步而言，頻道的分配須由社會公衆共同決定，不能僅由行政主體片面決定分配。

注五六：鹽野宏著，放送の特質と放送事業——西德模式之分析，收錄於杉村章三郎先生古稀紀念，公法研究下，昭和四十九年一刷，有斐閣，頁四一三～四七三。

注五七：以下討論之資料轉引自鹽野宏，前揭文，頁四二四以下。

⑷傳播為現代生活所需要的生活服務（Daseinsvorsorge），為給付國家提供之重要服務，行政主體應積極促成各種提供這項給付的可能性。斷不可擔心傳播工具會誤導民眾，而不准設立，因為傳播事業既尚未設立，其是否造成社會危險，尚不得而知，行政主體逕不許可，有違憲法營業自由之保障。

德國電臺事業原由電臺營造物所獨占，但在電臺公共性、表現自由及營業思潮的激盪下，學界對於電臺法制迄有爭議：

第一說：主張維持獨占論，學者 Czajka、Schmitz、Lerche 等採之。主要理由包括：

⑴頻道的有限性理論。

⑵強調公的任務（öffentliche Aufgabe）。

⑶維持優良節目論（排斥商業傳播論）。

⑷發展初期階段（Startsitnation）說：即從電臺的發展過程，目前尚處於初階段，有必要加以法的控制。

第二說，主張電臺獨占違憲論，Rudolf, Grund, Werner Weber 等學者主張。強調電臺傳播自由是個人的基本權，行政主體利用特許（Konzession）或拘束的許可（gebundene Erlaubnis）管制電臺事業的設立，均屬違憲。

第三說，折衷說，強調電臺經營的自由（der freie Zugang zum fernsehbetrieb）及資訊的自由（Informationsfreiheit），認為在民主主義原則下，言論報導多元性，人民有向行政主體提出重新分配頻道使用的請求權利。從而使西德的電臺獨占制，產生部分的修正。

日本學者鹽野宏針對德、日電臺法制比較法研究時，認為西德電臺法制在學界引起的反動思潮，具有極大意義。他並提出「頻道（電波）公物論」作為補充，認為電波是國民共有財產，國家法在電臺事業上的介入必要性，應著眼於其憲法上的價值，亦即有無必要為了公益目的而

實施限制。例如政府對醫藥品販賣業的管理，嚴格規定其設立要件，否則不准營業。因爲醫藥品對人體所產生的各種危險鉅大，國家立法乃基於「防衛社會共同生活所必要」，故行政主體實施營業管制的法價值，優先個人的營業自由法價值。

學者更強調，不論大眾傳播媒體（Mass Communication）的內部如何自我控制，不問行政主體對頻道的分配、管制如何嚴格（透過特許或許可制），最根本的問題關鍵在於不同價值的公共性，彼此有衝突或矛盾，或甚至相反趨勢發展，如何調整即爲研究傳播公共性問題所應再三深思（注五八）。惟學者亦承認，傳播自由（或傳播事業的營業自由亦同），從市民公共性觀點而言，頗具重要意義，但具體檢視，亦存在種種困難（注五九）。

判斷公權力機關對於營業管制的是否符合公共性原則的標準，綜合而言，有下列幾項：

(1)政治中立性；

(2)經濟公平性；

(3)自由決定權；

(4)公平使用權；

(5)價值多元性；

(6)公益與私益調和。

2.實證經驗

國內開放廣播、電視的經營是一個包含政治和經濟利益角力的過程，從絕對禁止到有條件允許開放，在法政策考量變遷因素的過程，實在值得作專章研究。「有線電視法」可以說是在美國「三〇一」的貿易報復壓力下，迅速立法通過的，其間立法的利弊得失，對臺灣將來電臺生

注五八：呂光著，大眾傳播與法律，七十年六月初版，臺灣商務印書館，頁一五三。
注五九：小林直樹著，現代公共性の考察，公法研究五一號，一九八九，頁五八。

態的影響深遠。

在「報禁」解除以前，政府對新設立報紙發行，一律禁止，但民間透過各種迂迴手法，如發行三日刊、日刊的雜誌性質刊物，雖然名稱不是報紙，但傳遞每日訊息，則與設一家新報紙的功能無異。又如過去長久以來禁止廣播電視臺新設立，但由現代科技觀點，利用衛星傳播接收、私設發射臺或架設共同天線等，在技術上根本不成問題，亦可達到傳播的功能，而行政主管徒自在法令作自我欺瞞式的禁止，實質上卻發揮不了取締及遏阻作用。總之，在全球傳播資訊爆炸的時代，國家利用經濟管制的方法達到禁止傳播的目的，違反公共性原則。

(七)競爭自由原則 (Wettbewerbsfreiheitsprinzip)

1.概念

國家經濟的競爭政策，就須靠國家經濟政策爲總體觀察 (Gesamt-betrachtung der nationalen Wirtschaftspolitik)，才能造成多個適合競爭的市場 (wettbewerbstaugliche Märkten) (注六〇)。

總之，經濟管制立法必須在不得已的情況下才予動用，而且管制手段和方法應注重維持競爭自由的原則，蓋

(1)競爭可以促進經濟效率 (Wirtschaftseffizienz)

(2)競爭可以獲取最大利潤 (Profit-Maximierung)

(3)競爭可以造成功能優異的市場 (funktionstüchtige Märkten)

2.實證經驗

公平交易法開宗明義地強調，「確保公平競爭」是本法的立法目的。所謂競爭是指二以上事業在市場上以較有利之價格、數量、品質、服務或其他條件，爭取交易機會 (公平交易法第一條)。

公平交易法的內容包含兩大部分，一是防止限制競爭的反托拉斯法

注六〇：Vgl. Fikentscher, a.a.O. (Fn.38), S.547.

（即維護自由競爭存在），另一是確保公平競爭的不正競爭防止法（即禁止以不公平的手段從事競爭）（注六一）。至於公平交易與競爭秩序的關係，有人以量化的觀點加以說明，前者目的是要避免競爭「不夠」，後者是要禁止「太多」競爭（注六二）。

㈧環境保護原則（Umweltschutzprinzip）

1.概念

環境保護已成為現代經濟社會新興的重要問題，企業經營的各方面考量都應慮及環保因素，歐陸法學者近來討論經濟法理論建構時，多強調環境保護（Umweltschutz）的觀念，並將其正面評價為公權力可以動用的總體干預方式（globale Interventionsarten），而且也是一種能發揮作用的干預方式（funktionale Interventionsarten）（注六三）。

經濟管制立法之應符合環保要件之要求，至少應包括下列幾項：

⑴支出環保費用的社會成本經濟法（Sozialkostenwirschtsrecht）

⑵維持環保的企業營業方式（Bewirtschaftung）

⑶環境保護與發展經濟並重，即強調發展經濟法（Entwicklungs-wirtschaftsrecht）的趨勢

2.實證經驗

環保與經濟發展的關係是否為「兩難」的抉擇，向來為人文及科技學門科際整合研究的重點之一，例如發展工業可增加國民所得，但製造污染、產生對動植物的損害時，究竟在環保與工業之間如何取捨，有無具體的判斷標準？為提高經濟落後地區的產值，在農業區或保護區內建

注六一：參見呂榮海、謝穎青、張嘉真合著，公平交易法解讀，一九九二年二月，頁二四。

注六二：參見蘇永欽著，論不正競爭和限制競爭的關係，載臺大法學論叢，一一卷一期，頁六六。

注六三：Vgl. Fikentscher, a.a.O. (Fn. 38), S.696.

設重大工程，民眾如有反對或抗爭，如何解決？德國對核電廠的設置，在原子能法（Atomgesetz）（注六四）中特別強調環保原則，尤其在核准程序（Genehmigungsverfahren）中，強調應注意環境評估的相關措施。另外水污染防治法、空氣污染防治法對環保原則都有明確的規定。

現今政府所進行的重大公共工程建設，有的對自然環境、社會需求，均有重大影響，最理想的情況是在未興建之時，即應充分考慮當地居民的意願，衡量合理的建設手法，民眾有反對聲浪，行政主體應出面紓解，使公法關係的起點更早發生。例如核電廠、大壩水庫、高速公路及重大工程的興建，牽涉眾多問題，有的影響環保政策的推行，行政主體未注意其整個建設過程，易導致經濟發展破壞環境或造成民眾不滿、阻撓施工的局面，對公共政策的推動是一大阻力。

(九)均衡性原則（Gleichgewichtsprinzip）

1. 概念

經濟發展的均衡性是各國努力追求的目標，但經濟會受景氣循環及國內外情勢主客觀影響，如何在發展經濟的過程當中，兼顧各種經濟領域的平均發展，是經濟學及經濟法學都感到有興趣的研究主題。我國憲法對經濟的均衡發展在第十三章基本國策中略有宣示，然而由於缺乏憲政實證的經驗，經濟的均衡發展在學術領域並未有太多的討論。德國研究經濟行政法的出發點均將總體經濟的均衡性（gesamtwirtschaftliches Gleichgewicht）列為國家經濟政策安排的基本宣示（grundlegende Aussage）（注六五），雖然在基本法中並無明確定義所謂總體經濟均衡性的概念，但是學理及實務上討論文獻很多。

不過經濟的均衡性牽涉經濟景氣（Konjunktur）和稅捐（Steuerung）政策的考量，在經濟景氣良好時，國家應採取何種寬鬆的金融、貨

注六四：Vgl. Jarass, a.a.O. (Fn. 41), S.233.
注六五：Vgl. Stober, a.a.O. (Fn.11), S.85.

幣政策，在景氣欠佳時，應採取何種促進投資、擴張信用的經濟政策，在各種經濟條件和背景下，所衡量的因素都有所不同。德國基本法對於均衡原則雖無定義，但在經濟穩定法（Stabilitätsgesetz）第一條詮釋了總體經濟均衡意義。這都提供了國家在憲法上的責任基礎，亦即國家有決定景氣走向及經濟發展的責任及正當性（Richtigkeit），德國經濟行政法學者甚至說這是屬於國家的「反循環景氣政策」（antizyklischen Konjunkturpolitik）（注六六）。

強調經濟管制立法的均衡性原則，所考慮的均衡性類型，至少包括下列幾項：

(1)總體經濟與個體經濟均衡

(2)中央經濟與地方經濟均衡

(3)供給面與需求面均衡

德國解釋經濟均衡性的一般法準則（Rechtlinien）和判斷空間（Beurteilungspielraum）有如下幾個原則（注六七）：

(1)價格穩定

(2)高度的就業率

(3)對外經濟均衡性

(4)持續和適當的經濟成長

2.實證經驗

政府決定一項經濟政策的實施，應充分考慮各種經濟條件均衡的因素，例如考慮開放高速公路「路權」，允許民營客運業行駛高速公路載客，對原有的臺灣汽車公司形成一大威脅。客運業者普遍認為，臺汽是特權事業，受政府法令保護多年，營運狀況卻不長進，放寬民營車行行駛高速公路，可分擔運送旅客之責，符合現行實際上的需要。惟反對論者指

注六六：Vgl. a.a.O. S.86.

注六七：Vgl. a.a.O. S.87ff.

出，「野雞遊覽車」違法在高速公路載客，公然與政府法令爲敵，再放寬其經營，無法確保服務品質。此時行政主體應衡量的因素更多，如何決定，才能符合大多數民眾的期待，對公共政策的擬定，的確是一大挑戰。

〔肆〕結論

政府公權力對經濟事務的介入會影響經濟的發展方向，有時也會限制乃至剝奪人民自由權利。而經濟事務種類眾多，政府對經濟活動的介入方式和類型也層出不窮，就經濟法學研究的領域而言，實應通盤地研究各種經濟管制立法。本文僅嘗試就經濟管制立法的基本原則作一研究，限於篇幅，無法一一列舉各種經濟管制的類型。因此，本文分析不同經濟體制下的經濟管制類型，並提出「經濟光譜圖」，並試圖得出結論：在不同經濟體制之下，政府對經濟管制的深度與廣度有逐漸由「兩極」走向「中道」的發展趨勢，經濟活動的自由或管制，屬於相對，而非絕對的概念，雖然此兩者在目前尚未有完全一致的發展，但在全球經貿自由化衝擊下，各國逐漸撤除市場壁壘，將來很可能漸趨一致。在不同體制的經濟憲法中，吾人如能歸納出一般性的經濟管制立法基本原理原則，相信對經濟法學的國際化有助益。何況，研究經濟管制立法的基本原理原則，可以從公法學觀點，將憲法的原理原則、行政法的原理原則，適用在經濟管制立法的領域，容易建立經濟憲法、經濟行政法與經濟管制立法的理論體系，並可據以判斷個別經濟管制立法有無違憲、違法的情形。

本文思考我國經濟規範體系的基本秩序，首先研究形式意義的經濟，即由我國現行憲法條文入手，以瞭解憲法中關於經濟秩序的基本規定。綜觀我國憲法在經濟上的基本原則，可以稱爲「經濟干涉主義」，其基本原則包括：⑴民生福利國家之原則；⑵法治國家之原則；⑶民主國

家之原則；(4)生存權與經濟活動之自由原則；(5)工作權與職業及營業自由原則；(6)財產權之保障及公用徵收原則；(7)經濟結社自由原則；(8)經濟平等原則；(9)自由權利及私營事業之限制原則；(10)獎勵、扶助、指導及保護原則；(11)勞資協調合作原則；(12)平均地權原則；(13)經營公營事業之原則。

其次本文比較研究歐陸之經濟憲法原則，藉以掌握經濟管制立法與憲法原理原則之間的關連性，包括：(1)社會國原則；(2)法治國原則；(3)民主原則；(4)聯邦原則；(5)總體經濟均衡原則；(6)補充性原則；(7)環境保護原則；(8)平等原則；(9)明文或非明文的憲法權限規範和立法委託；(10)緊急法性格。

最後，本文針對經濟管制立法的本質，以臺灣經濟發展為實證研究，提出適合本土的經濟管制立法原則，至少應包括下列幾項：(1)經濟性原則；(2)中立性原則；(3)補充性原則；(4)必要性原則；(5)實效性原則；(6)公共性原則；(7)競爭性原則；(8)環境保護原則；(9)均衡性原則。希望有助於我國經濟管制立法的理論體系建立和實踐。總而言之，政府公權力對經濟事務的管制事項，應符合上述所列各種基本原則，才不會導致違憲或違法的疵議，而能符合法治國家依法行政的本質。

法治國之基本理念

彭國能

法治國之基本理念

〔壹〕 前言

隨著政治自由尺度之逐步放寬,「法治國」成為一時髦且頻頻出現之用語。執政者以法治國作為其施政、行使公權力之號召,而在野者則以法治國作為民主奮鬥之目標,就追求法治國理念而言,朝野似乎存有共識,惟雙方對於法治國真正涵義之界定差距頗大,形成人言人殊、各說各話之混亂景象。「法治國」既為國家未來發展之方向,故實有必要對其理念之內容、涵義作深切之評析與了解。有鑑於此,本文特別就法治國之基本理念從諸多角度加以觀察,期能透過本文之說明,以真正知悉法治國之精髓所在,作為未來共同努力之方向。

本文首先就易使人產生混淆之「法治國」與「法制國」間之差異予以探究,以導正對法治國用語錯誤之認知;由於法治國之用語乃源自於西方社會,實有必要對此觀念之源由予以細究,期能發現係在何種時空背景下,提供法治國思想發展的空間與機會;另外再就法治國之概念與基本理念加以說明,使能真正知悉法治國理念之真正內容;最後再就法治國理念現今於各種不同型態國家所產生之難題以及未來發展之方向加以討論,以作為本文之總結。

〔貳〕序論——重要概念之釐清
（法治國 Rechtsstaat 而非法制國 Gesetzesstaat）

對於「法治國」之用語，一般人每易由其字面之意義加以認識，因而時常將法治國誤解成：只要國家係依照制定法之規定來治理，而使制定法扮演著國家統治者之特殊地位者，即屬法治國（注一）。惟就實際之情形而論，現時之世界各國，幾乎習於以制定法作為規範人民生活之工具，並且賦予制定法優越之地位，即使連共產極權國家，亦紛紛制定有各式各樣的法律，意圖藉由法律作為維持國家社會安定秩序甚而鞏固政權之工具，但此種國家並不當然屬於法治國，充其量亦只能稱其法制國（注二）。例如德國於西元一九三三年希特勒正式主掌政權後，即成為一名符其實的法制國，即便是具有不法內涵之法律亦能獲得通過與適用，人民任何的自由、權利皆可以制定法之形式加以剝奪，而不考慮其是否具有適法性（Legalität），此作法顯然與法治國之理念背道而馳。就實質而論，法治國並非只是組合法律技術之集合體，而係以人性尊嚴、人類價值為基礎並加以踐履的實質規範原則，且應使個人之價值能受到充分尊重，避免法律屈從於任何個人意願之下，法治國之理想始可能真正獲得實現（注三）。

德國學者 Otto Bahr 於西元一八六四年在其所著之 *Rechtsstaat*（法治國）一書中，曾揭櫫法治國之真正用意，乃在使統治者與被統治

注一：對此定義乃參看 Theo Stammen 於一九七七年所著 *Der Rechsstaat* 一書中所列述之內容翻譯而成，原文為 Rechtsstaat wird ein Staat dann genannt, wenn in ihm das Recht eine besondere Rolle spielt, wenn in ihm das Recht herrschaft, S.21.

注二：Vgl. Stammen, a.a.O., S.22.

注三：Vgl. Klaus Stern, Das Staatsrecht der Bundesrepublik Deutschland, 1984, 2. Aufl. S.774.

者間並非僅存在著單方的權力服從關係,而係使法規範（Recht）對國家而言具有最優越之地位,並藉由制定法（Gesetz）之型態來界定人民的活動範圍,但法規範之眞正目的,乃在使人民於國家內能享有妥適、自由的生活,國家並應對此種生活型態提供保障,而非僅是單單以制定法限制人民的活動（注四）。藉此,可粗淺的將法治國界定爲：所謂法治國,乃指國家將一定之自由分配予人民,並僅得在法律規定之條件下始得加以干涉（注五）。至於 Otto Mayer 於一八九五年所著 *Deutsches Verwaltungsrecht*（德國行政法）,書中展現了自由法治國思想下行政法之傳統見解,其主要觀點乃強調國家在實施侵害性之行政（Eingriffsverwaltung）時,須受到法治國之基本理念,諸如法律優位、法律保留之拘束,而這也成爲行政法體系之核心概念,並深深影響學說與實務隨後之運作（注六）。

　　平時政府首長每會向全民揭櫫法治國之理想,而一味強調人民須守法,以形成一安定、有秩序之社會。如此之說法,不僅未能表達出法治國之眞正涵意,且造成了相當程度的誤導,使人民將法制國誤認即是法治國,從而天眞的認爲,只要全民能守法,即能實現法治國之理想。事實上,就前所述,法制國充其量僅是形式之法治國,與實質之法治國間尚有相當之距離。因此,對於法治國與法制國間必須作好澈底之劃分,以避免概念上之混淆。另大衆媒體平日對法治國錯誤之介紹,亦使一般人產生誤解,認爲只要全民能夠遵守法律,國家即能躋於進步開發之境域,法治國之理想即能實現。固然,全民能夠遵守法令之規定,係法治國所必須具備之要件,但除此之外,人民之尊嚴與權益能夠完全獲得尊重與保障才是眞正不可或缺之要素。政府於發動其強大之權力作用時,

---

注四：Vgl. Stammen, a.a.O., S.22.
注五：Vgl. Paul Bockelmann, Einführung in das Recht, 1963, S.176.
注六：Vgl. Maurer, a.a.O., S.17 § 2 Rn.9.

必須審愼考量這些要素，才能使人民之權益獲得確切的保障。另外，在建立法令之權威方面，法令除了規範人民之行止之外，政府之行爲亦須同受到規範，蓋國家與人民之間所存在者，旣不再是單方之權力服從關係，而係對等之權利義務關係，對於任何之法令，政府自應與人民同受拘束，如僅單方的要求人民守法，政府卻置法令於不顧，則與法治國之理想相去甚遠。

〔叁〕法治國理念之形成與發展

就「法治國」用語之源由而言，其最早並非屬於人文科學上之專有用語，而係政治論爭上之重要議題，其後隨著國法學、政治學之發展，而成爲行政學門上之重要概念（注七）。法治國思想之發展與行政法學之發展密不可分，而現代之行政法體系與架構亦是由自由國民法治國之理念所衍生，特別是依法行政原則以及針對行政行爲所提供之司法上權利保護方式之探討，至今仍受到熱烈的討論（注八）。

爲探索法治國思想之形成背景，須回溯至古希臘哲學中對於國家之思想，藉由此種思想之推衍，逐步形成國家之型態。但在法治國之用語出現前，其實際之思想內涵卻早已產生，例如在中古時代至西元十六世紀之間，由於協約思想、反抗思想以及自然法、理想主義之出現，促成其思想內涵進一步的發展（注九）。而法治國之用語也在西元一八〇〇年後逐漸爲人們所使用，最早見諸於文獻者，乃係德國學者 J.W. Placidus 於其所著 *Literatur der Staatslehre*（國家學文獻）中開始加以使用，

注七：Vgl. Stammen, a.a.O., S.23.

注八：Vgl. Hans-Uwe Erichsen und Wolfgang Martens, *Allgemeines Verwaltungsrecht*, 1988, 8. Aufl. S.48.

注九：Vgl. Stern, a.a.O., S.768.

隨後德國學者 Adam Mueller 於 *Elementen der Staatskunst*（國家學之要素）一書中爲探討人民之財產權制度時，亦曾提及法治國之用語（注一〇）。

在十九世紀初葉產生的團體主義與自由主義思想，提供了法治國思想的發展架構，許多德國著名的學者亦分別於其著作中對法治國之概念加以闡明。綜合言之，法治國必須是合乎憲法規範的國家，法院有權對國家權力之運作加以監督，而使行政權受到法律的拘束，至於在國家或公務員有逾越法律之情形時，亦應使其負擔司法上之責任，對於誤用法條之情形，則應透過行政法院或其他獨立機關之監督加以避免，以使司法監督之作用能隨處存在，並約制行政權之作用（注一一）。此時期強調實定法之重要性，認爲法治國之原則應藉由實定法之規定加以確立，而對於法治國之見解則可以德國學者 G. Meyer 與 G. Anschutze 所下之定義爲代表，其認爲在法治國中，司法及行政皆應隸屬於法律規範之下，任何的行政行爲皆不得違反法律之規定，且僅在法律有明文規定之情形下，始得干涉人民之自由（注一二）。另對於法律、行政權與人民間之關係則要求行政行爲不得違反法律，亦不得在無法律基礎之情形下干涉人民之自由或限制人民之活動，此即所謂依法律行政之原則（Prinzip der gesetzmäβigen Verwaltung）（注一三）。

不過，上述所指之法治國，僅僅是形式上的法治國，依照德國學者 H. Huber 之見解，若僅存有權力分立、依法律行政以及行政受司法監督之情形，對於法治國之形成而言仍嫌不足，而應加入適法性之原則（Prinzip der Legalität），另位學者 C. Schmitt 則強調應將人民的基本權利

注一〇：Vgl. Stammen, a.a.O., S.25.
注一一：Vgl. Stern, a.a.O., S.768.
注一二：Vgl. Stern, a.a.O., S.771.
注一三：Vgl. Stern, a.a.O., S.771.

包含於法治國之概念內（注一四）。就形式法治國之觀點，凡是國家能藉由憲法或制定法而拘束自身之行動，同時能透過制定法與法院保護個人之自由與財產者即屬之；然而就實質法治國之觀點，則須強調國家所扮演之角色與任務，亦即其基本權力作用——立法、司法、行政間分受合憲規範、制定法、法規範之拘束（注一五）。按國家權力之運作，須遵守分權之理念，亦即立法皆須受合憲規範之拘束，行政權須受依法行政原則之限制，司法權則受到制定法、法規範之拘束，並須提供個人自由與權利之保障（注一六）。

就法治國之用語觀之，德文係以 Rechtsstaat 表示，英美則以 rule of law，法文則以 regne de la lais 來表示，而各國對此用語所包含之涵義亦不盡相同，直至第二次世界大戰之後，法治國之內涵始眞正確立，世界各國並逐步加以貫徹（注一七）。現今對於法治國之共同見解，乃是排斥國家絕對權力之存在，轉而要求法律優位、法律保留之原則，使個人之自由能透過對國家權力作用之調節與限制獲得救濟與確保（注一八）。

就國家發展之類型而言，可分爲封建國家、警察國家、法治國家與給付國家等不同之態樣（注一九），此乃係配合歷史之發展逐步演變而來。固然，由於給付行政思想之提出，而使國家積極扮演著給付主體之角色（注二〇），給付國家也成爲最進步、最符合人民需求之國家型態，惟基本上，其整體之行政思想乃架構於法治國家之上，只是將行政之功能予以進一步之擴充，故對法治國家內涵之了解，乃成爲探求給付國家之前提，

注一四：Vgl. Stern, a.a.O., S.772f.

注一五：Vgl. Peter Badura, *Staatsrecht*, 1986, S.204 D46.

注一六：Vgl. Badura, a.a.O., S.204 D47.

注一七：Vgl. Stammen, a.a.O., S.24; Stern, a.a.O., S.764f.

注一八：Vgl. Stern, a.a.O., S.765.

注一九：參看城仲模，四十年來之行政法一文，法令月刊，四一卷一〇期，頁六五。

注二〇：參看城仲模，前揭文，頁六五。

其重要性自不言可喻。

〔肆〕 法治國理念之內涵

法治國理念僅是一項憲法之基本原則，其並非對每一項具體事實以憲法位階之規定，對所有細節提供明確、特定之解決依據，而是各依實際之狀況將此原則予以具體化（注二一）。就法治國之理念觀之，實質正義（materiale Gerechtigkeit）與法律安定性（Rechtssicherheit）皆為其所追求之目標，然而就立法者之立場，兩者間往往無法同時兼顧，而使其相互間每呈現出衝突之現象，有時優先考慮法律安定性，有時則強調實質正義之追求（注二二）。例如消滅時效、法律救濟期間等制度即是強調法律安定性，至於再審、非常上訴、消滅時效之中斷與不完成等制度則是著重實質正義之追求（注二三）。

法治國原則要求國家與人民間之法律關係，應透過普遍之法規範加以拘束，此不僅對於國家權力作用之運作有其適用，同時亦使人民對此運作可加以預測（注二四）。法治國家成立之最基本要素乃為「依法行政」，而行政之作用須受制定法與法規範之拘束，此處所指之法規範不限於形式之法律，也包括了成為憲法、法律以及行政命令之法源。至於依法行政之內容，主要包括了法律優位、法律保留之原則；法律優位積極之意義乃指國家之行為，尤其是行政之作用須在制定法公布後始得為之，

注二一：Vgl. Gerhard Leibholz, Hans-Justus Rinck, *Grundgesetz für die Bundesrepublik Deutschland, Kommentar*, 1989, 6. Aufl., Art. 20, Rz.628.

注二二：Vgl. Leibholz, Rinck, *Kommentar*, a.a.O., Rz.641.

注二三：Vgl. Norbert Achterberg, *Allgemeines Verwaltungsrecht*, 1982, S. 68, Rn.17.

注二四：Vgl. Hartmut Maurer, *Allgemeines Verwaltungsrecht*, 1985, 4. Aufl., S.77, § 6 Rn.6-8.

亦即法律在位階上高於國家之權力作用；至於消極之意義則係任何行政行爲皆不得違反法律之規定。另法律保留意謂憲法將特定之判斷權限予以保留，除非透過形式之法律予以明白之授權，否則行政作用僅得在法律所明定之情形下始得實施（注二五）。其中法律優位強調的是內涵上之合法性（inhaltliche Rechtmäβigkeit），下位階之命令或個別行政處分必須與上位階之法規相符合；法律保留則要求在一定領域只有在符合一定之條件下行政機關始得發布命令，亦即此命令之發布須由法律所授權之機關爲之，至於再授權之情形則須立法者明確表示准許再次授權始得爲之（注二六）。

　　法治國之基本理念主要係由以下之要素加以組成：亦即法律安定性、法之和平狀態、權力之分立、以正式之制定法作爲法規範之主要內容、禁止以命令代替法律、法律須以民主方式制定、依法行政原則、平等原則、比例原則、人民基本權利之保障以及由獨立之法院提供人民權利保護之途徑（注二七）。依傳統之見解，法治國之內涵乃指國家權力之運作僅能依憲法與形式上、實質上皆合乎憲法規定，且已公布之法律始得發動，以保障人類尊嚴、自由、正義與法律安定性（注二八）。亦即可將之歸納成以下之思想鏈：憲法——法——人類尊嚴——自由——正義——法律安定性（Verfassung——Recht——Menshenwürde——Freiheit——Gerechtigkeit——Rechtssicherheit），而法治國原則即是爲了達成上述之目的而產生（注二九）。

注二五：Vgl. Rudolf Schweickhardt, *Allgemeines Verwaltungsrecht*, 1984, 4. Aufl., S.102f. Rn.227, 230, 231.

注二六：Vgl. Maurer, a.a.O., S.272, § 13 Rn.6, 7.

注二七：Vgl. Franz Mayer, *Allgemeines Verwaltungsrecht*, 3. Aufl., 1972, S. 21.

注二八：Vgl. Stern, a.a.O., S.781.

注二九：Vgl. Stern, a.a.O., S.781.

　　固然，國家爲了達成以上之目標而由人民手中取得權力，惟依前述傳統見解之推衍，極易將法治國與法制國混爲一談，而就其發展歷程而言，也易導出經由實證法形成獨裁之情形，例如德國於西元一九三三年受到納粹統治，即是藉由法律之制定來恣行獨裁者自身之意願，表面上雖然仍舊賦予制定法優越之地位，但當時之德國充其量僅係一法制國。實際言之，法治國乃涉及價值判斷之問題，是其應參考如下之要件，以驗證是否屬於眞正之法治國（**注三〇**）：

　　(1)將憲法作爲一般法律之基本規範，並使其成爲國家最高位階之法規範——此即憲法國家原則（Verfassungsstaatlichkeit）。

　　(2)對於規範國家與人民關係之法律必須考慮人類之尊嚴、政治自由平等、基本權利之保障——此即人類尊嚴、自由、權利平等之原則（Menshenwürde, Freiheitlichkeit, und Rechtsgleichheit）。

　　(3)國家權力、功能須分配於不同之機關，而其相互間亦得互相拘束——此即權力分立、權力監督之原則（Gewaltenteilung, Gewaltekontrolle）。

　　(4)以法（Recht 即廣義之法規範，而不以狹義之制定法爲限）作爲國家運作之基礎，並以之界定其行爲之範疇，如憲法之於立法機關，法律之於行政機關與司法機關——此即法拘束性原則（Rechtsgebundenheit）。

　　(5)藉由獨立之法院以法定之程序提供廣泛且有效之權利保障途徑——此即法院保障原則（Gerichtsschutz）。

　　(6)建立國家機關責任之體系，而在機關實施錯誤行止之情形，國家應對人民所受之侵害提供賠償——此即賠償體系之原則（Entschädigungssystem）。

注三〇：Vgl. Stern, a.a.O., S.774.

⑺國家所爲干涉人民之行爲，須符合適當性、必要性與比例性——此即逾越禁止之原則（Übermaβverbot）。

就前所述，法治國原則本身即涉及價值判斷之問題，因此對於是否符合法治國原則，自須參酌前述之要件以爲斷。

就立法、司法、行政之性質而言，其各自受到不同範圍之拘束，首先立法受到合憲規範（verfassungsmäβige Ordnung）之拘束，而使其所訂立之制定法能合乎憲法所揭櫫之基本精神；反之，司法與行政則同受「法」（Recht）與「制定法」（Gesetz）之拘束（注三一）。其中法規命令（Rechtsverordnung）可說是介於立法與行政間之交點，因爲基本上，每一個執行機關在其權限內皆能依制定法授權發布法規命令，即依照該行政事務之內涵、適用領域及意義而透過實際之執行將法律規範予以具體化（注三二）。

〔伍〕 法治國理念現今所面臨之難題

一、於西方民主國家

就西方民主國家觀察，主要存在著二種法律體系（Rechtssysteme）與法律觀（Rechtsanschauungen），其一係源自羅馬法、日耳曼法所形成的歐洲大陸法系，其二則是自英國普通法所形成的英美法系，此二法系所據以爲基礎的法律觀本即有所不同，導致兩者間對法治國（Rechtsstaat; rule of law）見解之差異（注三三）。法治國思想本依存於法律體系之中，不同之法律體系，自會形成不同的法治國思想，而這也可追溯

注三一：Vgl. Erichsen Martens, a.a.O., S.49.
注三二：Vgl. Maurer, a.a.O. S.46, § 4 Rn.13.
注三三：Vgl. Stammen, a.a.O., S.200.

至二者不同的歷史演進，蓋歐陸國家經歷了中古諸侯國時代的專制思想
（Absolutismus）因而形成日後對專制思想的種種反制，而這也對政治
思潮的演變產生重大的影響。反之，在英美法系的發展上，對於反制專
制所生的思潮，反倒欠缺其形成之基礎（注三四）。雖然此二種法系存有歷
史發展、演變上之差異，但仍可歸納如下共通之基本原則（注三五）。

(1)國家與法律規範乃分別存在，國家並不被視爲法律規範的最高法
源。

(2)法律規範對政治而言係上位之架構，因而具有法律優位之特性。

(3)法律規範具有侷限國家權力發動之效果，同時藉由對基本權利之
規定以保障人民之權利，以建立法律安定性（Rechtssicherheit）。

透過上述之共通原則以架構出法治國理念之基本方向。

現今，由於給付行政思想之瀰漫，導致行政權之不斷擴大，因而也
不免會對法治國之一些基本原則造成影響。且由於逐漸習於以政治觀點
談論事務，也極易形成政治的意識型態化（Ideologisierung des politis-
chen），惟此每會誤導對問題的思考方向。其次，西方年青人熱衷於對馬
克斯思想的討論，造成了馬克思思想的更新，間接也帶動了政治思想的
變革，至於變革的結果會如何，固然可在未來的歲月中得到答案，但就
以往的經驗觀察，政治意識型態化的思想，多少會妨害法治國原則之運
作（注三六）。

二、於社會主義國家

在共產主義國家中，由於係以馬克思思想與列寧思想（Marxismus
-Lenismus）作爲國家、社會之最高指導原則，因而也形成了與大陸法

注三四：Vgl. Stammen, a.a.O., S.200.
注三五：Vgl. Stammen, a.a.O., S.200.
注三六：Vgl. Stammen, a.a.O., S.201.

系、英美法系截然不同的法律認知（Rechtsverständnis）。共產主義的法律規範主要實行於蘇俄，而蘇俄自西元一九一七年革命成功後，即賦予共產主義優勢的地位，並由此發展出一套獨特的法律體系（注三七）。馬克思思想成為整個法律體系的上位結構且是整體社會發展所遵循的方向，但對於社會生活規範的形成仍由統治階層所操縱，因而造成了法律規範具有階級特性的畸形發展。在共產主義國家中，法律規範充其量僅扮演著方法、手段之角色，只是一種革命的武器（Waffe der Revolution）且用來作為控制社會的主要工具，因此在此種國家內，不可能出現跨時（即可長期適用）的法律規範（Überzeitliches Recht），規範之內涵與法律價值亦可能隨時變動，造成法律規範欠缺持續性之現象（Kontinuitaet）（注三八）。

正確而言，在共產主義國家中，法律規範僅是階級特性的表徵，而國家也成為一個階級統治另一個階級的工具，法律規範單純僅係政治與社會實際運作之方法，且隸屬於政治體系之下，而構築於共產主義思想之上。由以上之說明可知，欲在共產主義國家內實現法治國之理想顯不可能，因此只能將其命名為「社會主義法制」（Sozialistische Gesetzlichkeit），亦即可認為法律規範係為配合政治而產生，並隸屬於政治之下，而成為政治的工具、革命的武器，自然也就無法形成限制政府權力之恣意發動與對人民自由提供保障之功能（注三九）。

三、於開發中國家

在第三世界國家中，法律制度仍呈現相當紊亂的景況，同時也發生了許多的問題。因為其等在完成政治獨立之前，長期受殖民國家之統治

注三七：Vgl. Stammen, a.a.O., S.202.
注三八：Vgl. Stammen, a.a.O., S.202f.
注三九：Vgl. Stammen, a.a.O., S.204f.

（例如非洲國家即是如此），因此，在國內即存在著兩種截然不同的法律制度，一方面是其原生的種種習慣法，另一方面則是由殖民國家所引入的西方法制，或許是歐陸（羅馬法、日耳曼法）法制，或許是英美法制，也因此在此二種不同法律型態中，每形成許多衝突（注四〇）。雖然這類國家在形式上已完成政治上的獨立，但由殖民國家依西方精神所建立的法律規範，仍在其中實際運作，加上爲配合社會的實際需要而採用原生的習慣法制，兩者相互影響造成相當程度之緊張關係。對此問題之解決之道，應試圖將傳統的法律規範予以系統的整合，以便加以變革更新，並配合所繼受的西方法制，以真正符合社會與經濟發展之需要（注四一）。但在變革的過程中，也涉及了許多基本價值的問題，例如道德價值與人類尊嚴之觀念不易形成，雖然存在以上問題，但開發中國家畢竟已朝此方向努力，自然值得慶幸（**注四二**）。

〔陸〕 結 論

　　法治國之理念乃賦予法律規範具優越之地位，並考量適法性之原則，以免領導者將其作爲遂行己願之工具。蓋法律規範最主要之功能之一即在侷限政府權力之發動，並提供人民權利有效之保障，因此，欲建立實質之法治國，除了形式上全民遵守法令之規定外，並能使人民之尊嚴與權益獲得相當之尊重與保障，才是真正不可或缺之要素。因此，舉凡憲法國家原則，人類尊嚴、自由、權利平等原則，權力分立、監督原則、法拘束性原則、法院保障原則、國家賠償原則以及逾越禁止原則皆須加以遵守。

注四〇：Vgl. Stammen, a.a.O., S.205.
注四一：Vgl. Stammen, a.a.O., S.205.
注四二：Vgl. Stammen, a.a.O., S.205.

　　法治國理念之發展，於不同型態之國家中也面臨了各自不同之問題，首先在西方民主國家中，由於給付行政、福利國家之思想，造成行政權之強大，因此以往嚴格要求法律保留之原則即須面臨挑戰。至於新馬克思理論之提出，也會對政治思想之變革產生一定程度之影響。在社會主義國家，由於僅將法律規範視爲統治之工具，因而欠缺能長期適用的法律規範與固定之規範內涵、法律價值，自然無法達到利用法律規範限制政府權力恣意發動與對人民提供保障之功能。開發中國家，由於繼受之法制與原生法制存有極大之差異，造成相互間之衝突狀況，如何從中作好整合之工作，乃成爲開發中國家法制發展之要務。

　　總之，法治國成爲現代國家追求之理想，如何將發展過程中所遭遇之難題予以克服，以促其早日實現，當爲未來努力之方向。

三民大專用書書目——國父遺教

三民大專用書書目——法律

三民大專用書書目——社會

書名	作者	服務機關
實用國際禮儀	著　黃貴美	文化大學
勞工問題	著　陳國鈞	前中興大學
勞工政策與勞工行政	著　陳國鈞	前中興大學
少年犯罪心理學	著　張華葆	東海大學
少年犯罪預防及矯治	著　張華葆	東海大學
公民（上）（下）	編著　薩孟武	前臺灣師範大學
中國文化概論（上）（下）（合）	編著　孫武友　邱燮友　何康力徐　裕亞華　李周應呂張	師範大學
		師範大學
		師範大學
公民（上）（下）	著	師範大學
歷史社會學	著	師臺灣大學 東海